질적연구방법과 실제

조성남 이현주 주영주 김나영 공저

QUALITATIVE RESEARCH

DESIGN & PRACTICE

도서출판 그린

머리말

최근 학문적 추세는 학문 간의 조화와 방법의 융합을 강조하며 다양한 시너지 효과를 이루고 있다. 학문을 하는데 있어 양적 방법(quantitative methodology)만이 유일한 과학적 방법이라는 시각에 의구심을 품고, 지적 호기심을 충족시키는 데 있어 실증적, 양적 접근과는 다른 시각과 방법으로 현상에 접근해야 한다는 사고와 학풍(school of thought)에서 출발한 질적 연구방법은 최근 그 스펙트럼과 사례들이 더욱 다양하게 확대되어 왔다.

양적 방법은 실증적(positivist) 관심을 바탕으로 엄밀하고 정확함을 추구하며(rigorous), 다량의 집합적 자료(aggregate data)를 가지고, 통계적 검증(statistical testing)을 통한 신뢰할만한(reliable) 연구를 하는 것이 연구자들의 주된 관심이라면 질적 연구는 개인과 그들의 삶을 조건 지우는 생활세계(life-world)에 대한 관심에서 출발한다. 그리하여 질적 연구방법은 연구 대상이 행위하고 생각하는 일상생활에 연구자가 직접 참여하거나 그 일상의 생활세계(life-world)를 직접 관찰하면서, 연구 대상이 갖고 있는 경험 세계와 가치관을 이해하고자 한다. 따라서 질적 연구는 양적 연구에 비해 절대적 지식보다는 상대적이고 맥락적 지식, 현상에 대한 예측과 통제보다는 이해와 설명을 중시한다.

질적 연구는 더 이상 낯선 '타자'에 대한 연구가 아니라 '지금' '여기' '우리'의 연구를 하는 것으로 그 방향을 전환해 가는 것과 관련이 있다. 질적 접근 방법이 인간 현상을 발견하고 탐구하는 유일한 방법이고 모든 지식을 알려줄 것이라는 바를 의미하는 건 아니지만 복잡하고 다원적인 실재를 얼마나 심층적으로 근접하게 알아내 가는지 그 과정의 중요성을 강조한다.

그리하여 최근 질적 연구는 사회학, 역사연구, 문화연구에서뿐만 아니라 인류학, 간호학, 사회복지학, 마케팅 등의 분야에서 그 중요성이 점차 부각되고 있다. 과거에 비해 최근 질적 연구방법을 사용한 연구가 점차 증가하게 된 배경에는 학문을 하는 후속세대의 다원화된 관점에 있을 것이다. 여기서 관점의 다원화란 구체적으로는 연구자가 기존의 연구방법에 자신들의 문제의식을 맞추는 것이 아니라 자신들이 사회현상에 대해 가진 문제의식을 풀어낼 다른 사유방식을 탐구하고자 하는 욕구의 표출이라고 할 수 있다.

이는 필자가 학문후속세대인 대학원생들에게 질적 연구방법을 강의하면서 다양한 전공영역과 연구주제에 관심을 가진 학생들과 만나게 되었고 평균 70~80명, 어떤 학기에는 100명이 넘는 대학원생이 질적 연구방법에 관심을 가지고 수강하는 것을 경험하면서 그 필요성과 중요성을 더욱 체감할 수 있게 되었다.

전공분야에 따라 자신의 연구주제에 맞는 적절한 방법을 찾아가고 질적 방법을 적용한 연구계획서를 써 나가면서 이들과 더불어 질적 연구의 다양한 접근 방법과 사례들을 수집하게 되었다. 이들과 함께 좀 더 체계적으로 공부하려는 시도로 강의노트와 학생들의 발표 자료를 정리하기 시작하였고 결국은 이를 책으로 만들자는 계획으로까지 확대되었다. 그러나 계획을 세우고도 강의노트와 자료들을 정리하지 못한 체 몇 년 동안 미루어 오다 동료 교수들의 도움으로 드디어 이 책의 원고를 마무리하게 되었다.

이 책은 사회 현상과 인간 행위를 제대로 이해하고자 적절한 방법을 적용하기 원하는 학생들에게 질적 방법을 좀 더 체계적으로 소개해 주려는 소박한 의도에서 시작하여 이렇게 책으로 빛을 보게 되기까지 감사의 빚을 많이 졌다.

무엇보다도 그동안 대학원 〈질적 연구방법〉 강의를 수강하며 질적 방법을 적용한 다양한 사례를 발표하며 함께 관심을 가져준 많은 이화여대와 연세대 대학원 수강생들에게 특별히 진 빚이 많다. 관련된 주제들의 각 영역별로 각자가 관심을 가지고 연구한 내용들을 사이버 강의실을 통해 서로 공유하면서 강의 노트를 풍부하게 해 주었다. 그 많은 학생들의 이름을 일일이 거명하지는 못하지만 함께 한 한사람, 한사람을 떠 올리며 특별한 감사의 마음을 보낸다. 이 모든 과정에서 서로서로에게 배운 것들을 값지고 귀하게 생각해 주었으면 하는 작은 바람과 함께....

그러나 이러한 값진 자료와 강의노트들도 주영주교수님, 이현주교수님과 김나영교수님께서 구체적 집필작업으로 완성해 주지 않았다면 아직도 이 책은 빛을 보기 어려웠을 것이다. 함께 공부해 가며 원고를 정리해 주셨고, 다른 중요한 개인 연구로도 바쁘신 분들이 시간과 정성을 모아 마무리할 수 있도록 도와주심에 진심으로 감사의 마음을 표하고 싶다.

특히 제 2장의 〈질적 자료 수집방법〉은 주영주교수께서, 제 3장의 〈다양한 질적 연구접근법〉은 김나영교수와 장정훈박사께서, 그리고 제 4장의 〈질적 자료의 분석과 글쓰기〉는 이현주교수께서 집필을 맡아 원고를 완성하여 주셨음을 밝히고자 한다. 이 과정에 특별히 장정훈박사의 숨은 기여에 감사드린다. 또한 제 3장의 〈일상재구성법〉의 원고정리와 그 외 크고 작은 정리 작업을 도와 준 이화여대 대학원 박사과정의 황은정님과 이연희님에게도 감사함을 전하고, 참고문헌 정리 등 막바지 작업에 붙잡혀 애를 쓴 이대 대학원 석사과정 신현숙양과 한진영양도 "정말 고마워!"

끝으로 원고의 마무리를 독려하며 책 출판을 맡아준 도서출판 그린에 감사드린다. 특히 원고제출이 늦어져 죄송한 마음을 따뜻한 미소로 더 송구하게 만들던 그린 출판사의 이영조과장님과 꼼꼼히 교정 작업을 도와주면서 멋진 책으로 만들어 주려고 마지막까지 애쓰신 분들께 특별히 감사의 큰 인사를 올린다.

이 책을 서둘러 마감하면서 부족함과 아쉬움이 더 크게 밀려온다. 행여 쏟아질 비난에 부끄러움과 두려움이 앞서기도 한다. 그러나 앞으로도 질적 연구방법에 관심을 가지고 공부해 갈 학생들과 후학들에게 조금이라도 도움이 되길 바라는 선배들의 마음을 모아, 그리고 아직 보완할 부분이 많이 남아 있는 것은 또 다시 함께 완성시켜 갔으면 하는 바람을 앞세우며 일단 마무리 하였다.

이제 이 책은 적절한 연구방법을 적용하여 자신의 관심영역에서 의미있는 연구를 하며 학문적인 깊이와 높이를 쌓고자 열망하는 후배들과 후학들의 것이다. 이들과의 새로운 만남을 설레며 기다린다. 이 책을 읽는 순간순간이 이들에게 새로운 세계를 열어가는 기쁨으로 채워지길 바라면서...

2011년 8월

이 책이 나오기까지 참여하였던 모든 분들을 대표하여

조성남

목 차

제1장 Introduction

제2장 질적 자료 수집 방법

제3장 다양한 질적연구 접근법

제5장 질적 연구의 평가

제 1 장

Introduction

01 질적 연구방법론의 개괄

1. 질적 연구방법이란?
2. 질적 연구(해석적 연구)와 양적 연구(실증적 연구)의 비교
3. 질적 연구방법의 적용과 유용성
4. 질적 연구의 필수조건
5. 질적 연구의 주요 구성요소
6. 질적 연구의 자료
7. 양적·질적 연구의 통합
8. 질적 연구의 기획과 디자인
9. 질적 연구 계획서 작성
10. 질적 자료의 분류, 정리 및 지표화
11. 질적 자료의 분석과 설명
12. 질적 연구의 최근 동향

01 질적 연구방법의 개괄

1 질적 연구방법이란?

학문을 하는데 있어 양적 방법(quantitative methodology)만이 유일한 과학적 방법이라는 시각에 의구심을 품고, 지적 호기심을 충족시키는데 있어 실증적, 양적 접근과는 다른 시각과 방법으로 현상을 접근해야 한다는 사고와 학풍(school of thought)에서 질적 연구방법(qualitative methodology)은 출발한다.

양적 연구방법에서는 개념측정과 가설검증이 핵심적으로 중요하고, 인과성 도출을 목표로 삼으며, 통계나 수치를 통한 일반화를 시도한다면, 질적 연구방법은 연구 대상이 행위하고 생각하는 일상생활에 연구자가 직접 참여 하거나 그 일상의 생활세계(life-world)를 직접 관찰하면서, 연구 대상이 갖고 있는 경험 세계와 가치관을 이해하고자 한다.

따라서, 양적 방법은 실증적(positivist) 관심을 바탕으로 엄밀하고 정확함을 추구하며(rigorous), 다량의 집합적 자료(aggregate data)를 가지고, 통계적 검증(statistical testing)을 통한 신뢰할만한(reliable) 연구를 하는 것이 연구자들의 주된 관심이라면 질적 연구는 개인과 그들의 삶을 조건 지우는 생활세계(life-world)에 대한 관심에서 출발한다. 즉, 연구자들은 새롭게 생겨나는 언어(emerging language), 개인이 자신의 경험에 부여하고 있는 의미, 감성과 동기, 상징과 의미

체계, 공감과 감정이입(empathy) 등과 개인의 모든 주관적 차원을 포함한 생활세계에 초점을 두고 있다(Strauss and Corbin, 1990).

그리하여, 질적 연구는 개인과 그들이 속해 살고 있는 다양한 사회 환경과 상황을 검토하며 주어진 문제에 대한 해답을 찾고자 한다. 질적 연구자들은 사람들이 어떻게 스스로 또는 그들이 살고 있는 환경으로부터 상징과 의례(ritual), 사회구조와 사회적 역할 등을 통해 상황을 이해하고, 이러한 것들을 배우며 서로에 대해 이해해 나가는지 등에 대해 관심을 가지고 있다.

양적 연구는 조사연구(survey research)와 실험연구(experimental research) 방법을 주로 채택하고 있고, 질적 연구는 주로 참여관찰(participant observation)과 비구조화된 심층면접(unstructured in-depth interview)으로 대표된다. 양적 연구는 어떤 현상이나 사물의 유형을 파악하고자 하는 양(Quantity : an amount of something)적인 측면 즉, 크기에 관심을 가지고 연구 결과를 '반복'된 조사연구/실험연구 등을 통해 확인할 수 있는데, 특히 양적 연구의 대표격인 표본조사연구는 확률론에 의거하여 소규모 표본으로 모집단의 전체의 특성을 설명할 수 있다는 장점을 가진다. 반면에 질적 연구에서는 양적 연구가 강조하는 통계학적 의미의 대표성(representativeness)이 아니라 연구 대상자의 전기자료(생활사)와 사회의식이 갖는 전형성(typicality)을 확보하는 것을 전제로 한다.

질적 연구방법은 연구방식에 대한 여러 사상과 철학을 바탕으로 하여 발달되어 왔다. 특히 현상학, 상징적 상호작용론, 이해(understanding)의 방법 등에 기초를 두고 있고, 연구 대상이 지니고 있는 거의 모든 경험과 속성에 연구 가치가 있다고 본다.

이는 그동안 양적 연구에서 등한시 해 왔던 부분에 중요하지만 미처 다루어지지 않던 숨겨져 왔던 진실이 있다고 전제하고, 따라서 그러한 진실들이 주체적인 연구자와 상호작용하는 사람들과 다양한 방법을 통해 접촉을 할 때, 사회, 역사, 문화 등에 관한 다양하고 깊이 있는 이해가 가능해질 수 있다고 여긴다. 즉 질적 연구방법은 양적 연구법과 대비되는 개념의 연구로 대상의 질적 측면 –즉 무엇이, 어떻게, 언제, 어디에서(Quality: what, how, when, & where of a thing) 일어나는지–에 초점을 맞추는 연구이다.

질적 연구의 특징은 사건・행위・규범・가치 등을 '연구 대상자들의 시각'에서 관찰(누구의 눈으로 볼 것인가?)한다. 또한 연구 대상인 사회적 사건들을 상세히 '기술'하고(여기에 무슨 일이 일어나고 있는가?), 사건・행동 등을 그것이 발생한 맥락 속에서 이해하고자 한다(contextualism). 양적 연구의 초점과는 달리, 연구 대상의 일상생활과 사회현상을 정적・횡단적인 것으로 보기보다는 과정적・종단적인 측면에서 파악하려고 한다(process). 그리하여, 미리 무엇을 어떤 방법으로 연구할 것인가를 정하지 않은 채, 비교적 개방적이고 비구조화된 연구 전략을 선호한다는 점을 들 수 있다(설동훈, 1999).

그러므로 질적 연구에서는 연구 착수 이전에 미리 이론과 개념을 설정하기 보다는, 오히려 여러 실제의 경험과 사례를 통해 일반화를 추구한다. 따라서 질적 연구는 다양한 연구주제에 융통성 있게 접근할 수 있는 장점이 있는 반면, 치밀하지 못하고 체계성이 떨어진다는 단점 또한 지적되기도 한다.

2 질적 연구(해석적 연구)와 양적 연구(실증적 연구)의 비교

질적 연구는 양적 연구에 대한 비판과 반성에서 출발한다.

〈이론 → 가설 → 관찰/자료 수집 → 자료분석 → 연구결과 → 이론〉에 이르는 기본 논리구조를 가진 양적 연구에서는 자연과학에서처럼 연구자의 주관을 철저하게 배제해야 한다. 연구자의 주관이 개입되면 연구 결과의 객관성을 유지할 수 없기 때문이다. 하지만 질적 연구에서는 양적 연구에서 말하는 '객관성' 자체에 내재된 허점 – 즉, 아무리 객관성을 유지하더라도 결국은 연구 자료를 해석할 때

필연적으로 연구자의 주관이 개입된다는 점 – 을 비판하면서, 사회과학이나 인문학에서는 자연과학에서 통용되는 객관성과는 '다른 객관성'을 추구해야 한다는 점을 강조하고 있다.

질적 연구에서 이야기 하는 '객관성'은 내가 본 것을 타인이 보고 공감할 수 있도록 하는 것, 다시 말하면 '대화의 창구를 여는 데서 오는 일반성'이다. 예들 들어 다큐멘터리를 보면서 사람들이 함께 하는 '공감'을 역사나 문화 연구에서 느낄 수 있도록 하는 것에서, 양적 연구에서 미처 알아내지 못했던 '개개의 사실들'을 드러낼 수 있다. 다큐멘터리에서 인터뷰, 플래시백, 나레이션 등을 통해 대상을 정확히 드러내는 것처럼, 질적 연구를 수행하는 연구자는 바로 자신 앞에서 연구 대상이 표현하는 발화와 몸짓, 억양, 감정 등을 때로는 직접 인용하고, 때로는 역사나 문화의 흐름에 대입하여 역사와 문화를 재구성하며, 연구에 연구자의 적극적인 참여를 필요로 한다. 이는 양적 연구에서 수행하는 접근방법과는 사뭇 다른 것으로, 이러한 점 때문에 질적 연구는 때로는 독립적인 의미를 지니기도 하고, 때로는 양적 연구를 보완하면서 역사와 문화연구를 더욱 풍성하고 가치 있게 만드는 역할을 하게 된다(윤택림, 2004).

이밖에 양적 연구에서 흔히 발견되는 연구자와 연구 대상의 권력차이에서 기인하는 비민주성도 질적 연구에서는 어느 정도 극복된다. 이는 연구 결과를 도출해 내는 과정에 대상을 최대한 참여시키는 질적 연구의 특성에서 기인한다.(윤택림, 2004).

다음 표는 연구의 목적과 대상, 문제의식 및 분석대상과 연구과정 등에 대해 그리고 접근방법의 장단점에 대해 이창희 외(2010)를 정리하여 질적 연구와 양적 연구를 대비하고 있다.

	질적 연구	양적 연구
문제 의식	방법론적 다원론 (자연과학≠사회과학)	방법론적 일원론 (자연과학=사회과학)

연구 목적	사회현상의 의미에 대한 심층적 이해	사회현상의 인과관계를 밝혀 법칙을 발견하고 인간행동을 예측
분석 대상	직관적 통찰	수리적, 통계적 분석
연구 대상	객관적 관찰이 어려운 동기나 의도	객관적 관찰이 가능한 행위
연구 전략	비구조적	구조적
연구 과정	귀납적 추론 문제제기→연구설계→관찰 및 자료 수집 → 사회현상의 의미 이해 → 이론정립 연구 가설을 구체적으로 설정하지 않고, 연구 가능한 잠정적인 가설을 개방적으로 설정	가설을 바탕으로 한 연역적 추론 문제제기→가설설정→연구설계→자료 수집 및 분석 → 가설검증 → 법칙과 이론의 도출 : 과학적 방법
연구자와 연구 대상자간의 관계	접촉	거리 유지
연구 대상자에 대한 연구자의 위치	내부인	외부인
자료의 성격	깊고 풍부한 것	실증적(양적)이고 반복가능하여 신뢰할 수 있는 것
연구결과의 범위	서술적	법칙적
사회실체에 대한 이미지	과정적; 행위자에 의해 사회적으로 구성되는 것	정적; 행위자에 외재적인 것
장점	주관적 의식을 심층적으로 이해, 행동의 개인적/사회적 의미 파악 사회현상의 생생한 묘사	연구의 객관성 보장(연구자의 주관이 개입되지 않음) 정확성과 정밀성 가설 검증, 법칙 발견 용이

단점	연구의 객관성 결여(∵계량화 곤란) 정확성과 정밀성 결여 사회제도적 측면 경시 연구자의 가치판단 개입	계량화 어려운 정신영역의 연구 곤란 사회현상은 인간의 동기, 의도, 가치와 분리하여 연구하기 어려움 인간사회현상에 통제된 실험 실시 어려움 사회현상은 법칙의 보편적 적용이 어려움
기타	직관적 통찰력 → 사회현상을 직접 관찰하고 분석하여 인간 의식의 심층적 이해 사회적 상황에 대한 개인의 주관적 해석의 중요성 가치 함축적 연구	사회조사나 실험연구에서 주로 사용 자료의 계량화 → 수리적 통계와 분석 개념의 조작적 정의 가치중립적 연구
질적 연구의 역할	행위자의 해석을 탐구하는 수단	예비적 탐구로 보조적 역할

출처 : 이창희 외, (2010) 「사회복지조사론」 서울: 창지사.

정성조사에 대한 이해

1. 정성조사의 정의

소비자의 마음 안으로 들어가 그들을 이해하고 탐색하고 진단하는 조사 방법

또한 소비자를 하나의 행동개체인 인간으로서 있는 그대로 바라보는 것

2. 정량조사와 정성조사의 차이

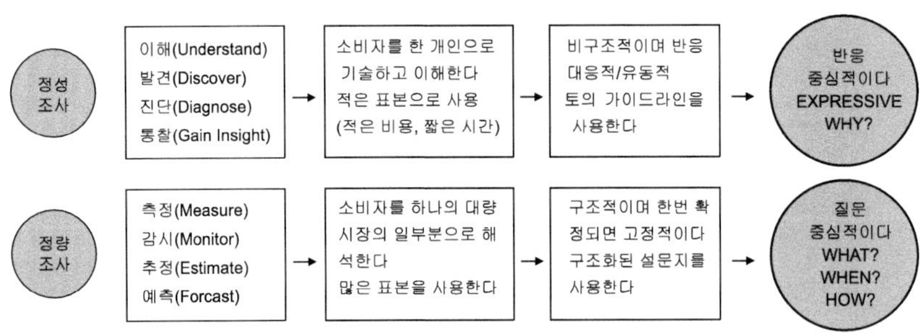

3. 정량조사와 정성조사의 장단점

	장점	단점
정성조사	• 응답자를 구속하지 않음 → 본인의 주체적 진술 • (객관화를 강요하지 않는)주관적 정보 확인 • 정보의 강/약 정도 파악 용이 • 연구자와 응답자의 연결 • 개인내 종단적 변화 탐색 유리	• 진행자의 전문성(경험성) 요구 • 해석상의 중립적 시각 요구 • 수치화/정량화 어려움
정량조사	수치화시켜 비교 가능	• 구체적 행동이유 설명 불가 • 인간의 비 이성적/감성적 특성 도외시 • 단순한 정보 분포차이가 정보 강약차이로 오해 • 응답자의 구속 조사자의 일방적 도구 • 연구자와 응답자의 분리 (개인간의 현상 차이만 분석)

4. 정성조사 목적

정성조사는 정량조사와 상호 보완적 활용이 효과적

- 정량조사에 앞서 '조사의 감(Feel)'을 잡기 위해
- '소비자언어로 확인하기'
- '신제품아이디어탐색'
- 설문지 법으로 커버하기 힘든 복잡한 행위를 탐색
- 정량조사결과가 해석하기 곤란한 자료가 나왔다든지 이유를 좀 더 자세하게 알고자 하는 경우

정량조사와 정성조사 방법 비교

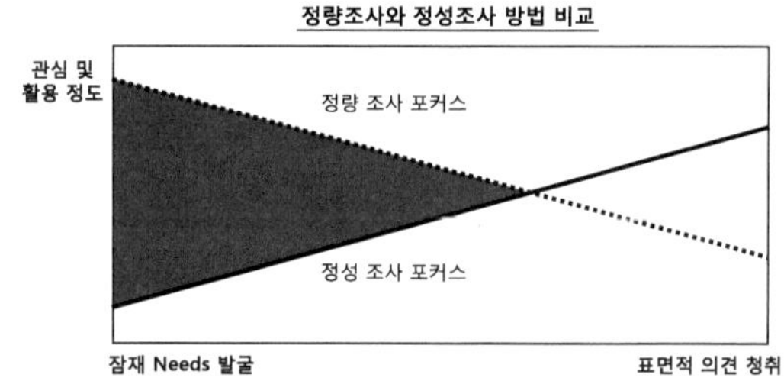

시대별 고객 Needs 조사방법의 변화

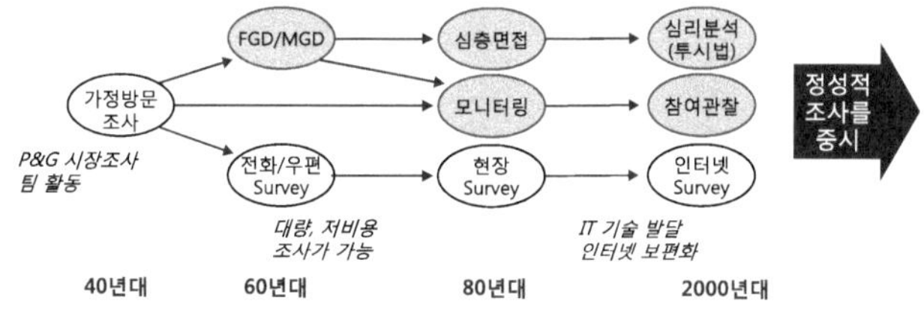

출처 : 최경숙〈이화여자대학교 사회학과 박사과정〉 발표자료에서 발췌.

3 질적 연구방법의 적용과 유용성

"왜 질적 연구를 하는가" 라는 질문에 대해 Strauss and Corbin(1990)은 〈질적 연구의 기본원리(Basics of Qualitative Research)〉에서 다음과 같이 다양한 답을 제시하고 있다 (p.19).

첫째는 연구자들이 그간의 연구경험을 바탕으로 한 자신의 신념에 기인한다.

둘째, 연구내용 자체의 본질과 연구분야가 양적 연구로는 다루기 어렵고, 질적 연구가 더 적합하다고 판단되기 때문이다.

셋째, 아직 거의 알려지지 않았거나 조금 밖에 드러나지 않은 사실이나, 또는 밝혀진 현상의 배후에 숨겨져 있는 부분을 이해하고 밝혀보고자 할 때 질적 연구 방법이 사용된다.

넷째, 이미 상당 부분 알려져 있는 현상이나 사실에 대해서 참신하고 기발한 특별한 관점으로 새롭게 이해하고자 할 때 질적 연구를 한다.

다섯째, 양적 연구로는 전달하기 어려운 난해하고 복잡하게 얽힌 현상을 구체적으로 이해할 수 있게 해 주기 때문에 질적 연구를 적용한다.

일반적으로 질적 연구가 유용하게 적용될 수 있는 경우는 다음과 같이 정리해 볼 수 있다.

첫째, 잘 알려지지 않은 주제에 대한 탐색적 접근이 필요한 경우 적용할 수 있는 방법으로, 질적 연구에서는 변수들이 쉽게 확인될 수 없다. 또한 참여자들이나 연구 모집단의 행동을 설명하기 위해 활용할 수 있는 이론이 존재하지 않거나 발견하기 어렵다. 따라서 새로운 이론들이 개발될 필요가 있는 경우에는 질적 연구의 탐색적 접근이 유용하게 활용될 수 있다.

둘째, 양적 연구로는 설명을 모두 하지 못하는 경우에 적용 가능하다. 질적 연구는 양적 연구에서 설명할 수 없는 숨겨져 있는 부분을 발견할 수 있다. 사회과학의 실천현장에서는 다양한 프로그램과 개입을 통하여 블랙박스와 같이 내부에서 발생하는 일을 탐색할 때 질적 방법을 유용하게 적용할 수 있다.

셋째, 기존의 시각으로 설명되기 어려운 연구 주제에 대하여 구체적인 시각을 새롭게 제시할 필요가 있는 경우이다. 특히 사회적으로 민감하고 정서적으로 깊이 있는 주제에 대한 구체적인 결과를 찾아내기 위해서는 질적인 연구가 절대적으로 필요하고 유용하게 활용된다.

넷째, 양적 연구처럼 가설을 설계하기 위한 근거나 이론적 명제를 제시하기 부적합한 경우에 질적 연구가 유용하게 적용될 수 있다. 질적 연구는 이론적 근거를 바탕으로 체계적인 탐색적 연구를 가능하게 하고, 이를 근거로 새로운 이론 정립을 위한 가설의 정형화 및 설계에 유용하게 활용될 수 있게 해 준다.

다섯째, 전형적인 양적 연구의 분석방법이나 결과 서술방법과는 달리, 문학적인 표현 방식으로 자세하고 기술적인 글을 쓰는 방식의 연구를 하는 경우에 적용될 수 있다. 연구자는 자신을 연구 속으로 끌어 들여 인칭대명사 '나'를 사용하거나 내러티브(narrative) 형식의 화법을 활용하기 때문에 시간의 흐름에 따른 자료의 분식과 연구결과의 전개를 가능하게 해 준다. 전기 연구, 근거이론, 해석학, 역사연구, 현상학, 문화기술지적 연구가 대표적인 방법이다.

4 질적 연구의 필수조건

이와 같은 질적 연구를 제대로 수행하기 위해 특히 연구자들이 갖추어야 할 필수조건(requisite)으로는 ① 이론적인 민감성과 사회적 감수성 (theoretical & social sensitivity), ② 과거의 경험으로부터 도출되고 이미 밝혀진 현상에 대한 해석을 할 수 있는 이론적 지식과 동시에 이들로부터 분석적 거리(analytical distance)를 유지할 수 있는 능력이 필요, ③ 빈틈없는 관찰력, 그리고 ④ 사람들과의 상호작용을 잘 할 수 있는 기술을 필요로 한다 (Strauss and Corbin,1990:18).

질적 연구를 수행하는 연구자들의 필수적인 자질 이외에도 Strauss와 Corbin(1990:18)은 질적 연구를 위해 필수적으로 갖추어야 할 기술(the requisite skills)로 ① 상황을 한걸음 떨어져서 지켜보며 비판적으로 분석할 수 있는 기술(to step back & critically analyze situations), ② 관련될 가능성이 있는 편견을 인식하고 이를 피할 수 있는 솜씨(to recognize and avoid bias), ③ 타당하고 신뢰할만한 자료를 구할 수 있는 기술(to obtain valid and reliable data), 그리고 ④ 추상적으로 생각할 수 있는 능력(to think abstractly)이 필수적으로 있어야 함을 지적한다.

5 질적 연구의 주요 구성요소

질적 연구의 주요 구성요소로는 ① 다양한 출처로부터 만들어진 자료, ② 분석적, 해석적 절차, 즉 자료를 개념화하고 부호화하며 정리하는 작업, 비통계적 표집방법, 메모의 기술 및 관계를 개념화하고 도식화하는 기술과 절차, 그리고 ③ 서면과 구두보고서의 세 가지 구성요소가 중심이 된다.

광의의 질적 연구 범위 내에서도 다시 연구의 유형과 목적 및 접근방법과 자료수집 등에 따라 질적 연구는 다양하게 세분된다. 또한 ①자료, ②분석, ③보고의 세 가지 구성요소 내에서도 얼마만큼의 자료가 해석 되어져야 하는지, 어떤 자료는 분석되지 않고 남겨두어야 되는지, 얼마나 정확하고 엄밀한 서술을 하여야 할지 등에 대한 절차와 결정이 따라야 한다. 또한 구체적이고 자세한 서술로 줄거리를 짜 맞추어 엮어 나가는 방법과 화자(speaker)의 언어로 혹은 연구자의 언어로 보고해야 할 지 등의 결정에서부터 인용과 현장기록, 풍부한 서술과 구어체의 자료에서 어떻게 적절한 해석을 해 줄 수 있을 지의 문제와 이들 자료와 해석으로부터 이론구성을 어떻게 해 나갈 지의 문제까지 모든 구성요소와 단계마다 다양하고 복잡한 연구과정과 절차를 거치게 된다.

6 질적 연구의 자료

질적 연구방법에서 처리되는 자료는 무형 자료라고 할 수 있다. 대상의 양적 측면에 주목하는 양적 연구와는 대비되는 개념으로 사회학과 사회심리학, 문화인류학 등에서 광범위하게 자주 사용되는 질적 방법을 통해 얻어지는 자료는 인터뷰, 관찰 결과, 문서, 그림, 역사 기록 등의 질적 자료들이다. 또한 편지, 사진, 일기, 신문 등의 개인적 삶의 자취와 경험의 흔적을 포함하고 있다.

이러한 질적 자료는 좁은 의미의 조사뿐만 아니라, 실험, 관찰, 면접, 민속방법론(ethnomethodology), 문서와 그림의 내용 분석(content analysis), 대화 분석, 참여 관찰(participant observation), 각종 현장 작업 등 다양한 방법을 이용하는 질적 조사 방법에 의해 수집된다. 그러므로 질적 자료는 일반적으로 자료를 수집하기 위해 쓰이는 하나의 방법에 의해 수집된 자료로 생각할 수도 있으며, 다양한 관찰 행위를 통해 얻어지는 자료 모두를 포함한 것을 의미하기도 한다.

자료 수집 방법으로서의 관찰은 의사소통이 잘 되지 않는 대상, 예를 들어 아동, 환자 등을 연구할 때 주로 쓰는 방법이다. 사회과학에서는 대부분의 경우 대상자에게 어떤 질문을 하거나 면접, 즉 인터뷰를 하여 자료를 수집하게 된다.

질적 연구기법은 대규모 사회의 전체 상황을 파악하기 위한 목적으로는 활용되기 어렵다. 전문가 또는 특정인, 혹은 전형적인 사례에 대해 인터뷰와 관찰을 한다든가, 선행 연구가 적은 분야의 연구를 위해 탐색적인 예비 조사를 하는 목적으로 주로 사용된다. 또한 조사 대상의 인물과 역사에 대해 자세히 기술하고 기록을 남길 목적의 연구로도 자주 사용된다. 하지만, 표준적인 분석 방법이 갖추어져 있지 않으며, 분석은 직관과 개인적인 느낌에 의해 이루어지는 경우가 많기 때문에, 신뢰성과 객관성이 부족하다고 비판을 받는 경우도 많다. 그러므로 거대한 사회에서 일어나는 현상의 극히 일부분 밖에는 보여 줄 수 없다는 지적을 받기도 한다.

7 양적 · 질적 연구의 통합

양적 · 질적 연구는 같은 연구주제를 서로 다른 방법으로 파악한다. 이렇게 연구 목적과 접근방법 및 자료분석 등에서 차이가 뚜렷하고 장단점이 서로 다른 양적 연구와 질적 연구방법을 연구자는 통합하여 사용하는 것이 과연 가능한가? 그 대답은 "예"이다.

연구방법은, 양적 접근이든, 질적 접근이든, 결국 사회를 탐구하는 여러 가지 방식을 의미하므로, 그 장단점을 파악하여 연구주제에 따라서 두 방법을 병행하여 실시하거나 통합할 수도 있다고 보는 것이 일반적인 연구자들의 입장이라 하겠다.

그러므로 양적연구와 질적 연구의 특성을 주지하고, 각각의 장점을 최대한 살리는 게 핵심이다. '양적 연구를 돕는 질적 연구'는 양적 연구를 위한 준비작업으로 질적 연구를 수행하는 경우이다. 또한 '질적 연구를 용이하게 하는 양적 연구'의 경우는 양적 자료가 연구주제에 대한 계획을 짜는 데 유용하게 사용되고, 심도 있는 질적 연구를 위한 비교집단을 선정하는 기초 자료가 되기도 한다. 뿐만 아니라 일반적 이해를 위해 양적 · 질적 연구의 결합이 이루어지기도 한다. 예컨대, 민속지적 방법(ethnography) 연구자가 지역사회 · 집단 · 조직 등에 대한 부족한 지식을 위해 양적 조사연구를 먼저 수행할 수도 있고, 그 반대의 상황도 가능한 것이다.

그러므로 질적 연구에서는 다원적 방법, 즉 "트라이앵귤레이션(triangulation: 삼각측량법)"을 특히 강조한다. 연구에서의 '트라이앵귤레이션(삼각측량법)'은 다원적, 다면적 견해를 활용하는 경우를 말하는 것으로 자료에서, 연구자에서, 이론과 방법에서의 다원적 접근(multiple methods approach)을 총체적으로 의미한다.

- **자료의 삼각측량법(트라이앵귤레이션)(Data triangulation):** 시간(time), 공간(space), 사람(person)의 다양성–사람의 경우 집합적, 상호작용적, 집단공동체적인 것을 포함
- **연구자 삼각측량법(investigator triangulation) :** 한 대상에 대해 동일 관찰자보다는 다양한 관찰자를 활용 함
- **이론의 삼각측량법(theory triangulation) :** 동일 대상에 적용하는 한가지 단순시각보다는 다양한 시각을 적용함
- **방법의 삼각측량법(methodological triangulation) :** 동일방법 내에서, 방법과 방법간의 다양한 삼각측량 접근

요약하면 연구 과정의 여러 단계에서 양적 · 질적 자료와 연구방법을 각각 적절히 사용할 수 있고 여러 연구기법의 혼용이 가능하다고 할 것이다.

8 질적 연구의 기획과 디자인

질적 연구를 수행하는 연구자들에게는 연구디자인에 의거한 일단의 가설설정에 대한 거부감이 존재해 왔다. 즉 디자인은 양적 연구에만 적절한 것으로 여겨지면서, 질적 연구는 유동적이고 탐색적인 성격으로 연구초기단계에서의 연구디자인 자체가 별로 필요 없는 것으로 종종 간주되어 왔다.

그러나 질적 연구에서도 연구 디자인은 연구비, 지원, 자료에 대한 접근 등을 포함하여, 연구의 지적 가치를 납득시키고, 관련된 사람들에게 연구의 범위와 목적을 알려주기 위해서 필요하며, 연구의 지적인 이유, 실용적인 이유에서도 연구디자인은 중요하다. 특히 연구디자인은 연구자 자신을 위해서 연구과제를 일관적이고 엄격하게 수행하기 위해 꼭 필요한 것이다.

연구자들에게는 연구의 기획단계에서부터 다음의 세 가지 도전에 직면하게 된다. 즉 ① 연구의 이론적이고 개념적인 틀을 철저하고 간결하면서도 세련되고 격조있게 개발할 수 있을 것인가, ② 체계적이면서도 잘 짜여져, 잘 운용될 수 있고 이와 동시에 융통성이 있도록 계획할 수 있을 것인가, 그리고 ③ 연구계획서를 읽는 사람으로 하여금 설득될 수 있도록 분명하게 이치에 닿는 문서로 통합시킬 수 있는가 하는 점이다.

이를 위해서 필요한 연구자의 능력으로는 ① 연구의 중요성과 기여도를 설명하며 왜 이 연구가 이루어져야 하는지를 설득하는 능력(**Should-Do-Ability**), ② 연구의 실현가능성, 현장의 접근성, 관심을 가진 대상과 윤리적 고려 등을 포함하여 연구자가 연구를 수행하기에 충분한 지식과 기술 및 자원을 가지고 있음을 보여줄 수 있는 능력(**Do-Ability**), 그리고 ③ 탐구하려는 실재적인 내용을 포함하여 무엇을 할 것인지를 보여주는 능력(**What-To-Do-Ability**)을 의미한다 (Marshall & Rossman, 1995:5-6).

그러므로 연구디자인은 ① 탐구대상을 어떻게 명쾌한 연구 문제로 전환시킬 것인가, ② 연구 문제, 연구방법론, 연구디자인 기법들 간의 연관성, ③ 디자인 과정에서 고려하여야 할 윤리적 문제와 그리고 ④ 실제로 만들어 질 연구디자인의 실용성의 측면에서 구체적으로 다루어져야 한다.

연구의 기획과 디자인에서 포함시킬 첫째 과제는 1) **내 연구가 무엇에 관한 것인가?** 하는 점이다. 이는 내가 탐구하고자 하는 현상, 실재(entity), 또는 사회적 실체의 본질이 무엇인가? 하는 질문으로서 단순히 연구주제를 파악하는 것 이상의 지적인 의미를 포함한다. 연구주제가 사람, 행위자, 주체, 이해, 동기, 태도, 담론, 행위, 사회관계, 문화, 규칙성, 질서, 시장, 등의 사회적 실체로 이는 존재론적 구성요소를 의미한다. 둘째 과제는 연구자가 지닌 지식의 이론체계를 의미하는 것으로, 사회현상을 설명하거나 그에 대한 지식을 증명하는 원칙에 관련된 것이다. 이는 2) **무엇을 내가 탐구하고자 하는 실재, 또는 사회적 실체에 대한 지식이나 증거로 간주할 것인가?** 하는 인식론적 질문에 해당되는 것으로 철학적 문제와도 일맥상통한다. 셋째, 연구작업의 초기단계에서 가장 중요하게 생각하는 것은 3) **연구의 주 관심 영역이 무엇인가?** 하는 질문이다. 이의 답은 결국 앞의 존재론적, 인식론적 질문에 대한 답변으로부터 도출되어야 하고 연구 문제의 형태로 구체화되어져 연구디자인에 포함되어야 한다. 넷째는 4) **이론적, 지적으로 해결하고자 하는 궁금증이 무엇인가? 무엇을 설명하고자 하는가?** 다시 말하면, 이 연구에서 풀고자 하는 연구 문제가 무엇인가? 에 대한 것으로 모든 연구는 이론적, 지적 궁금증(intellectual puzzle)의 해결을 추구하여야 한다 (메이슨, 1996:27-62).

1 연구문제(Research Question)

연구자의 지적 궁금증을 설명하는 방법으로는 연구문제(research question) 에 초점을 맞추는 것으로 연구 문제(가설이나 명제에 비해 더 광범위)는 연구디자인의 중추를 이룬다. 그리므로 연구 문제는 명료하게 설정되어져야 하고 지적으로 유의미한 것이어야 하며 적절하고 조리있게 설정되어져야 한다. 뿐만 아니라, 인식론적 입장에서나 실용적으로 수행 가능한 성격의 것이어야 한다(메이슨, 1996:36-39).

연구 문제는 연구자가 가진 지적 궁금증의 공식적 표현으로 분석적인 논리를 적용하여 탐구하는 단초를 여는 것으로 일반적 수준에서 구체적 수준까지 매우 다양한 형태로 표현될 수 있다. 연구자는 연구 문제를 만들어 열거해 보는 습관을 가지면서 연구 문제를 어떻게 방법론 및 조사기법과 연계시키고, 이에 수반된 윤리적, 실용적, 그리고 정치적 문제 등을 극복할 것인가를 고려하며 연구 문제를 수정해 나가야 한다.

결국 나의 연구 문제들은 내가 탐구하고자 하는 본질, 즉 지적 궁금증이 무엇인가를 분명히 인식하고 있는가? 그리하여 내 연구 문제가 이들을 일관적으로 잘 반영하고 있나? 연구 문제들은 상호일관성을 지니고, 잘 연계되어 있어서 전체적으로 의미 있는 것을 추구하고 있는가? 또한 내 연구 문제는 조리 있게 구성되어 있어서 나 이외의 다른 사람들도 연구 문제를 잘 이해할 수 있나? 등에 대해 끊임없이 질문하면서 내 연구 문제들이 지적으로 가치 있는 답변이 가능하고, 또 이를 추구할 수 있는 형태로 설정되어 있는지를 점검하여야 한다.

뿐만 아니라, 내가 추구하는 탐구수준까지 허용할 수 있을 정도로 개방적인가? 이들이 자료분석과정이나 연구의 추후단계에서 추가적인 연구 문제를 만들어 낼 수 있는 여지를 지니고 있나? 그리고 연구 문제들이 독창적이고 또 추구할 가치가 있고 내가 올바른 수의 연구 문제를 제기하고 있나?에 대해서도 답할 수 있어야 한다.

2 연구의 목적(Research Purpose)

연구의 기획과 디자인 단계에서 포함시킬 다섯 번째 과제로는 **내 연구의 목적이 무엇인가? 나는 왜 이 연구를 수행하고자 하는가?** 에 대한 것이다. 내 연구가 무엇을 위한 것인가? 하는 질문은 지적이고 이론적인 이해를 증진시키거나 도전하고자 할 때, 지식의 공백을 채우고 충전시키고자 할 때, 그리고 논쟁의 연장선상으로, 등등의 연구의 맥락을 고려하여야 한다. 연구의 목적은 연구자 개인이나 집단의 이해만큼이나 다양하다. 또한 좀 더 넓은 의미의 명시되지 않은 목적도 간과해서는 안 된다. 뿐만 아니라, 정치적 맥락에서의 유용성과 시의성도 점검하면서, 사회과학 연구가 정치성으로부터 일정거리를 유지하되 회피가 아닌 적극적으로 임할 필요도 있다는 점을 염두에 두어야 한다.

3 연구방법과 연구전략

연구의 기획과 디자인에서 연구 문제설정에 못지않게 가장 중요한 부분의 하나가 방법론과 연구기법에 관련된 연구전략을 짜는 것이다. 이때 나의 연구전략은 일관성을 지니고 있는가?에 답할 수 있어야 하고 연구 문제와 방법론과 연구기법이 잘 연계되는가를 확인하여야 한다. 연구전략은 어떤 자료출처와 자료 수집 방법들이 잠재적으로 가용될 수 있고 또 적절한가?에 대해 답하면서 이 자료 수집 방법들과 자료출처가 현실적으로 나에게 무엇을 가르쳐 줄 것인가? 에 대해서 끊임없이 질문하면서 답을 찾아야 한다. 내 연구는 무엇에 관한 것인가 하는 질문에서 다루고 있는 어떤 현상과 사회적 실체의 구성요소를 (존재론적으로) 설명하는데 잠재적으로 도움을 주는가? 그리고 어떻게 또는 어떤 근거로 이들이 그럴 수 있다고 생각하는가에 대해 (인식론적으로), 답하면서 결국 계획하고 있는 연구의 전략이 어떤 문제를 풀어가는데 도움을 줄 수 있는가? 하는 점을 추구하여야 할 것이다.

4 표집(sampling)과 대상선정(selection)

표집(sampling)은 연구의 목적을 달성하기 위해 얼마나 많은 자료, 즉 얼마나 많은 면접, 얼마나 많은 문서 등을 구하여야 할 것인가에 대한 질문이다. 이는 결국 이 자료를 통해 잠재적으로 어떤 주장을 가능하게 하는가? 에 대한 것으로 어떤 원칙과 논리에 입각하여 설명하고 연구자의 주장과 분석을 어떻게 구체화 시킬 것인가에 관한 사고의 전개를 의미한다. 그러므로 표집은 자료창출을 위해 필요한 적절한 단위를 확인하고 선택하며 이에 접근하는 원칙과 과정을 총체적으로 검토하여야 한다.

양적 연구에서의 표집 과정은 주로 통계와 확률의 법칙으로 추출된 논리에 의해 결정되나 질적 연구에서는 확률의 논리가 별로 활용되지 않는다. 질적 연구에서의 표집은 비교적 소규모로 이루어져 수학적 확률의 논리가 적용되지 않으므로 엄격하고 체계적 표집 전략이 필요하지 않다는 잘못된 관념을 가지는 경우가 많다. 그러나 오히려 질적 연구에서는 표집과 대상선정을 세심하게 준비하여 수행하는 것이 결정적으로 중요한 전략이 된다. 그러므로 표집의 근거가 되는 대안적 논리와 표집 원칙과 과정을 철저히 따라야 함이 필요하다.

이때, 타당도(validity), 일반화 가능성(generalizability), 그리고 신뢰도(reliability)의 확보에 대해 고려하여야 한다. 이것이 궁극적으로는 연구의 질과 잠재적인 공헌도를 측정하는 기준이 된다.

타당도는 조작적 정의(operational definition)와 조작화(operationalization) 과정과 연계되어 있어 얼마나 정확하게 내가 측정하고자 하는 내용을 담고 있는지의 문제이다. 일반화 가능성은 원칙과 논리의 적용을 의미하는 것으로 표본의 대표성 문제이다. 그리고 신뢰도는 방법과 측정 도구(instrument)의 표준화(standardization)와 관련된 것으로, 연구의 전 과정을 통해 교차확인(cross-checking)해 나가면서 확보될 수 있는 측면이다. 이때 다원적인 방법이 동원되는 삼각측량(triangulation)법이 적용될 수 있다.

결국은 자료와 조사방법을 결합시켜 얻고자 하는 것이 무엇인가? 의 문제로 어떻게, 어떠한 논리로, 다양한 자료와 조사방법을 통해 얻은 결과물을 서로 보태고 결합시킬 것인가에 대한 답을 찾는 작업이다. 이는 단순히 자신이 선호하는 것으로 결합시켜서 되는 것이 아니라 ① 분석단위(unit of analysis)(집합 vs 개인)가 동일하거나 보완적인가, ② 존재론적으로 일관성을 지니는가, ③ 인식론적으로 무엇이 지식과 근거로 간주되나, ④ 사회적 설명의 구축 및 일반화와 관련된 인식론적 문제를 답해 주는가, 그리고 ⑤ 각기 다른 출처의 자료와 조사방법이 연구자의 지적 문제에 대한 본질적인 설명에 기여할 수 있는가? 에 따라서 결정되어져야 하는 것이다. (메이슨, 1996:41-54)

❶ 질적 연구에서의 표집과 대상선정의 논리

메이슨(1996:135-169)은 질적 연구에서의 표집(sampling)과 대상선정(selection)논리를 설명하면서, 먼저 내 연구에서 표집을 하는 목적이 무엇이고 왜 표집을 하여야 하는가?에 대해 자명한 대답을 할 수 있고 연구자 스스로가 표집하는 이유를 분명히 할 때 의사결정의 시작이 가능하다고 지적하고 있다. 이때 의사결정과정에 가능성, 실용성, 필요성 등의 차원이 고려되어져야 한다.

연구자가 표본을 통해 무엇을 할 수 있을 것으로 기대하는가? 에 대한 답은 표본으로 창출된 자료가 어떻게, 어떤 근거에 의해 연구자의 관심대상인 모집단에 대해 잘 대표할 수 있는가를 검토하는 일로서 대표성에 관한 것이다. 이 단계에서는 표본과 연구의 포괄적인 전 대상 간의 관계를 설정하는 것이 중요하다.

이때도 연구자는 어떤 전 대상이나 모집단으로부터 표집을 하고자 하는가? 그리고 나는 대상전체나 모집단에 대하여 어떤 성격의 관심을 가지고 있는가? 의 질문을 던져야 한다.

연구자가 자신이 가진 관심의 본질을 어떻게 결정하는가에 따라 표집과 대상선택이 보다 구체화되고 의미있게 되기 때문이다. 집단, 사람, 국가, 조직, 정책이나 담론 등이 연구 대상의 관심이기도 하고 이론이나 사회적 설명에 대한 관심에서 시작될 수도 있다.

어떤 이론이나 설명체계를 자신의 연구과제에 도입하여 활용하고자 하는 경우에는 자신이 설정한 연구 문제와 연관하여 사회적 설명의 광범위한 전 대상을 생각해 볼 필요가 있다. 예컨대, 권력, 성역할관계이론이 구체적인 성역할 관계로서 남녀간의 관계나 상호작용, 성역할관계담론, 차별적 권력구조, 유전적 차이, 적성과 태도차이 등의 구체적 관심 요소들로 표집 전략에 반영되어야 하기 때문에 이러한 과정을 거쳐 표본이 이런 양상을 잘 대변하거나 구현할 수 있노록 하여야 한다. 그리하여 연구자가 표본 자료분석을 기초로 이런 양상에 대해 이론적인 언급이 가능하도록 하여야 한다.

❷ 무엇을 표본으로 뽑고, 무엇이 적절한 표집단위가 되는가?

표본은 모집단이나 전체 대상에 대해 지니는 대표성을 측정하기 위한 수단으로서 이러한 표본은 몇몇 특성들과 특정 표집단위에 대해서만 대표성을 지닌다. 즉 사람, 성, 계급, 직업, 특정 인생경험 등의 변수는 적절한 객체나 표집 단위의 서로 다른 속성을 가지고 사용된 특정 분류체계에 의해서만 대표성을 가지게 됨을 의미한다. 이러한 분류체계가 변수의 설정에도 활용되며 변수간의 관계를 탐구하는 자료분석의 기초가 된다.

표집에서 가장 중요한 것은 연구자가 궁극적으로 추구하는 지적 궁금증, 즉 자신의 연구가 진정으로 무엇에 관한 것인가? 의 질문이다. 예컨대, 연구자의 관점이 사람들의 경험을 의미할 경우는 사람자체보다는 경험을 표집하는 방법을 택해야 한다. 만일, 이론적 및 실용적 이유에서 사람을 표집단위로 하였을 때는 표본에서 분류하는 방식이 적절하고 유용한가를 따져볼 필요가 있다. 예를 들어, 연령, 성 계급 등과 같은 특성이나 속성에 의한 통상적 분류방식이 유용하고 의미를 지니는가?를 따져보아야 한다. 이는 첫째는 이렇게 만들어진 분류가 얼마나 일관적이고 유의한 범주인가, 또는 적절한 사례들을 효과적으로 포괄하느냐에 따라 우선적으로 좌우되기 때문이다. 둘째는 이들이 연구 문제나 연구자의 궁금증에 얼마나 적절한 것인가에 따라 영향을 받게 된다.

그러므로 연구자가 분석의 목적을 위해 얼마나 변수화될 수 있는가를 미리 생각할 필요가 있는데 이는 표집 전략보다는 분석에 직접적으로 관련되는 점이다. 즉 자료의 분석을 어떻게 할 것인가를 고려하지 않고는 효과적인 표집이 이루어지기 힘들다(메이슨, 1996:142). 다시 말하면, 표집전략에 따라 분석과 설명의 접근방법이 달라진다. 따라서 표집에 대해 다차원적으로 생각해 볼 필요가 있다. 자신의 표집단위가 추출될 수 있는 다른 차원은 어떠한 것이 있으며 이 차원들이 어떻게 상호 교차하는가를 생각해 보는 것 또한 중요하다.

이때 표집 과정에서는 ① **시간의 차원**(특정 시점, 오랜 시간에 걸친 경험 등), ② **공간적, 지리적 차원**(어떤 표집단위를 선택하더라도 연구자는 이들이 장소, 공간, 위치의 제약을 받는가를 따져보아야 한다. 예컨대, 작업 중, 술집, 교실, 어떤 나라, 농촌 등 위치 그 자체, 위치의 이동, 공간이 활용되는 방법에 관심을 지닐 수도 있어 자신의 공간적, 지리적 준거를 구체화하고 명백히 하여야 한다), ③ **조직적, 행정적, 사회적, 문화적, 또는 언어적 차원**의 점검이 이루어져야 한다(메이슨, 1996:143-144).

무엇을 표집해야 하는가는 타당성의 문제와 연계된다. 즉 자료분석의 타당성을 판단하는 것은 측정하고, 설명하고, 조명하고자 시도하였던 것이 과연 의도대로 측정, 설명, 조명되었는가를 판단하는 것을 의미한다. 그러므로 무엇을 표집 할 것인가의 문제는 올바른 자료창출을 통해 궁극적으로 타당성 있는 분석을 이루어내는 첩경이 되고 결국은 신뢰도의 문제와도 직결되므로 얼마나 정확하고, 신뢰할 수 있고, 근거있는 자료가 추출될 수 있는가를 판단하여야 한다.

❸ 표집 전략의 논리

표집전략의 논리는 내가 만들어내는 표본 또는 대상 선택과 포괄적인 모집단이나 전체 대상간에 어떤 관계를 설정할 것인가?의 문제와 관련된다. 질적 연구에서는 대표성을 지니는 표본의 추출에 근거하지 않는다는 점을 염두에 두어야 한다. 즉 연구 문제를 탐구할 자료의 창출이나, 분석과 이론을 수행하는데 대표성을 지니는 표본이 항상 효과적이고 효율적인 방법은 아니다는 점을 전제로 다른 분석논리를 활용할 필요가 있다.

대표성을 지니는 표본의 자료에서 관찰된 유형은 대체로 피상적 성격을 지니게 되며 이러한 접근방법은 사회과정을 자세히 설명하는데 크게 기여할 수는 없다. 그러므로 질적 연구에서는 대표성을 지니는 표본은 이를 통해 얻을 수 있는 이점보다는 오히려 표집 및 분석과 관련된 손실이 더 크다고 볼 수 있다. 어떤 변수들은 지나치게 정적이거나 횡단적이기 때문에 개념적 풍요성을 지니지 못하는 경우가 있다. 이럴 경우에는 통계적 유의성에 주목하기 보다는 유의미성(significance)을 이론적으로 개념화할 필요가 있다.

여기서 표집과 관련한 유의미함이란 핵심적인 비교를 가능하게 하고 이론적 명제를 검증하거나 도출해 낼 수 있는 단위들을 선택한다는 것을 의미하므로 결국 질적 연구의 표집은 이론의 창출과정과 자료를 통한 귀납적인(inductive)설명에 직결된다. 그러므로 표집전략을 결정할 때 어떠한 종류의 분석을 수행할 것인가를 미리 고려하여야 하고 질적연구에서는 표집전략이 자료분석과 추구하고자 하는 설명의 형태와 직결된다고 할 것이다.

❹ 표집과 선택의 방법

질적 연구의 표집은 통계적 확률표집(probability sampling)과 대비되는 비대표적인 표본(non-representative sample)으로 이론적 표집(theoretical sampling) 또는 의도적 표집(purposive sampling) 방법이 주로 쓰인다.

이론적 표집은 연구자가 이론이나 설명을 도출해 내고 검증하는데 도움이 되는 특징이나 범주를 포함하며, 이론적으로 의미를 부여할 수 있는 표본을 구성하는데 중점을 둔다. 그러나 연구자의 주장을 뒷받침하는 표집 단위만을 선택하고, 주장에 반하는 표집 단위를 묵살하여서는 결코 안된다. 연구자는 자신의 이론이나 설명을 이끌어내는 것뿐만이 아니라 이를 검증하는데도 도움이 되는 방법으로 표본을 택해야 한다. 이를 행하는 고전적 방법으로 "분석적 귀납(analytic induction)" (Denzin, 1989)의 예를 들 수 있다. 다시 말하면 연구자의 표집 전략은 비단 자신의 분석이나 설명을 뒷받침하는 자료를 창출해 낼 단위를 얻어내는 것 뿐만 아니라 자신의 사고, 또는 이끌어내고자 하는 설명에 부합하지 않는 사례들도 찾아내고자 노력하였음을 보여주어야 한다는 것이다 (메이슨, 1996: 150-151). 연구자가 이러한 사례의 존재가능성을 세밀하게 점검하였음을 보여줄 수 있다면, 연구자의 설명이 설득력을 더해 주기 때문에 부정적 사례를 통해 연구자의 설명을 수정할 필요도 크다. 이것이 분석과정에서 부정적 사례나 반례(negative instance)를 조사하는 이유이다. 이와 같은 분석결과를 토대로 일반화(generalization) 시킬 수 있는 여지는 연구자의 표집 전략에 의해 결정적 영향을 받게 된다.

이론적 표집이나 의도적 표집은 경험적인 대표성의 관념에 근거한 것이 아니므로 표본이나 전 대상에 대해 지니는 관계를 명쾌히 확인하기도 어렵다. 따라서 연구자가 이 관계를 명확히 설정해 주는 것이 더욱 중요하다. 그러나 이론적 표집이나 의도적 표집이 체계적으로 이루어지지 않으면 자의적이거나 모호하다는 비판을 받을 수도 있다. 그러므로 연구자는 자신의 연구에 적용될 표집의 전략을 수립하고 이를 논리적으로 설명할 수 있어야 한다. 그렇지 않으면 연구자의 표집이 잘못 이해되거나 모집단을 통계적으로 대표하는 표본을 추출하는 것으로 오해 받기 쉽다. 따라서 어떠한 근거로 표집에 관한 의사결정을 하였는가를 일일이 기록하여 두는 것이 중요하다.

요약하면, 연구자가 단순히 논리적이고 체계적인 방법으로 작업한다는 것을 과시하기 위해 질적 연구에서 통계적 표집을 행하는 경우는 부질없는 짓이다. 연구자는 자신의 작업을 준통계적인 용어로 정당화시킬 수 없으며, 결과적으로 연구자가 추구하는 대안적 표집 과정에 대한 설득력만 약화시킬 뿐이다. 오히려 연구자는 자신이 실행하는 질적 표집 방법에 대하여 설득력 있는 대안논리를 구축할 필요가 있다고 할 것이다.

❺ 표집과 대상선정의 실행

표집 과정에 있어서 우리는 늘 얼마나 많은 단위들을 표집하여야 하는가? 표본의 크기는 얼마나 커야 하는가? 에 대하여 관심이 집중되고 있다. 그러나 이론적 표집이나 의도적 표집 전략을 선택하였다면 모집단을 통계적으로 잘 대표할 수 있도록 표본을 크게 만들 것인가 하는 여부는 중요 관심사가 아님을 명심해야 할 것이다.

그러나 질적 연구라도 연구자가 이론을 이끌어내는 자료를 창출하기 위하여 특정한 단위를 포함시켜야 하고 이는 결국 표본의 크기를 상당히 크게 만드는 결과를 초래할 가능성이 크다. 그렇지만, 이 이유나 논리는 통계적 표집의 경우와는 달라야 한다는 것이다.

질적 자료를 창출해 내는 데는 시간과 경비가 많이 소요된다. 이러한 실용적인 점을 감안하여 질적 표본의 크기를 작게 만드는 경우가 많으나 질적 표본이라도 반드시 작아야 하는 것은 아니라는 점을 염두에 둘 필요가 있다. 결국 이론적 표집이나 의도적 표집의 논리는 연구자가 추구하는 연구 문제나 이론, 이끌어내는 설명의 형태와 관련하여 의미있는 비교를 가능하게 하는 단위를 선택하는 것이다. 이때 강조할 점은 내가 무엇을 비교하는가? 왜 비교하는가? 비교가 사회적 설명을 이끌어 내는데 어떻게 어떤 논리에 근거하여 이해에 도움이 되는가? 그리고 내 연구에서 핵심이 되는 비교는 무엇인가? 어떠한 부정적 사례, 반례들이 있을 수 있는가? 등에 주목해야 할 것이다. 그리하여 얼마나 수정이 필요한가를 확인하여야 하고 처음에 설정되는 목표들을 변경이 불가한 것으로 경직되게 하는 것은 바람직하지 않다.

구체적으로 표집을 실행하기 위해서는 연구자가 생각하는 할당이나 목표를 나열하는 목록이나 표 및 도표를 작성하여 할당 목표목록을 만드는 것이 도움이 된다. 이러한 할당 목표 목록이 준비되면 잠정적으로 표본의 크기를 할당하고 연구자가 "적절한 범위"의 단위를 표본에 포함시키려는 전략을 수립할 수 있게 된다. 이는 '자의적 범위'의 사례를 수집하는 것을 막을 수 있도록 하는데 도움이 된다. 그러나 최초 목표나 할당에 경직되게 집착해서는 안된다. 자료창출 과정이나 분석과정에서 새로운 사실이 발견되면 표집전략을 융통성 있게 운용함이 바람직하다는 점을 명심할 필요가 있다.

그러면 표집에 관한 결정은 언제 내려야 하는가? 이론적 표집이나 의도적 표집에서는 표집과정, 자료창출과 자료분석이 상호작용을 하는 것으로 연구자가 표집에 관한 의사결정을 언제 시작하느냐 뿐만 아니라 언제 중단할 것인가도 고려하여야 한다. 여기서는 표집에 관한 결정을 분석, 이론, 설명과의 연계 하에서 행하여야 한다는 점이 강조된다. 표집에 관해 우선 예비적인 결정을 하고 보다 상황을 잘 인지한 후에 후속적인 결정을 내리는 것이 바람직하다. 그런 면에서 예비조사(pilot study) 실시도 좋은 방법이 될 수 있다. 초기단계에서 우선 표집의 일정 할당과 목표를 설정하고 후속적으로 이를 체계적으로 점검하는 과정이 필요하다. 그러므로 표집 진행상황이나 잠재적 의사결정에 관해서 동료나 지도교수와 상의하면 도움이 된다. 다른 사람들의 의견을 듣거나 자신의 전략을 설명하는 과정은 연구자가 지닌 미완의 생각들을 보다 명료화시키는데 큰 도움이 되기 때문이다.

❻ 내가 원하는 형태의 표본을 어떻게, 어떠한 방법과 기술을 동원하여 추출해 낼 것인가?

표본선택방법은 실용적이어야 함과 동시에 표본과 전 대상과의 적절한 관계를 설정하고 적절한 규모의 표집단위를 확보하는데 도움이 되어야 한다. 이때 적절한 "표집틀(sampling frame)" 을 확인하는 것이 중요하다. 이는 적은 수의 표본이 선택되어지는 자원이 되기도 하고 표집틀이 할당에 관련된 표집단위의 정보를 포함하므로 할당목표를 세우는데 도움이 된다.

그러나 표집틀 활용과정에서는 어려움이 존재한다. 표집틀이 가용하기는 하지만 이것이 선택되어야 할 표집단위에 대해 적절한 정보를 충분히 제공하지 않는 경우에는 대안적 또는 보완적 성격의 표집틀을 찾고자 시도하거나, 또는 제 2단계 방법으로 표집을 시행할 수도 있다. 표집틀이 가용하지 않는 경우 표본을 추출해 낼 적절한 자원이 존재 않을 경우라고 할 것이다, 그러므로 연구자 스스로가 표집틀을 창출하거나 부분적으로 적절한 표집틀을 활용하여 추출한 후 이를 합성하여 표본을 만들기도 하는데 이것이 눈덩이 표집(snowball sampling)이 된다.

연구자가 나름의 고유한 표집틀을 갖게 되는 때는 그 적절성에 대한 질문을 반드시 제기하여 검토하는 과정을 거쳐야 한다. 예를 들어, 서로 안다는 사실이 문제가 되지는 않는가? 또 표본에 누구를 포함시켜 갈 때 최초에 누구와 접촉하였는가에 따라 좌우되는 것이 문제가 되지는 않는가 등에 대한 것을 검토하여야 한다.

이때 중요한 것은 실용성 차원의 고려이다. 즉 내 표집전략이 실용적이고 현실적으로 가능한 것인가? 에 대한 질문이다. 현실적 고려가 지나치게 이론적인 의사결정을 좌우하여서는 안 되겠지만 어느 정도 현실적인 장애나 문제가 반영됨은 불가피한 점이다. 특히 내가 필요로 하는 표본에 대한 접근이 가능한가? 그리고 표본에의 접근에 시간이 얼마나 소요될 것인가? 등에 대해 연구자는 자신이 의도한 표본 추출이나 접근이 허용되지 않는 상황을 가정하여 연속적인 계획을 세우거나 최소한의 대비책을 마련해 둘 필요가 있다.

뿐만 아니라, 내게 주어진 재원을 감안할 때 얼마나 많은 횟수의 면접이나 관찰이 가능한가? 일기나 문서를 얼마나 많이 수집할 수 있는가? 문서보관소 등을 몇 번 방문하여야 하나? 자료 수집을 위한 여행은 가능한가? 등의 문제에 대해 미리 계획하고 답을 가지고 있어야 할 것이다. 여기에 더하여 내 표집전략이 윤리적으로 문제가 되지는 않는가? 의 고려도 당연히 해 두어야 한다. 즉 어려운 상황이나 위험에 빠지지는 않을지 등을 사전에 검토하며 표집전략을 세워야 할 것이다.

5 질적 연구디자인의 윤리, 도덕성 및 정치성

연구의 윤리에 대한 문제는 누가(혹은 어떤 조직이나 단체가) 이 연구에 관심을 가지고 있으며 이 연구에 간여하거나 이 연구에 의해 영향을 받을 것인가? 하는 이슈이다. 어떤 개인, 혹은 조직이나 단체가 특정 연구 문제를 설정하고 연구를 수행해 나가는데 시사하는 바가 무엇인가? 의 문제인 것이다.

내가 탐구하고 있는 것이 윤리적인가? 라는 질문에 대한 답변은 연구자의 경험, 가치관, 정치성 등의 문제와 관련된다. 여성해방론의 예처럼, 윤리성에 대한 특정한 정치적 입장을 취하거나 해당전문분야에서의 문화와 규범에 따른다든지, 전문분야에서 통용되는 윤리강령을 따르는 점 들을 염두에 두어야 한다. 특히 사생활의 권리, 정보에 대한 권리, 자료보호법규 등의 법적 규정을 지켜야 하는 점이다.

이때 염두에 둘 필요가 있는 점으로는 이러한 기준에 의해 누구의 이해가 충족되나? 이러한 기준들은 어떻게, 왜 형성되었는가 (공식, 비공식적으로), 그리고 출처가 달라도 이 기준들의 설득력이 동일하게 유지되는가? 등이다. 또한 이러한 기준들이 내가 인지하고 있는 복잡한 이해관계 속에서 충분히 만족스러운가?에 대해서도 스스로 해답을 가져야 할 부분이라 할 것이다.

6 연구 수행절차와 방향성

질적 연구 수행절차와 방향성을 다음과 같이 요약 정리할 수 있다.

(1) 체계적으로, 엄격한 절차에 따라 수행되고, 설정된 연구전략에 따라 조사되어야 한다. 동시에 융통성 있게 사회적 맥락을 소홀히 하지 않고 주변 상황에도 민감하게 대처하면서 의사결정을 해야 한다.

(2) 연구자에 의하여 비판적인 자기점검과 성찰의 과정이 있어야 한다. 즉, 자료를 비판적인 눈을 가지고 점검하고 동시에 연구 수행과정에서 자신들의 행동과 역할을 부단히 점검해야 한다. 이는 연구자가 가치중립적, 객관적인 점에 초연함을 유지하는 것은 어려움이 많기 때문이다.

(3) 지적으로 탐구하는 대상에 대한 사회적 설명이 있어야 한다. 즉 자신이 사회적 설명을 창출해 낸다는 것을 인지하고 뚜렷한 설명논리가 존재하여야 함을 의미한다. 이는 단순한 기술이나 상황에 대한 묘사로는 충분하지 않고 기술과 상황묘사에 적절하다고 선택하는 요소가 자신의 세계관과 설명논리에 의해 좌우된다는 것을 인식하여야 한다.

(4) 일반화가 어느 정도 가능하고 널리 동조 받을 수 있는 사회적 설명을 만들어내야 한다. 연구자가 경험적으로 탐구하는 대상에만 국한되는 특수한 설명을 만들어내고 이에 만족해서는 안 된다.

(5) 질적 연구의 철학과 이를 수행할 때 방법론적으로 아무 문제가 없는 완벽한 조화를 이루는 것으로 간주해서는 안 된다. 결국, 질적 연구가 양적 연구와 배치되거나 양립 불가능한 것으로 보는 것도 잘못된 생각이며 양적, 질적인 방법들 모두를 서로 어떻게, 왜 결합시킬 것인가를 심각하게 고려해야 한다.

(6) 질적 연구는 윤리강령과 그 정치적 맥락에 준거하여 수행되어야 한다.

9 질적 연구 계획서 작성

1 질적 연구 기획단계의 의사결정과정

연구의 기획과 디자인 단계에서 구체적인 연구디자인의 창출은 나에게 주어진 자원이 무엇인가? 에 대해 명확한 답을 가지고 있어야 가능하다. 연구자에게 주어진 자원들을 연구 문제와 관련하여 가장 잘 활용하는 방법이 무엇인가?에 대해 끊임없이 생각하며 연구의 디자인을 해 나가야 한다.

연구의 기획단계에서 디자인이 얼마나 탄탄하게 되어 있는지에 따라 연구의 성패가 좌우된다. 그러므로 '디자인은 연구방법론 문헌과 선행연구를 통해 얻어진 지식을 바탕으로 매 단계마다 선택해 나가는 일련의 의사결정과정의 결과물이다(the design is the result of a series of decisions he/she made based on knowledge gained from the methodological literature and previous work).' 연구의 준비단계에서부터 연구의 결과 보고서를 완성하기 까지 각 절차에 관련된 도전과 과제, 질문에 대한 답과 선택에 따라 연구의 특성과 색갈이 달라지고 질적 연구의 고유한 모습을 지니게 되는 것이다.

A Framework to guide Decision making in Observation

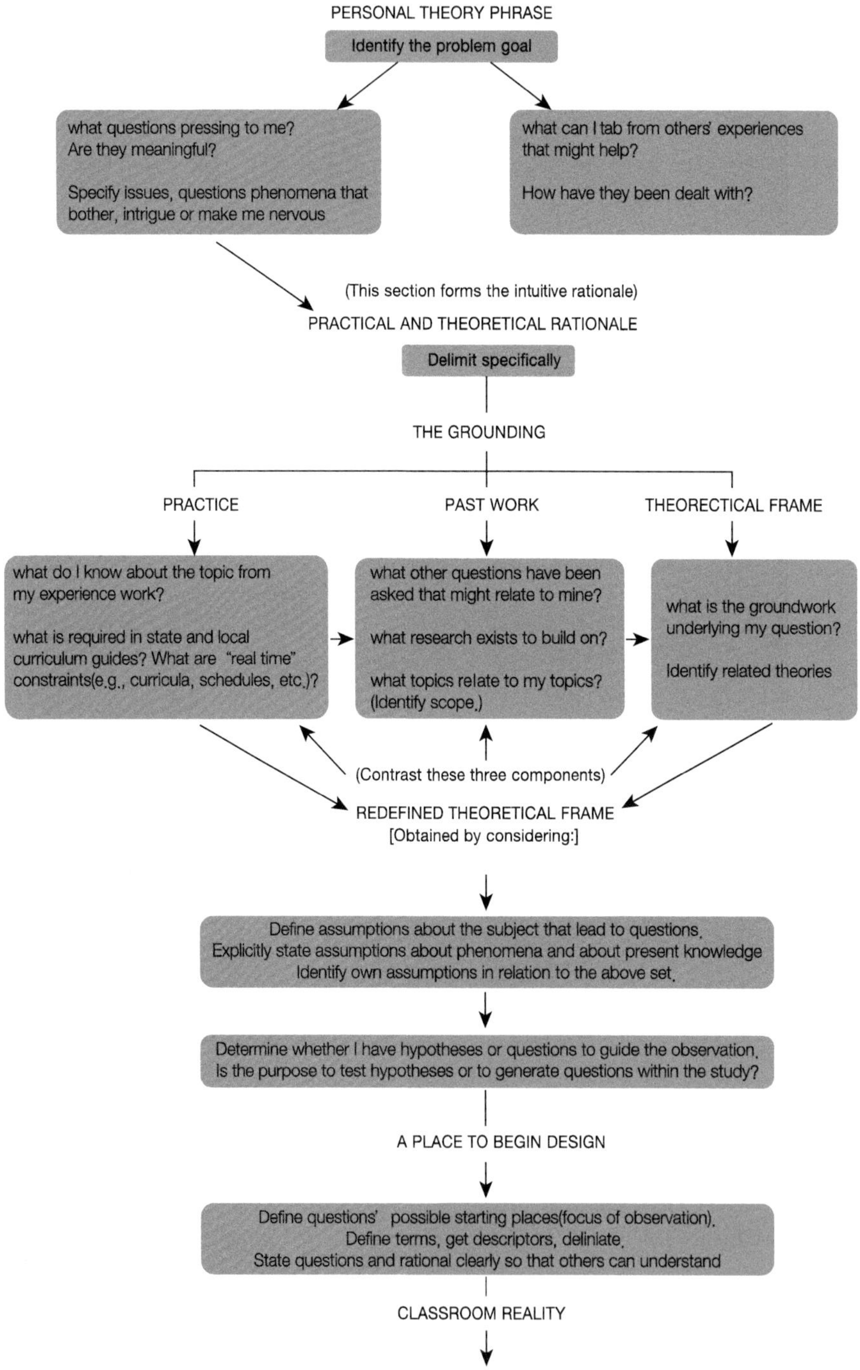

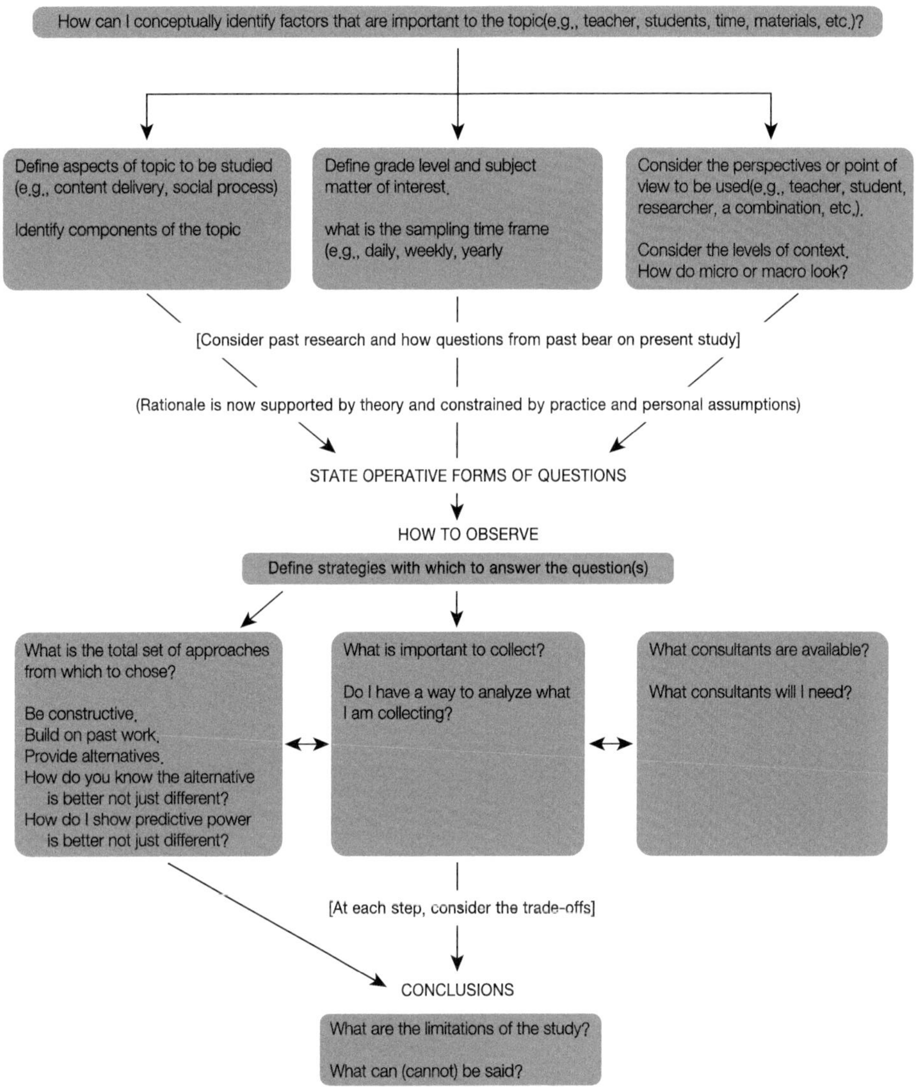

〈Framework to Guide Decision Making in Research Design〉

SOURCE : From Evertson, C. M., & Green, j. l., "Observation as Inquiry and Method" Reprinted with Permission of Macmillan Publishing Company from *Handbook of Research on Teaching*(3rd. ed.,pp. 162–213). Merlin C. Wittrock, Editor. Copyright © 1986 by the American Educational Research Association

출처: Marshall & Rossman (1995), *Designing Qualitative Research* (2nd) pp. 20–21.

2 연구계획서 작성의 원리와 구성요소

연구계획서(research proposal)는 사회현상을 좀 더 잘 이해하고 문제가 되는 사회상황을 변화시킬 수 있도록 하여 줄 체계적인 탐구에 대해 계획하는 것이다. 그러므로 연구의 각 단계별 결정과 선택과정이 디자인으로 표현되는 것이 연구계획서(proposal)이다. 연구계획서를 작성해 나가는 과정에 이미 언급한 디자인에서의 과제를 포함하여야 함은 물론, 중요하게 고려할 점을 아래와 같이 지적해 볼 수 있다 (Marshall & Rossman, 1995).

프로포잘 단계에서의 중요한 쟁점은 ① 이론적 틀(theoretical framework), ② 탄탄하고 확고한 디자인(Design Soundness), 그리고 ③ 연구자의 능력(Researcher Competence)으로 요약될 수 있다(Marshall & Rossman, 1995:7-14).

특히 탄탄하고 명확한 디자인을 위해 Marshall & Rossman(1995:8)은 다음과 같이 질적 연구방법을 지지해 줄 7가지 주제에 대한 논리적 원리에 주목하여야 할 필요가 있다고 지적한다.

1) 질적 접근의 가정과 전제(the assumptions of qualitative approaches)
2) 표본과 연구 대상자 선정의 논리(the logic for selecting a sample or participants)
3) 전반적인 연구디자인과 자료 수집 방법의 선택(the choice of overall design and data collection methods)
4) 밀도 있고 강도 높은 현장연구에 대한 인식(an acknowledgement of the intensive aspects of fieldwork)
5) 윤리적 쟁점에 대한 고려(a consideration of ethical issues)
6) 자원의 필요성(the resource needs)
7) 전반적인 디자인의 가치와 신뢰성에 대한 관심(attention to the trustworthiness of the overall design)

또한 연구자의 능력과 자질(Researcher Competence)에 대해서는 연구의 목적과 범위에 따라 얼마만큼, 어떻게 연구자의 능력을 보여 줄지에 달려있다. 이때 연구제안자의 선행연구를 인용하거나, 예비연구를 통해 밝혀진 연구의 강점과 약점을 논의하거나, 연구제안자의 전반적인 연구수행 능력과 과정을 비롯하여 연구계획서의 구성, 이론적 틀과 디자인 전반에 대한 논의를 통해 연구자의 능력이 표현되는 것이다.

그러므로 완성된 연구계획서는 이러한 구성요소를 포함하면서 다음의 측면이 잘 나타날 수 있어야 한다. ① 연구는 할 만한 가치가 있고 의미 있는 것이다 (the research is worth doing), ② 연구자는 이 연구를 잘 수행해 나갈 수 있는 능력과 실력을 갖추고 있다 (the researcher is competent to conduct the study), 그리고 ③ 연구는 꼼꼼하고 주의 깊게 계획되어 성공적으로 수행될 수 있다(the study is carefully planned and can be executed successfully).

그럼 연구계획서를 구체적으로 작성하기 위해서 어디서 무엇을 어떻게 시작할 것인가?

이때 연구자는 연구절차의 순환모델(model of research cycle)을 따라 각 단계별로 제시되는 주요 과제에 대해 수시로 점검하고 질문을 던지는 작업이 필요하다(Marshall & Rossman, 1995:17).

먼저 연구자는 이미 관찰되거나 발견되어진 현상에 대해, 혹은 계속 머리 속에서 뱅뱅 돌고 있는 흥미롭고, 호기심이 생기는 주제, 혹은 이상하고 변칙적으로 일어나는 현상에 대해 질문을 던지며 연구 문제를 선택하는 것으로 연구계획서를 시작한다.

연구의 서론 부분은 연구 문제와 연구의 중요성과 의의, 연구의 초점과 문제들 및 연구의 범위와 한계 등을 소개하고 연구의 전반적 디자인으로 구성된다. 이때 연구자는 이론과 정책, 실용성 등을 연계하면서 연구의 의의와 중요성을 예측할 수 있어야 한다. 즉, 연구 문제를 정의하고 연구의 중요성과 의의를 제시할 때는 이론적인 중요성과 정책적 중요성 및 실용적인 측면에서의 중요성을 지적하여 줄 필요가 있다. 또한 기존문헌과 선행연구를 고찰하여 이론과 관련 연구 분야를 찾아나간다. 또한 이 부분에서 연구의 디자인이 밑그림으로 스케치 되어질 때 특별한 접근방법과 주요 자료 수집 기법이나 디자인의 고유하고 독특한 특성 등이 나타나도록 한다.

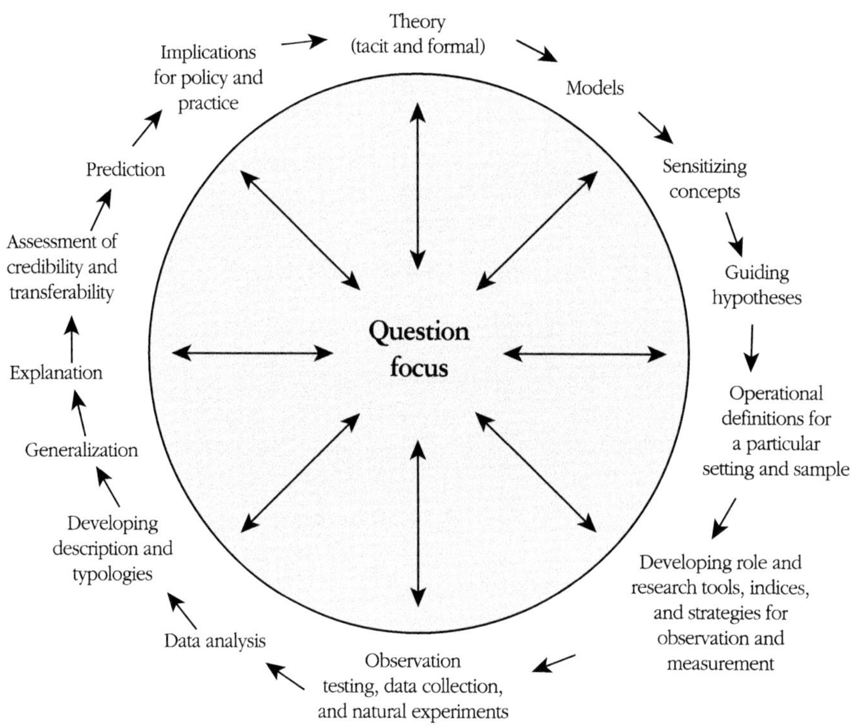

A MODEL OF THE RESEARCH CYCLE

출처: Marshall & Rossman (1995), *Designing Qualitative Research* (2nd) pp. 20-21.

특히 연구의 초점과 연구 문제를 제시할 때는 이론적 질문과 특정 연구 대상집단에 대해 집중하며 초점이 있는 질문을 제기하여야 할 필요가 있다. 이때는 구체적인 특정 연구 문제가 연구의 장소가 되는 현장과의 연계에 대해서도 주목하여야 한다.

연구 계획과 수행 단계

- 아이디어 ➜ 이론(선행연구 및 문헌고찰) ➜ 디자인 ➜ 자료 수집 ➜ 분석 ➜ 결과 및 파급효과
- Idea ➜ Theory(Literature review) ➜ Design ➜ Data collection ➜ Analysis ➜ Findings & Dissemination

10 질적 자료의 분류, 정리 및 지표화

질적 자료를 분류하고 정리하는 방법은 주로 세 가지 접근에 의거한다 :

1) 횡단적, 범주적 지표화(cross-sectional and categorical indexing)

2) 비횡단적 자료정리(non-cross-sectional data organization)

3) 도형(diagram)과 도표(chart)의 활용

1 횡단적, 범주적 지표화(cross-sectional and categorical indexing)

어떤 종류의 지표화 범주들을 만들어내고자 하는가? 어떤 설명논리나 분석논리가 횡단적 또는 범주적 지표화를 뒷받침하는가?에 주목하며 구조적 맥락, 상호작용 등에 주의를 기울인다. 여기서는 지표화 범주들을 어떻게 만들어 낼 것인가? 그리고 이들을 어떻게 내 자료에 적용시킬 것인가? 에 관심을 가져야 하는데 결국 자료로부터 지표화 범주를 창출해 내기 때문에 연구의 출발점에서 가지고 있는 지적 궁금증과 연구 문제와의 관계의 맥락에서 분류되어야 한다.

지표화 범주들에 관한 최종결정을 언제 내려야 하나? 지표화 작업을 언제 시작하여야 하고, 언제 이 작업을 끝내야 하나? 의 문제와 함께 자료를 지표화시키는 작업을 몇 번해야 하나? 그리고 지표화 범주들을 얼마나 많이 만들어야 하는가? 범주수가 충분한가의 여부를 어떻게 확인할 수 있는가? 등의 결정과 선택의 문제가 관련된다.

여기서 명확하고 일률적인 해답이 있는 것은 아니지만 범주수가 너무 많아도

문제가 발생하고 처음 연구자의 의도와 어떠한 설명논리를 분석에 적용시킬 것인가에 따라 좌우된다는 점을 염두에 둘 필요가 있다. 또한 지표화와 범주 설정에 일관성을 유지하여야 하고 컴퓨터 프로그램 등 가용한 기술들을 최대한 활용할 수 있도록 하는 것이 중요하다.

2 비횡단적 자료정리(non-cross-sectional data organization)

자료의 부분들을 보면서 공통성이나 일관성보다는 그 특수성에 초점을 맞추는 것을 강조한다. 그러므로 횡단적인 단면보다는 총체적(holistic)인 것을 추구하며 정리하는 방법이다.

그러면 자료를 비횡단적으로 정리하고자 하는 이유는 무엇인가?

① 자료의 각 요소들마다 차별성을 부여하고자 하는 경우, ② 공통성에 기초한 횡단적 주제의 탐색으로는 충족시키기 어려운 경우, ③ 단순히 지표화하기에는 매우 복잡하고 섬세한 특성을 지닌 경우, ④ 자료나 주제의 화제가 특수하고 구체적이고 특이할 경우, ⑤ 횡단적 지표화에 추가하여 대안적 방법을 모두 사용하여 설명을 구축하고자 할 경우에 활용된다.

그러면 어떻게 비횡단적으로 자료를 정리할 것인가?

이는 자료 정리의 원칙이 무엇인가? 자료의 '단위'가 무엇인가에 따라 결정할 필요가 있다. 예컨대, 사례연구, 이야기, 전기처럼 실제 삶의 사건들(real life event)은 총체적인 일련의 연속선상(holistic sequence)에서 살펴야 하는 점으로서 특수하면서도 총체주의적인 부분(particular and holistic part)의 핵심요소들을 확인하여야 할 것이다, 그러므로 어떤 설명논리나 분석논리가 비횡단적 자료정리를 뒷받침해 주는가?를 주목하여야 한다.

3 도형(diagram)과 도표(chart)의 활용

자료를 도형으로 정리하는 이유는 무엇인가?

복잡한 내용과 자료를 빠르고 쉽게 판독하기 위해서 주로 도형과 도표로 제시되는 경우가 많다. 또한 사건의 순서와 흐름을 제시하기 위해 흐름표(flow chart)로 나타내거나 생애과정 등에 관련된 도표로 제시하는 것이 효과적으로서 서로 다른 요소들간의 흐름표와 행렬표(matrix)를 통해 쉽게 이해될 수 있다.

그러면 어떻게 자료를 도형으로 정리하여야 하나?

연구자의 논리과정을 도표화하는 인지 지도(cognitive map)를 그리거나 가계도(family tree)로 표현될 때 효과적으로 이해를 쉽게 할 수 있는 자료가 있다. 이때 어떤 설명논리나 분석논리가 자료를 도형으로 정리하는 것을 뒷받침해 주는가? 하는 점에 주목하여 흐름표 등으로 선형적이거나 순차적인 설명논리(linear, sequential, logic of explanation)가 제시되기도 한다.

이상의 세 가지 접근이 상호배타적인 것은 아니고 자료의 특성과 연구목적에 따라 세 방법은 모두 적절히 활용될 수 있다.

수집된 자료가 분류되고 정리되면 자료의 인식과 판독(reading)을 하게 된다, 이때 분류와 정리가 일관적 체계를 갖추도록 하는 것이 중요하다. 특히 시간별, 주제별, 인물별, 등으로 정리하여 교차목록을 작성하면 도움이 된다. 그러나 자료분류, 정리작업과 분석 및 해석작업간의 경계는 모호하다는 점을 주지할 필요가 있다.

자료의 인식과 판독은 주로 다음 3가지 유형으로 이루어진다.

1) 자료를 직설적으로(literally) 판독 : '있는 그대로' 인식하고 판독
2) 해석적(interpretively) 판독 : 행간을 읽고, 보거나 있는 그대로를 넘어서 판독
3) 반향적(reflexively) 판독 : 연구자가 창출해 낸 자료의 한 부분이 되는데 자료창출 및 해석과정에서 연구자의 역할에 의미를 부여해 가는 것이다. 불가피하고 미묘하게 자료창출과 해석과정이 얽혀있다고 판단하고 이 관계를 파악하는 방향으로 자료를 판독

11 질적 자료의 분석과 설명

자료의 분석과 설명은 ① 비교설명(comparative explanations), ② 전개설명(developmental explanations), ③ 묘사설명(descriptive explanations), ④ 예측설명(predictive explanations) 등으로 그 특성을 나눌 수 있다.

질적 연구에서는 특히 정리된 자료의 분석과 설명을 설득력 있게 하는 것이 중요하다. 결국 설득력 있는 설명은 ① **연구방법의 신뢰도(reliability)와 정확성(accuracy)**, ② **자료의 타당성(validity)**, **그리고** ③ **분석의 일반화 가능성(generalizability)**과 직결되어 있다 (메이슨, 1996:213-255).

1 자료창출방법의 타당성

여기서 나의 분석이 타당하다는 것을 어떻게 증명할 수 있는가? 하는 질문과 관련하여 조사방법과 분석의 타당성을 증명하는 것은 자료출처나 자료창출방법이 무엇을 알려줄 수 있으며 얼마나 잘 알려줄 수 있는가에 달려있다. 연구자가 포괄적으로 조사방법의 논리가 자신이 추구하는 연구 문제와 설명에 얼마나 합당한가를 확인시켜나가도록 하는 것이다. 그런 면에서 조사방법의 "삼각측량(triangulation)기법"의 활용이 타당성을 높여 주는데 일조할 수 있다.

2 해석의 타당성

자료분석과 이를 기초로 하는 해석이 얼마나 타당한가를 확인하는 것 또한 조사방법의 타당성에 크게 좌우된다. 이는 독자들이 연구자의 해석을 다른 대안들보다 우월한 것으로 수용하는가 하는 점으로 왜 독자들이 연구자가 자료를 잘못 해석하지 않은 것으로 믿어야 하고 믿을 수 있게 하는가의 문제와 관련된다. 그러므로 판독과정에서 해석을 단순히 짜냈는가? 조작하지는 않았는가?를 체계적으로 보여줄 수 있어야 한다. 그러므로 질적 연구에서 해석의 타당성은 어떻게 그 해석에 이르게 되었는가를 증명하는 "최종결과물"에 의해 좌우된다고 할 것이다. 즉, 연구자는 자신이 어떤 경로를 통해 그 해석에 도달했는가를 추적할 수 있어야 하고 추적할 준비가 되어 있어야 한다.

한편, 연구자가 자신의 위치, 관점이나 분석틀을 이해하고 연구를 반향적으로 수행하였음도 보여주어야 할 뿐만 아니라 연구자가 대안적인 해석적 관점에서도 자료를 판독하고자 노력하였다는 것도 보여주어야 한다. 연구자가 고려했던 다른 해석적 관점들이 왜 자신이 선택한 관점보다 설득력이 낮은가를 보여줌으로 연구자가 작성한 해석의 타당성은 강화될 수 있기 때문이다 (메이슨, 1996:235-236)

이 점은 질적 연구 분석결과를 출판하고 발표할 때 방법론에 관해 방대한 언급을 해야 한다는 것을 의미하는 것은 아니다. 조사방법과 방법론이 충분히 설명되고 정당화되어야 한다는 뜻으로 받아들여져야 할 것이다. 다시 말하면, 자신이 선택한 방법론의 논리, 분석적 결정이나 수행방법이 독자들에게 당연한 것으로 비춰진다는 생각을 버려야 한다는 것을 의미한다. 그러므로 연구자가 자신의 해석을 단순히 제시만 하는 것이 아니라 목적에 따라 논리에 대해 설명하는 것을 습관화시켜 나가야 할 것이다. 요약하면, 해석의 과정을 투명하게 밝히고, 연구자가 선택한 방법론의 논리를 추적하여야 한다는 점과, 해석의 타당성의 문제에 대해 간단하고 편법적인 해결책은 있을 수 없다는 점을 강조한다.

3 분석과 설명의 일반화

분석과 설명을 기초로 하여 어떤 종류의 **일반화** 또는 광의의 주장을 할 수 있는가? 하는 문제는 경험, 실례, 상호작용, 신념표현 등을 통합하기 위해 많은 수정과 맥락파악이 이루어져야 할 것이다.

일반화는 경험적 일반화(empirical generalization)와 이론적 일반화(theoretical generalization)의 두 차원으로 나누어 질 수 있다. 나의 연구 문제들이 어떤 종류의 일반화를 시사하는가를 고려하며, 자료를 분류하고 정리하는 나의 방법이 어떤 종류의 일반화를 뒷받침하는가?에 주의를 기울일 필요가 있고 일반화의 주장이 이루어지는 맥락적 근거(contextual grounding)를 이해해야 할 것이다.

숫자사용, 범주의 통합 및 양화작업은 자료의 형태와 그 결과물의 내용에 부합되어야 하며 이론적 일반화를 달성하기 위한 다른 방법들과 보완적인 방식으로 이루어져야 한다는 점도 주목해야 한다.

결국, **내 연구와 설명을 효과적으로 활용하고 있는가?** 의 질문은 내 연구의 목적이 무엇인가, 내가 왜 이 연구를 수행하고자 하는가의 원래의 연구 문제로 되돌아가서 분석되고 설명되어야 효과적으로 활용하고 있는지의 평가와도 관련될 수 있을 것이다.

그러므로 질적 연구를 수행하는 연구자는 단순한 연구자라기 보다는 연구가 이루어지는 현장의 맥락을 전략적으로 생각하고 행동하는 실천가(practitioner)여야 하고, 연구자가 청사진을 만들어 자신의 질적 패러다임을 인정받도록 사고하고 반향적인 수행자로서의 역할을 하여야 한다.

이는 궁극적으로는 연구의 질적 평가와 함께 연구자의 윤리성과 정치성과도 연관이 된다. 연구자는 추상적 용어를 사용하여 뭔가 중요한 자료를 은폐하거나 또는 기만적으로 이루어지는 자료의 창출에 가담하진 않았는지, 연구주제의 도용이나 훼손 등의 문제는 없었는지 등의 문제에 민감하게 신경을 써야 한다. 뿐만 아니라 서로 다른 연구방법의 결합에 있어서도 연구방법을 결합시키는 목적과 연구방법을 결합시키는 양식과 그 이유에 대해서도 예민하게 논리적 근거를 가지고 있어야 연구결과로부터 일반화시킬 수 있는 근거가 마련될 수 있게 된다.

요약하면 질적 연구의 수행자는 연구과정의 각 시점에 "왜", "어떻게", "그 결과를 어떻게 해석할 수 있을 것인가" 등의 질문에 대해 민감하게 깨어 답할 수 있도록 하여야 하고 이에 따라 연구는 정당하게 평가될 수 있을 것이다. 결국 연구의 최종판단은 독자들의 몫임을 연구자들은 늘 명심할 필요가 있다.

12 질적 연구의 최근 동향

최근 학문적 추세는 학문 간의 조화와 방법의 융합을 강조하며 다양한 시너지 효과를 이루고 있다. 질적연구 방법도 내용이나 의미를 분석하는데 단순히 수나 양화된 크기만이 아니라 질적인 의미의 강조로 내용을 주관적으로 분석할 수 있다는 특징을 가진다. 또한 생활구술사, 구술채집, 일기, 사진 등의 문헌을 분석하는데도 많은 도움이 되는 조사 방법으로 인식되고 있다. 뿐만 아니라 대화의 모든 표현 및 기록을 분석하여 연구를 하는데도 많은 장점이 있다. 질적 연구는 사회학, 역사연구, 문화연구에서뿐만 아니라 인류학, 간호학, 사회복지학, 마케팅 등의 분야에서 그 중요성이 점점 부각되고 있다.

설문조사나 실험은 단일적이고 통일적이며 체계적인 방법을 사용하지만 질적 연구는 다양한 방법을 통해 연구자마다 조금씩 다르게 조합하여 사용할 수 있다. 그러한 특징을 통해 사람들이 직접 살아가고 느끼고 생각하고 행동하는 주관적 영역을 이해하고 설명하는 것이 가능하다. 결국 설문지를 통해 양적으로 얻을 수 없는 수많은 내용을 질적인 방법을 통해 얻을 수 있고 또 보완해 가고 있다.

과거에 비해 최근 질적 연구방법을 사용한 연구가 점차 증가하게 된 배경에는 학문을 하는 후속세대의 다원화된 관점에 있다. 여기서 관점의 다원화란 구체적으로는 연구자가 기존의 연구방법에 자신들의 문제의식을 맞추는 것이 아니라 자신들이 사회현상에 대해 가진 문제의식을 풀어낼 다른 사유방식을 탐구하고자 하는 욕구의 표출이라고 할 수 있다. 예컨대, 사회사업(social work)분야연구의 경우, 사회과학의 방법을 기본으로 하고도 현장에서의 경험을 확인하고 분석하는 작업을 추가해 나간다고 할 수 있다.

연구방법은 연구의 주제와 연구 문제에 접근하는 보조적인 수단임에도 불구하고, 그동안 학계에서는 양적 연구의 지속적인 증가와 강화로 인해 다양한 양적 연구방법 자체가 연구의 본질인 냥 호도 되어지는 경우가 종종 존재해 왔다. 그러나 다양한 연구자들의 질적연구방법에 대한 관심은 연구방법에서 다양한 기법을 고려하고, 새로운 과학적 방법에 대한 접목을 시도하여 왔다. 이들은 사회과학 연구에서의 더 근본적인 물음을 강조하면서 연구방법에 현장 또는 연구자들의 문제인식을 맞추어 가는 경우와 자신이 경험하거나 고민했던 현상에 문제의식을 풀어내어야 한다는 것으로 인식이 전환되어 온 부분도 있다. 즉, 실질적인 사람과의 관계에서 만들어지는 다양한 접근에 있어서 질적 연구방법은 지속적으로 확대되고 강화 되어져 연구의 다양한 패러다임을 제공하게 되어 온 것이다.

우리의 질적 연구의 역사는 미국이나 다른 나라에서와 같이 초창기 양적 연구와 질적 연구의 치열한 논의 끝에 탄생한 과정을 겪지 않고 자연스러운 관심의 증가로 편승해 온 분위기다. 그러나 다양한 연구방법이 공존해야 한다는 당위성을 인정한다면 현재의 대부분의 양적 연구의 큰 패러다임을 바꾸지는 못할지라도 그것에 연관된 잘못된 부분, 예컨대, 통계기법 등의 양적 방법에 초점을 두며 연구방법에다 실제 현상을 맞추어야 하는 특이한 과정 등에 대해서는, 적어도 좀 더 치열한 논쟁과 비판이 필요한 실정이다.

그런 측면에서 다양한 학문적 접근에서 질적 연구의 본질적 의미를 되새겨 보는 계기가 마련될 필요가 있다. 특히 연구자 입장에서 학문을 위한 학문으로서의 연구, 이론적 배경의 구축과 함께 현장 실천과정의 과학적이고 합리적 과정으로서의 질적 접근의 역할 등을 체계적으로 짚어볼 필요가 있다. 즉 다변적이고 다양한 삶의 생활세계 현장에서의 생생한 의미를 제공해 주기 위해서라도 정확히 수치화되어 표현되는 양적 연구의 근본적 한계에 대한 철저한 비판의 과정이 있어야 될 것으로 보인다. 그런 면에서는 양적 연구와 질적 연구를 위한 저변확대 자체에 중점을 주기 보다는 치열한 분석과 토론, 양적 연구와 질적 연구에 대한 상호 평가와 비판이 무엇보다도 중요하고 그것이 연구방법에서 우리가 해결해 나가야 할 과제가 될 것이다.

최근에는 질적 연구의 다양한 스펙트럼과 사례들이 적지 않은 것으로 보인다. 질적 연구는 양적 연구에 비해 절대적 지식보다는 상대적이고 맥락적 지식, 현상에 대한 예측과 통제보다는 이해와 설명을 중시한다. 또한 질적 연구는 "이해"와 더불어 "해방", "해체"의 패러다임으로 구분될 수 있다. 대표적인 예로 영국의 교육학영역에서 질적 연구는 교육영역에서의 시장 이데올로기라는 변화에도 불구하고 "전혀 던져지지 않던 문제"에 질문을 던져 침묵을 깨고, 당연시 되던 것을 문제삼는 역할을 함으로써 정책과정에 생명을 불어 넣어 주어 정책의 불일치와 오해, 잘못된 해석을 드러내 보여주었다고 평가되고 있다(Maguire and Ball, 1994).

누구나 어떤 사건이나 문제를 바라볼 때 자신의 이해관계와 입장에서 자유로울 수는 없다. 마찬가지로 기록하는 사람은 어떤 관점을 유지하고, 사람들과 소통해야 할지, 선택의 기로에 서곤 한다. 객관성은 때로 그 속에 숨겨진 자본과 권력관계를 은폐하기도 한다. 물론 기록의 객관성은 유지해야 하되, 그 객관성이 무엇이냐에 대한 질문과 고민의 끈을 부여잡고 씨름하며, 자신이 사는 당대의 현실적 문제에 대해 치열하게 싸움을 걸어야 한다. 우리가 인식하는 객관이란 잣대 자체를 양적 연구의 하나의 틀만으로 제단하고 설명하여 과학이라는 이름으로 계속해서 합리화 한다는 것 그 자체에 대한 비판적 관점이 필요한 것이다.

이러한 질적 연구의 새로운 동향은 질적 연구가 더 이상 낯선 '타자'에 대한 연구가 아니라 '지금' '여기' '우리'의 연구를 하는 것으로 그 방향을 전환한 것과 관련이 있다. 질적인 접근 방법이 인간 현상을 발견하고 탐구하는데 유일한 방법이고 모든 지식을 알려줄 것이라는 것을 지향하는 것은 아니다. 중요한 것은 복잡하고 다원적인 실재를 얼마나 심층적으로 근접하게 알아내 가는 과정의 중요성을 의미한다.

좀 더 구체적으로 질적 연구의 최근 동향은 다음 네 가지로 제시할 수 있다.

먼저, 연구자와 연구 참여자가 동등한 삶의 주체로서 서로의 체험을 공유하여 문제를 함께 인식함으로써 사회 변화를 지향하는 '자전적 경향'의 등장이다. 둘째,

'타자'의 문제를 '우리'의 문제로 인식함으로써 현실의 이해와 더불어 현실의 실질적 개선을 모색하고자 하는 '참여적 경향'의 등장이다. 셋째, 문화 기술적 텍스트주의의 한계를 넘어서 새로운 표현 방식인 연행에 주목하는 '연행적 경향'의 등장이다. 마지막으로 개인의 주관적 체험의 느낌, 감각을 중시하여 다양한 예술적 자료 수집과 표현 방법을 활용하는 '심미적 경향'의 등장이다.

제 2 장

질적 자료 수집 방법

01 관찰연구

1 개요

관찰연구란 사람을 연구할 때 인위적인 조작이 없는 자연스러운 환경에서 관찰자가 직접 보면서 관찰하는 방법으로 특히 다른 방법으로는 연구가 어려운 대상이거나 연구 목적 달성에 관찰이 가장 효과적일 때 사용된다.

1 관찰연구의 특징

민속학(ethnography)이나 현장연구는 관찰활동을 기본으로 이루어진다. 관찰연구의 대표적인 방법인 참여관찰은 연구자가 연구 대상자의 수변상황에 초점을 맞추고 현장의 상황, 주변 사람들과의 상호작용, 관찰 대상자들의 행동이나 사건 등을 체계적으로 분석하면서 진행 해 나간다.

참여관찰은 사건이나 행동의 전후 맥락에 주안점을 두고 관찰 대상자의 반응과 연구 대상이 되는 사회의 구조적, 기능적인 측면을 포함시켜 나간다. 이 방법은 연구자가 사회를 객관적으로 볼 수 있게 해 주며 연구 대상자들이 제공하는 정보를 해석하는데 도움을 준다. 특히 참여관찰은 연구 대상자가 면담 시 연구자에게 자신의 상황을 제대로 설명하지 못하거나 거짓말을 할 때 효과적이다.

(1) 접근 방식

일반적으로 관찰연구는 다음과 같은 두 가지 방식으로 접근할 수 있다.

첫째, 생태심리학적 관점

연구 대상자와 그를 둘러 싸고 있는 환경에 초점을 두고 현장의 상황과 전체와의 관계를 관찰한다. 이 때 모든 상황을 맥락적으로 이해하기 위하여 연구 대상이 왜 그런 행동을 했는지, 행동의 목적이 무엇인지에 관심을 두고 전체적 상황을 이해하려고 노력하여 추론적 서술을 한다.

둘째, 동물 생태학적 관점

동물 생태학적인 접근법에서는 관찰을 통하여 모든 것을 상세히 기록한다. 즉 얼굴근육의 움직임이나 이에 따른 감정 표현을 관찰하여 기록한다. 행동자체나 동작유형에 관심을 두고, 보이는 그대로를 기술하되 주관적인 추론은 하지 않는다.

(2) 관찰연구의 장단점

관찰을 통해 객관적인 자료를 확보할 수 있다. 그러나 참여관찰이 불가능 한 경우도 있고, 관찰 과정에서 정보의 오류가 발생할 수 있다. 즉 신뢰성이나 일반화에 있어서는 다소 어려움이 있을 수 있다. 관찰연구의 구체적인 장점과 단점은 아래와 같다.

❶ 장점

기본적으로 객관적인 정보를 얻을 수 있다. 특히 연구 대상자가 어리거나 정신적으로 문제가 있을 때, 또는 다른 방법으로는 정보를 얻는 것이 불가능 할 때 좋다. 그러나 무엇보다 자료 수집에 비교적 오차가 적다는 점이 장점이다. 즉 연구자가 직접 눈으로 보면서 관찰을 하므로 회고적 자료처럼 기억에 의존하지도 않고 투사적 기법에 의해 추출된 자료처럼 애매모호하지도 않아 타당성의 확보가 가능하다.

❷ 단점

관찰이 불가능하면 관찰연구는 할 수 없다. 또 관찰연구가 가능한 상황하에서라 할지라도 때때로 연구자의 동조현상이 일어날 수 있다. 즉 연구자 자신이 연구 대상의 집단에 참여하는 동안 연구 대상 집단의 태도나 가치관에 동조되어 중립적인 관찰이 어려운 경우가 있고, 또한 연구자가 연구 대상과 함께 생활하면서 태도나 가치관에 변화가 올 수도 있다. 또한 연구자가 자신의 존재를 밝히지 않은 상태에서는 즉각적인 기록이 어려운 경우가 있어 종종 자료가 누락되기도 한다. 체계적인 관찰에 의해 관찰 대상의 발성, 언어 등 신체 움직임 및 심리, 생리학적 반응과 같은 모든 행동 특성을 한 번에 관찰할 수 있으나 자극이 강한 행동에 치중하다 보면 중요한 정보를 빠트리게 되는 경우도 발생한다.

또 관찰자는 신체의 전반적인 특징이나 표현보다는 얼굴 표정에 국한하여 보기 쉽다. 나아가 관찰자의 편견에 의해 관찰 시작시점과 끝부분에 치중한 나머지 가운데 부분의 정보를 소홀히 하기 쉽다. 그리고 기대하는 방향으로 관찰을 하는 기대편견이 발생하기도 쉽다. 즉, 참여자가 특정 집단을 관찰을 하는 것이므로 그 결과를 일반화하기가 어렵다. 또 표준화된 조사방법에 의하여 관찰하는 것이 아니므로 신뢰성의 확보와 일반화의 어려움이 있다.

2 관찰연구의 목적

여러 가지 질적연구 방법 중 관찰연구를 하는 이유는 다음과 같다.

첫째, 가설이나 연구 문제를 유도해 나가므로 연구 문제를 구체화할 수 있다.

둘째, 어떤 행동이나 사건의 전체적 상황을 설명할 수 있다.

셋째, 연구 문제의 구체적인 인과관계를 설명할 수 있다.

넷째, 인간의 행동을 더 잘 이해할 수 있다.

다섯째, 평가의 수단이다.

3 참여관찰의 기술방식

참여관찰의 접근 방식은 기술관찰, 집중관찰 및 정선관찰의 3가지 방식으로 나누어 질 수 있다(Spradley, 1980).

(1) 기술관찰

사회적 상황에 대해 연구하려고 하지만 그 상황에 대해 잘 모를 때 일단 대략적인 모습을 그리는데 사용한다. 주로 큰 윤곽에서 작은 부분의 관찰로 진행하게 된다. 일반적으로 사회적 상황은 '공간, 행위자, 활동, 행동, 물건, 사건, 시간, 목적, 감정'으로 구성된다. 즉 관찰 시 사용되는 물리적 장소가 '공간'이고 '행위자'는 연구현장에 관련된 사람들이며 '활동'은 참여자가 보여주는 일련의 관련된 행위를, '행동'은 참여자가 하게 되는 행위를 말한다. 또 연구현장에 존재하는 문건들이 '물건'이고, 참여자가 보여주는 일련의 관련된 활동들이 '사건'이다. 나아가 사건이 발생하는 일련의 '시간', 참여자가 달성하고자 노력하는 '목표', 참여자가 느끼거나 표현하는 '감정'이 사회적 상황의 구체적인 요소가 된다.

(2) 집중관찰

집중관찰은 기술관찰 자료 중 하나 혹은 소수의 영역을 선택하여 집중적으로 관찰하는 방식이다. 개인적 관심 또는 인간의 요구충족 가능성에 관련된 전략적 문화기술 등의 문화적 영역이 여기에 속한다.

(3) 정선관찰

정선관찰은 문화적 의미의 구조를 찾기 위해서 각 영역에 대한 분류를 통해서 발견된 범주들 간의 유사점과 차이점을 찾아내는 방식이다.

4 참여 관찰 연구를 위해서 필요한 요건들

Lofland(1984)는 참여연구가 이루어지기 위해서는 다음의 요건들이 갖추어져야 한다고 했다.

- 의미(Meaning): 역할, 규범, 문화, 세계관과 같은 주제의 뜻
- 행동(Practices): 연구에서 관찰하게 되는 실제 측면으로 사람들의 행위
- 사건(Episodes): 출산, 졸업식, 이사 등과 같은 다양한 사건들로 행동이 각 개인들을 대상으로 보는 거라면 사건은 사람들의 집단행동이나 예식을 의미
- 우연한 만남(Encounters): 사람들이 의도치 않은 상태에서 만나서 나타내는 행동들
- 역할(Roles): 사람들이 차지하고 있는 지위나 각자가 담당하는 역
- 관계성(Relationships): 각자가 수행하고 있는 역할의 관련성
- 그룹(Groups): 각자의 역할, 역할들의 관계성, 나아가 그런 관계성의 집합
- 조직(Organization): 그룹이 비공식적 집단인 반면 조직은 집단의 범위를 넘어서는 더 큰 집단으로 보다 공식적임
- 지역(Settlements): 현장연구는 큰 규모의 지역 보다는 소규모의 관찰이 이루어지는 지역임

2 연구절차

1 관찰의 목적 결정

일반적으로 질적연구에 정해진 순서가 없는 것처럼 관찰연구도 정해진 절차가 있는 것은 아니지만 참여연구를 효과적으로 수행하기 위해서는 관찰의 목적 결정 → 관찰 대상자 선정 → 관찰내용의 계획 → 관찰 요소 결정 → 기록 방법 계획 → 자료 처리 계획 → 분석의 계획 단계를 거치게 된다.

(1) 관찰의 목적 결정

왜 관찰을 하려고 하는지 연구의 목적과 문제를 결정한다.

(2) 관찰 대상자 선정

연구목적에 맞는 대상은 누구인지를 선정하고, 경우에 따라서는 이들로부터 동의를 구한다.

(3) 관찰내용 계획

무엇을 관찰할 것인지, 목표 행동이 무엇인지 계획한다.

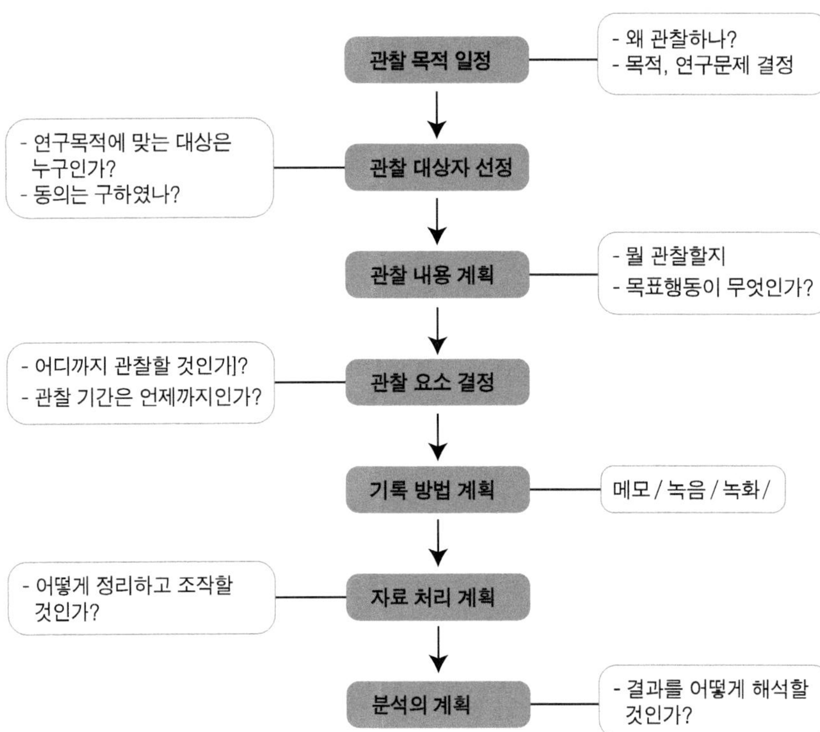

[관찰연구의 절차]

(4) 관찰 요소 결정

언제부터 어디까지 관찰할 것인지를 결정한다.

(5) 기록방법 계획

기록은 어떤 방식으로 할 것인지 생각하여 메모, 녹음, 녹화 등의 구체적인 방식을 선정한다.

(6) 자료처리 계획

자료를 어떻게 정리하고 조작할 것인지 계획한다.

(7) 분석의 계획

관찰 결과를 어떻게 분석하고 해석할 것인지 계획한다.

2 관찰목록

구체적으로 참여연구의 관찰 목록에는 물리적 환경, 연구를 위한 관찰대상자, 활동과 상호작용, 대화, 특이한 요인, 관찰자의 행동 등이 포함된다. 이들을 좀더 구체적으로 살펴보면 다음과 같다.

(1) 물리적 환경

물리적 환경은 어떠하였는지, 어떤 배경인지, 그러한 상황에서는 어떤 행동이 예상되는지, 공간배치는 어떻게 되어 있는지, 이 환경에서 어떤 대상, 근거자료, 기술공학적인 요소가 있는지 관찰한다.

(2) 관찰대상자

현장에 누가 얼마나 많이 있고, 이들의 역할은 무엇인지, 이 사람들은 왜 모여있는지, 누가 그곳에 있게 되는지, 있어야 할 사람 중에 그곳에 없는 사람은 누구인지, 마지막으로 연구 대상자들의 특성은 무엇인지 관찰한다.

(3) 활동과 상호작용

무슨 일이 일어나고 있는지, 이들 연구 대상자들의 활동에 순서가 있는지, 어떻게 활동하고 있으며 상호작용을 하는지, 활동은 연구자의 관점에서 보았을 때 어떻게 연관되어 있는지, 또한 전형적인 활동인지 특이한 활동인지에 대해서 관찰한다.

(4) 대화

관찰되는 대화의 내용은 무엇인지, 누가 누구에게 말하는지, 또 누가 듣고 있는지 관찰한다. 또한 대화를 직접 인용하고 알기 쉽게 해석할 수 있게 요약, 녹음, 메모하여 보충한다.

(5) 특이한 요인

비공식적이고 뜻밖의 행동, 단어의 함축적인 의미, 공간배치와 의상과 같은 비언어적 상황, 주위의 물리적 단서와 같이 두드러지지 않는 측면 등 특이한 요인을 놓치지 말아야 한다.

(6) 관찰자의 행동

관찰자 자신이 지금 관찰하고 있는 상황에 어떤 영향을 미치는지, 무슨 말을 하고 무슨 행동을 했는지, 지금 벌어지고 있는 상황에 대해 어떤 생각을 가지고 있는지를 기록해 둔다.

3 연구 참여자

1 연구 대상자의 선정

연구의 목적, 개념적 구조, 연구 문제 또는 관심 주제 등에 따라 관찰 대상자를 결정해야 한다.

연구 대상자를 표집하는 방법은 구체적으로 할당표집, 스노우 볼 표집, 특이사례 및 목적적 표집이 있으며 이들 방법의 특징은 각각 아래 표와 같다.

〈표집방법의 종류〉

표집방법	특징
할당표집	대상 집단이나 지역이 분명하게 나뉘어질 수 있는 경우나 연구 대상 영역에 대한 대표적 자료를 얻기 위해 사용한다.
스노우 볼 표집	눈덩이를 굴려 가듯이 현장에서 특정한 사람으로부터 정보를 얻고, 그 사람이 추천하는 다른 사람들에게 정보를 더 얻어 나가는 식으로 정보를 모아 나가는 방법으로 전 지역의 심층연구를 위해서 이용한다.
특이사례	특이한 행동에 많은 정보가 포함될 수 있다는 전제 하에 규칙적 행동에서 벗어난 독특한 사례에 관심을 가지는 방법이다.
목적적 표집	실제 현장연구에서는 할당표집 보다는 연구목적에 따라 특정 대상을 의도적으로 표집을 하는 경우가 많다.

2 참여관찰자

관찰자는 참여 수준에 따라 완전 참여자(complete participant), 관찰자로서의 참여자(participant as observer), 참여자로서의 관찰자(observer as participant) 및 완전 관찰자(complete observer)로 구분할 수 있다.

(1) 완전 참여자

관찰자가 연구 대상자 그룹의 일원으로 그 장소에 들어가서 연구자로서의 역할이나 연구의 목적을 숨기고 내부 정보를 얻는 방식이다. 경우에 따라 연구 대상자를 속였다는 윤리적 문제가 발생할 수 있다. 또 객관적인 연구자의 역할과 참여자의 역할을 동시에 하기는 어려울 뿐 아니라 기록할 시간이 확보되지 않는다는 어려움이 따른다. 때때로 동조현상이 일어나 객관적인 시각을 잃을 수도 있다.

(2) 관찰자로서의 참여자

연구 대상자들이 연구자의 목적과 이중 역할을 알고 있다. 관찰자로서 보다는 참여자로서의 역할이 보다 우선시 되므로 책임감을 가지고 참여자의 역할을 수행해야 한다. 그러나 동시에 두 가지 일을 하려고 할 때 역할 갈등이 일어날 수 있으며 또 연구 대상자들이 연구의 가치나 목적을 전적으로 수용하지 않을 수도 있다.

(3) 참여자로서의 관찰자

연구자가 대부분의 시간을 관찰과 인터뷰 등의 관찰활동에 소비하고 참여자로서의 역할은 최소한만 할애하여 연구자는 주변적인 참여자가 된다. 그러나 연구 대상자들이 연구자를 이방인으로 간주해서 신뢰를 하지 않거나 자신들의 활동이나 내부인의 관점을 허용하지 않을 수도 있다.

(4) 완전 관찰자

연구자는 연구 대상자들과 직접적인 상호관계를 맺지 않고, 비디오 카메라를 이용해 연구 대상자들을 촬영하거나 일방향 거울(one way mirror)의 뒤나 관찰해야 하는 행동이나 활동이 일어나는 장소의 구석에 앉아서 관찰한다. 그러나 관찰자가 그 장소에 있는 참여자들을 직접 인터뷰하고 그들의 활동에 개입하지 못하므로 그들의 문제점을 명확히 밝히지 못하는 단점이 있다.

이상과 같이 연구자의 역할은 현장의 상황과 연구목적에 따라서 구분되는데 (Gold, 1969) 이를 표로 정리하면 다음과 같다.

〈관찰에서 연구자의 역할에 따른 단점〉

	연구자의 역할	단점
완전 참여자	연구 대상자들과 함께 생활하며 관찰하므로 그들은 관찰자의 존재를 모른다.	• 연구 대상자를 속였다는 윤리적 문제가 발생할 수 있다. • 객관적인 시각의 확보가 어렵다.
관찰자로서 참여자	연구 대상자들에게 연구자의 신분을 밝히고 이들의 생활에 한 일원으로서 참여하며 관찰도 한다.	• 관찰자와 참여자의 두 역할을 동시에 해야 하므로 역할 갈등이 일어날 수 있다. • 연구 대상자들이 연구자의 연구 목적이나 가치를 전적으로 수용하지 않을 수 있다.
참여자로서 관찰자	자신이 관찰자라는 것을 밝히지만 최소한의 참여자의 역할을 한다. 예를 들면 신문 기자가 여기에 속한다.	• 참여자들이 연구자를 이방인으로 간주해서 신뢰하지 않거나 내부인의 관점을 드러내 놓지 않는 수가 있다.
완전 관찰자	어느 누구에게도 신분과 역할을 밝히지 않고 생활도 함께 하지 않으면서 비디오카메라를 이용하거나 외부나 구석에서 관찰한다.	• 관찰자가 그 장소에 있는 참여자들을 인터뷰하거나 그들의 생활에 개입하지 못하므로 그들의 문제점을 명확히 밝히지 못할 수 있다.

3 관찰자의 관점

관찰자가 누구의 관점에서 관찰을 하고 쓰느냐에 따라 1인칭 관점, 3인칭 관점 및 3인칭 전지적 관점으로 구분해 볼 수도 있다(조영달, 2005).

(1) 1인칭 관점

연구자를 "나"로 표시하며 연구자인 "내"가 알고 경험하고 추측하는 것으로 견해가 제한된다. 이 경우 내부자의 자격으로 연구자의 경험을 제시할 수 있으며 동시에 연구자로서의 성찰적 사고가 가능하다. 이 관점은 관찰노트를 쓸 때 연구자의 생각과 감정을 잘 드러낼 수 있는 장점이 있다. 관찰자의 위치와 개입의 정도, 관찰의 과정 등에 대한 기록이 참여관찰 기록에 필수적이므로 관찰자의 역할과 개입을 잘 표현할 수 있는 특징을 지닌다.

(2) 3인칭 관점

다른 사람들의 행동과 말을 관찰하고 보고하도록 3인칭 관점에서 관찰노트를 작성하는 방식이다. 특히 '3인칭의 입장'에서는 그 장면에 포함된 사람들의 관점에서 글을 쓸 수 있어 좋다. 이 경우 글에는 제 3자인 그 사람의 특정한 행동, 그 사람이 알고 있는 것처럼 보이는 구체적 사건 내용, 그 사건을 묘사하는 그 사람의 직접적인 용어와 말 등이 포함된다. 같은 장면에서 다양한 사람들로부터의 목소리를 기록할 수 있어 좋다.

(3) 3인칭 전지적 관점

글 쓰는 대상의 공개적인 말이나 행동뿐만 아니라 그들의 생각, 감정, 동기 등에 대해서까지 접근할 수 있는 장점이 있다. 시간대와 장소를 자유롭게 넘나들고, 기록 대상의 외형적 행동과 말, 내적인 생각, 감정도 자유롭게 이야기할 수 있는 사실적 형태의 글을 써야 하므로 연구 대상과 많은 시간 인터뷰를 해야 한다.

4 관찰자의 주의사항

관찰연구를 실시할 때 관찰자로서 다음의 사항을 명심하여야 한다.

- 참여연구에서의 관찰자는 어떤 사회적 상황에도 참여할 수도 있지만 이는 개인적 혹은 부분적으로만 참여해서 연구자로서의 역할 수행하는 것이다(Gans, 1982).

그러므로 관찰대상자의 내부세계를 관찰하는 것이 항상 가능하지는 않다.

- 연구자가 연구 대상자들의 그룹에 처음부터 속해 있거나 일원이라 할지라도 연구에 필요한 정보를 모두 제공받지는 못하는 경우가 많다.
- 연구자가 연구 대상자들의 활동에 참여하되 완전히 몰입하지는 말아야 한다. 즉 참여하는 동안 연구자는 상황을 객관적으로 관찰하고 분석할 수 있도록 어느 정도는 거리를 두어야 한다.
- 관찰자가 등장하는 것 자체로도 여러 가지 상황을 변화시킬 수 있다. 그러므로 항상 공식적이고도 객관적인 입장을 취해야 한다.
- 연구 대상자들의 얼굴 표정과 몸짓도 놓치지 말아야 한다.
- 연구자는 참여연구가 시작되기 전에 연구 대상 집단이나 개인의 역사와 사회적 배경에 대한 사전 지식을 확보하는 것이 좋다.
- 관찰자에게는 다른 사람과 좋은 사회적 관계를 맺는 능력이 요구된다.
- 정확한 관찰을 위해서는 많은 시간을 투자할 필요가 있다.

4 기록하기

1 기록의 종류

관찰연구에서 사용되는 기록은 크게 글, 소리 및 영상으로 구성된다.

(1) 글

현재 일어나는 상황을 즉시 메모형식으로 기록하는 방법으로 가장 간편하고 비용이 적게 소요된다. 그러나 기록하는 도중에 상황이 지나가거나 끝날 수 있어 모든 상황을 완벽하게 기록하기는 어렵다. 그러므로 중요한 사항만 선택적으로 기록하게 되는 단점이 있다.

(2) 소리

녹음기를 이용하여 현장에서 일어나는 상황을 녹음하므로 짧은 시간에 많은 양의 정보를 확보할 수 있지만 상황종료 후 이를 글로 옮겨 써야 하는 번잡스러움이 있다.

(3) 영상

비디오카메라를 이용하여 현재 일어나고 있는 상황을 동영상으로 녹화하는 방식이다. 시각적인 측면이 가미되어 녹음보다 구체적이며 반복 청취로 정확한 분석이 가능하다.

2 기록분류

질적연구를 하기 위하여 실시된 관찰활동의 기록은 관점에 따라 여러 가지 방식으로 분류될 수 있다.

(1) 자료 수집법에 따른 분류

자료는 수집법에 따라 일기식 기록, 일화식 기록, 시간표집, 사건표집, 평정표집, 장단위 분석으로 나뉠 수 있다.

일기식 기록은 지속적으로 관찰하다가 특정한 측면이 발견되는 날에만 서술식으로 기록하는 방식이다. 특히 아동 관련 연구에서 많이 사용된다. 일기식 기록에는 이야기 형식으로 써 나가는 포괄적 일기와 행동의 어떤 한 측면 만을 기록하는 토픽 일기가 있다. 반면 일화식 기록은 한 가지 행동에 대해서만 서술식으로 기록하는 방식으로 교육학 관련 연구에서 널리 사용된다. 또한 사전에 관찰할 행동의 목록표를 만들어 일정한 시간 동안 관찰을 하면서 그 행동이 나타난 시간을 표시하는 시간표집, 시간의 제약 없이 특정 사건이나 행동이 일어날 때만 기록하는 사건표집, 특정한 측면을 선택하되 사전에 결정된 기준에 의해 종합하고 판단하는 평정표집 등의 기록방법이 있으며 행동과 환경을 모두 기록하되 미리 정해진 준거에 의해 단위를 끊어서 기록하는 장단위 분석이 있다.

(2) 기록방식에 따른 분류

기록방식에 따른 분류에는 서술식, 체크 리스트, 평정척도 등이 있다. 서술식은 모든 것을 글로 묘사하여 기록하는 방법이다. 체크리스트는 사전에 만들어진 틀에 맞추어 기록하는 것이며, 평정척도는 관찰자가 해석하여 기록하는 방법이다.

3 자기반성 글쓰기

자기반성은 연구자의 존재가 연구에 어떠한 영향을 끼쳤는가를 분석해 보는 것으로, 혹 연구결과에 영향을 끼쳤을지도 모르는 연구자의 주관적인 가정과 신념을 규명함으로써 현장작업을 보다 객관적이고 과학적인 것으로 만들어 준다(Meyerhoff & Ruby, 1982).

(1) 자기반성의 역할

자기반성 글쓰기는 지금 읽고 있는 연구가 연구자의 어떤 주관적 시각을 통하여 만들어졌는지를 알게 해 줌으로서 연구를 보다 진실되게 이해시킬 수 있다(Krieger, 1983). 즉 연구자의 개인적 주관성을 은폐하기 보다는 드러내어 연구를 보다 진실하고 과학적인 것으로 만든다. 자기반성에서는 연구자의 개인 특성, 감정 등이 작업현장에 어떻게 영향을 끼쳤는지가 자세하게 기록되어야 한다(Van mannen, 1988).

(2) 자기반성 질문목록

자기반성 글쓰기를 할 때 영역별로 물어야 할 내용이 많으므로 이를 구체적으로 살펴보면 다음과 같다.

패러다임 수준

- 현상을 바라보는 나의 시각은 질적 패러다임에 근거하고 있는가?
- 질적연구를 하면서도 나는 여전히 사회현상을 인과관계의 증명이나 검증의 방식으로 이해하려고 하지 않았는가?

- 나는 새로운 사실이나 발견에 치중하기보다는 기존의 잠정적인 연구결과나 관점을 재확인하려고 하지는 않았는가?

연구 방법

- 내가 생각하고 있는 잠정적인 결론을 도출하기 위하여 연구 참여자의 응답 내용이나 방향을 제한시키거나 의도한 방향으로 몰고 가지는 않았는가?
- 자료 수집의 과정에서 나는 연구 참여자와 논쟁하지 않았는가?
- 참여자들의 입장을 이해하기보다는 나의 관점에서 옳고 그름을 판단하려고 하지는 않았는가?
- 연구자료를 취사선택하여 사용하지 않았는가?
- 결론에 동조되지 않는 연구사례를 의도적으로 생략시키거나 그 중요성을 간과하지는 않았는가?
- 자료를 수집하는 과정에서 나는 최선을 다하였는가?
- 쉽게 얻을 수 있는 자료만을 구하고 얻기 힘든 자료는 포기하지는 않았는가?

연구 대상자와의 관계

- 나와 다른 연구 대상자의 생활세계에 얼마나 가깝게 다가가고자 노력하였는가?
- 많은 연구 참여자 중에서 특정한 대상하고만 가깝게 지내지는 않았는가?
- 특정 개인이나 집단과 불편한 관계를 유지하지는 않았는가?
- 나의 선입관이나 편견이 연구 대상자를 오도시키지는 않았는가?
- 연구 대상자의 삶에 몰입하면서도 한편으로 객관적인 거리를 잘 유지하고자 하였는가?

기술

- 일어난 사건을 있는 그대로 정확하게 기술하였는가?
- 기술하고 있는 사건이 정말로 일어났는가?
- 참여자의 생각, 느낌, 경험이 정확하게 기술되었는가?

4 참여연구에서의 신뢰도와 타당도

질적연구의 한 방법인 참여연구에서는 연구 결과에 연구자의 주관이 알게 모르게 영향을 미치게 되어 자칫 신뢰도와 타당도가 간과되기가 쉽다. 그러나 연구의 객관성을 위하여 신뢰도와 타당도가 확보되어야 한다.

(1) 신뢰도

일반적으로 신뢰도는 동일 검사를 반복 실시하였을 때의 측정의 일치성을 의미한다(성태제, 시기자, 2006). 질적 연구의 한 방법인 관찰연구에서는 관찰의 정확성과 관찰자들 사이의 안정성 혹은 일치 정도가 신뢰도에 해당된다. 적절하지 못한 표집방식, 행동에 대한 정확하지 못한 정의, 기록방법의 복잡성, 복잡한 상호작용, 관찰자들의 편견에 의한 잘못된 오류, 추리에 의한 행동 분류 등에 의해서 참여연구의 신뢰도가 떨어지기 쉽다. 또한 이외에도 신뢰도가 떨어지는 이유로는 여러 가지 변인들을 동시에 관찰하거나 지나치게 긴 관찰 시간, 관찰자의 훈련 부족, 연구 대상자를 이해하고 있는 정도, 연구 대상자의 행동에 미치는 관찰자의 영향, 연구 대상자의 행동을 판단하는 기준에 있어서의 개인차 등을 들 수 있다.

(2) 타당도

타당도는 어떤 검사나 척도가 측정하려고 의도하는 것을 정확하게 측정하는 정도를 이야기 한다(문수백, 2005). 참여연구에서는 내용타당도와 준거관련 타당도를 고려해야 한다.

❶ 내용타당도(content validity)

내용타당도는 연구자가 관찰하려고 결정한 행동 특성을 얼마나 제대로 관찰하였는지, 관찰된 행동이 어느 정도 특정한 행동 영역을 대표할 수 있는지, 관찰한 내용에 대해 합리적 분석을 하는지, 그 결정이 개인의 주관적 판단을 기초로 한 것은 아닌지를 측정한다.

❷ 준거관련타당도(criterion-related validity)

관찰결과를 이미 확인된 척도나 준거와 비교함으로써 타당도를 산출하는 방법이다(성태제, 시기자, 2006). 공인타당도(concurrent validity)는 관찰 결과를 외적 준거와 비교하는 방법으로 유사한 시점에 수집된 질문지나 면접기법의 점수와 비교하는 방법이다. 예언타당도(predictive validity)는 현재의 관찰결과로부터 미래의 행동을 예측 또는 추론하는 방법이다.

5 예 시

[관찰기록일지의 예]

관찰아동	김방울	생년월일	2006. 5. 29. (여)
	송영실		2005. 10. 18. (여)
관찰일	2010. 9. 16.	관찰자	주윤미
장면	다른 친구랑 다툰 후 우는 친구 위로하기 (15:38 PM)		
기록	영실이가 문구점 앞에서 한 친구랑 말다툼을 하다가 울음을 터트린다. 문구점 속에서 공책을 사고 있던 친구 방울이가 들고 있던 공책을 제자리에 놓고 바깥으로 뛰어나와 영실이에게 간다. 방울이가 울고 있는 영실이의 눈물을 닦아 주며 "무슨 일이니? 재 원래 그런 아이잖아. 참아. 내가 봤는데 네가 잘못하지 않았어."라고 위로한다. 영실이가 울다 말고 방울이를 쳐다보며 잠시 눈물을 그치자 방울이는 영실이의 등을 가만히 다둑거려 준다. 같이 싸우던 친구는 이들 둘을 노려 보다가 아무말도 없이 반대편 골목으로 총총히 사라진다.		
발달영역	영실 – 위로받기 방울 – 친사회적 행동		

02 심층면접

1 개요

면접, 즉 인터뷰는 구조화된 또는 비구조화된 참여자들로부터 원하는 데이터를 끌어내고 이를 분석하는 기술이다(Schwandt, 1997). 즉 연구자가 면접 대상자와 이야기하면서 말, 표정, 몸짓 등을 통하여 그들의 의견이나 생각을 알아내는 방법이다. 인터뷰에서는 면접 대상자가 자신과 관련이 있는 주제를 자신의 언어로 말하게 된다.

질적연구에서 사용하는 인터뷰는 연구자가 관심이 있는 문제에 대한 답을 가장 효율적으로 제공받을 수 있으리라는 기대를 전제로 하여 자료를 수집하는 방법의 한 가지이다. 면접은 대부분 비공식적으로 이루어지므로 대화 중심적으로 전개되어 연구 대상자들은 자신의 이야기를 하게 된다. 또 많은 사람들과 사물, 또는 현상들의 존재와 관계를 확인한 후에 한 사람 또는 사물이나 현상의 정체성을 파악하게 되므로 인터뷰 초기에는 주로 기초적이고 기술적이고 분석적인 질문들을 하고 점차에 대조적, 평가적 또는 종합적인 질문을 하는 것이 좋다.

면접은 면접자와 면접 대상자 간에 언어적인 상호작용으로 이루어지므로 다음과 같이 이루어진다.

[면접의 과정]

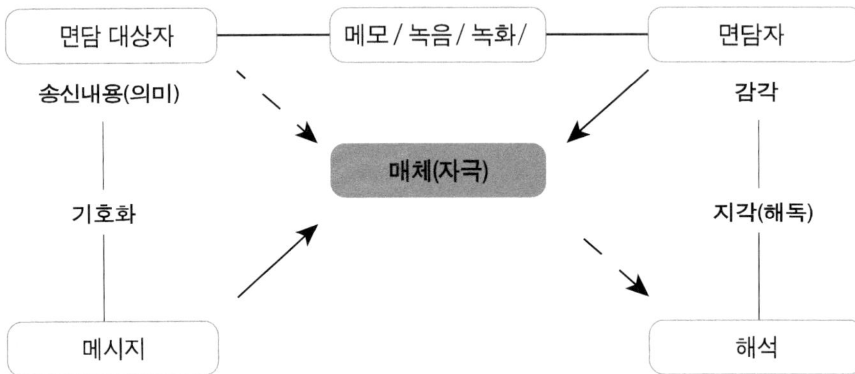

1 면접법의 특징

면접을 하면 일단은 면접자와 면접 대상자가 서로를 신뢰하여 친화감(rapport)이 조성되어야 진솔한 면접이 가능하다. 설문조사로서는 알아낼 수 없는 표정이나 몸짓, 손짓 등을 발견할 수 있다. 또한 면접 대상자 반응의 진실성 여부나 응답에 대한 확인이 가능하다는 장점을 가지는 대신에 시간과 경비가 많이 소요되고 익명이 불가능하다는 단점도 있다. 그러나 무엇보다 글을 모르거나 나이가 어린 사람을 대상으로도 실시 할 수 있고 상황에 따라 질문의 깊이와 범위의 조절할 수 있어 융통성 있는 연구가 가능하다.

질적연구에서의 인터뷰는 독특한 사회, 정치적 맥락 속에서 설명되는 언어적인 이벤트라고 볼 수 있다(Schwandt, 1997). 즉 인터뷰는 둘 이상의 사람들 간의 담론이며 질문자와 응답자로부터의 질문과 응답의 의미가 맥락적으로 결합되어 구성되는 언어적인 이벤트이다.

2 면접의 장점 및 단점

면접에는 여러 가지 장점이 있는데 이를 표본 응답자의 특성, 자료 수집 방식 및 자료의 성격 측면에서 생각해 볼 수 있다.

❶ 표본 응답자의 특성

- 응답의 회수율을 높일 수 있다.
- 표본의 폭을 다양하게 넓힐 수 있다.

❷ 자료 수집 방식

- 면접자와 면접 대상자 간의 신뢰감과 친화감 형성이 가능하다.
- 면접자가 면접을 이끌어 나갈 수 있어 필요한 데이터 자료 수집을 지속적으로 할 수 있다.
- 면접자가 면접 대상자의 행동을 어느 정도까지는 통제할 수 있다.
- 필요에 따라 질문을 반복하거나 부연 설명을 할 수 있어 타당도 높은 자료의 수집이 가능하다.

❸ 자료의 성격

- 설문지 조사로는 하기 어려운 복잡하고 미묘한 질문도 할 수 있다.
- 면접자의 태도나 기술 여하에 따라 개인적인 내용이나 민감한 내용도 응답을 받아 낼 수가 있다.
- 의도하지 않은 순간적인 대답이나 자연스러운 반응을 얻을 수 있다.
- 개방형 질문을 사용하면 폭넓은 자료 수집이 가능하다.
- 자료의 누락을 최소한으로 줄일 수 있다.

한편 면접은 타 질적 연구방법에 비해 단점도 지니고 있는데 이를 편의성, 면접의 실시 및 응답의 성격 측면으로 나누어 이야기 할 수 있다.

❶ 편의성

- 누구를 인터뷰 한다는 자체가 쉬운 작업은 아니며 시간과 비용이 많이 소요된다.

❷ 면접의 실시

- 면접자의 편견이 문제가 될 수 있다.

- 면접자들을 모두 감독하고 통제하기가 어렵다.
- 표준화된 자료 수집이 사실상 불가능하다.
- 면접자의 잘못된 태도나 유도질문 등으로 데이터 수집에 오류가 발생할 수 있다.

❸ 응답의 성격

- 대답하기 어려운 민감한 질문에 대해 갑자기 질문을 받으면 응답하기가 쉽지 않다.
- 응답 대상자가 즉시 응답을 해야하는 경우는 신중히 생각을 할 수 없어서 데이터에 왜곡 가능성이 있다.
- 질문의 어구나 순서에 따라 다른 응답이 도출될 수 있다.
- 면접자의 편견에 의해 중립적이거나 비지시적인 응답도 잘못 이해될 수 있다.

3 학문적 기원, 목적

(1) 학문적 기원

인터뷰는 원래 합의도출 방식의 일환으로 고대 이집트에서는 사람들의 합의를 얻어내기 위하여 개인별로 실시되었다. 그러나 Booth가 1886년 런던에 거주하는 사람들의 생활과 노동에 대해 알아보기 위하여 비구조화된 일상생활에 대해 기술적인 면접을 실시한 것이 면접이 연구활동에 사용되기 시작한 유래이다(조영달, 2005).

(2) 목적

인터뷰의 목적은 면접 대상자의 경험과 행위의 의미를 이해함으로써 그들의 사회생활을 조사하는 것이다. 그리하여 특정 목적이나 주제에 대한 면접 대상자의 생각이나 의견을 면접자와의 상호작용으로부터 도출해 내는 것이다.

(3) 면접의 종류

❶ 구조화된 면접(Structured Interview)

면접 시에 다룰 질문을 일정하게 표준화 시켜서 면접조사표에 의해 모든 응답자에게 동일한 질문을 동일한 순서에 따라 수행하는 면접이다. 면접자에게는 자유재량의 여지가 거의 없고 기계적으로 자료 수집을 수행하게 된다. 대부분 이미 기존의 연구나 이론으로부터 도출된 주제와 관련된 질문이 모든 면접 대상자에게 동일하게 주어지게 되고 면접 대상자는 미리 구체화된 폐쇄형 질문에 대해 미리 정해진 대답, 즉 예를 들면 예, 아니요, 모름 등을 선택하게 된다.

이 때 면접자는 면접 대상자의 생각을 옮기는 중립자로서의 역할을 취해야 하며 이로서 질적연구의 약점이 되는 연구자의 영향력이나 주관성을 배제하고 객관성을 확보할 수가 있다. 그러나 면접 대상자는 면접에서 사용되는 용어나 지식을 사전에 충분히 알고 있으며 면접자의 질문 내용에 대해서도 모두가 동일한 의미로 받아들인다는 것을 전제로 한다.

구조화된 면접에서는 다음과 같은 점에서 주의하여야 한다(조영달, 2005).

- 연구에 대해 깊이 설명하려고 하지 말고 미리 주어진 기준을 사용할 것
- 질문을 왜곡시키거나 핵심에서 크게 벗어나지 말 것
- 다른 사람이 끼어들게 하지 말 것
- 응답자가 스스로 이야기 하게 하되 응답을 알려주지 말 것
- 질문을 있는 그대로 제공하며, 이를 너무 자세히 해석하여 설명하지 말 것
- 면접에는 완벽한 정형은 없으므로 상황과 맥락에 유의 할 것

❷ 비구조화된 면접(Unstructured Interview)

미리 정해진 표준화된 질문을 물어 보는 구조화된 면접법과는 달리 비구조화 면접에서는 무엇을 물어야 하는지를 미리 정해두지 않는다. 다만 연구자가 정해진 주제와 상황 하에서 목적 달성에 가장 적합한 질문을 개발해 나가면서 면접 대상자와 상호작용을 하는 과정에서 새로운 질문을 만들어 나가게 된다.

질문의 형식이나 순서가 정해지지 않은 상태에서 비교적 자유롭게 면접자와 면접 대상자의 상호작용에 따라 자료를 수집하게 된다. 심층면접이 비구조화된 면접의 전형적인 예이다.

비구조화된 면접은 연구자가 연구의 주제에 대해 잘 모르거나 경험이 없을 때 주로 사용한다. 그러므로 간혹 면접 대상자가 면접자 보다 연구 주제에 대해 더 잘 아는 수가 있다. 비구조화된 면접에서 면접자의 역할은 면접 대상자의 이야기를 경청하되 질문에 대해 잘 대답하는지 확인해 나가야 한다.

❸ 반구조화된 면접(Semi-Structured Interview)

반구조화된 면접은 구조화된 면접과 비구조화된 면접의 중단 단계로 중요한 질문의 일부를 표준화시키는 방식이다. 즉 중요한 사항은 미리 정해진 틀에 따라서, 부수적인 사항은 상황에 따라 결정하게 된다. 주제와 내용을 다소 표준화 시키되 질문 순서나 방법 등은 면접자가 어느 정도 재량권을 가지고 상황에 따라 정해 나간다. 반구조화된 면접은 연구자가 물어야 할 질문은 알지만 답을 예상하기 어려울 때 주로 사용한다. 면접 대상자는 자기 스스로의 표현과 말로 질문에 대해 응답하게 된다. 이 때 가능하다면 면접 대상자가 많은 이야기를 할 수 있게 분위기를 조성해 나가야 한다.

반구조화된 질문을 구성할 때 가능한 한 질문을 논리적으로, 또 연대순으로 전개해 나가는 것도 요령이다. 한꺼번에 너무 많은 질문이나 애매한 질문, 또는 광범위한 내용은 피하는 것이 좋다.

2 연구절차

다른 질적연구방법들과 마찬가지로 심층면접도 표준화된 절차나 과정이 정해져 있는 것은 아니고 상황에 맞게 조절해 나가면서 실시하나 일반적인 절차는 면접계획 수립 → 질문목록 작성 → 면접실시 → 면접결과 분석을 거치게 된다.

1 면접계획 수립

면접계획을 수립하기 위해서는 다음의 네 단계를 거치게 된다.

면담목표 확인 — 하위 질문내용 확인 — 대상 확인 — 일시 및 장소 확인

2 질문목록 작성

두 번째 단계인 질문목록 작성은 아래의 다섯 가지 단계를 거쳐 진행된다.

문제 장면 선정 — 질문 형식 구안 — 문항 작성 — 질문목록 작성 — 질문 목록 검토

3 면접실시

심층면접의 세 번째 절차인 면접의 실시는 친화감이 조성된 후 실시하게 된다.

친화감 조성 — 면접실시

4 면접결과 분석

면접결과의 분석단계에서는 분석표를 작성 한 후 결과를 종합하고 시사점을 도출하는 것이다.

분석표 작성 — 종합 및 시사점 도출

3 자료 수집 및 분석방법

1 면접계획 수립

(1) 면접자

면접자는 우선 연구의 주제와 목적에 따라 누구를 대상으로 무엇을 알아 내려고 하는지? 이를 위해서는 어떤 방법이 가장 효과적인지를 생각해야 한다. 예를 들어 교사들이 생각하는 '사이버 가정학습'의 효과에 대해 연구하기 위해서는 면접자가 먼저 사이버 가정학습이 누구를 대상으로, 어떻게 진행되고 있는지를 잘 알고 있어야 한다.

(2) 면접 대상자

면접 대상자가 결정이 되면 이들에게 전화로 연구자의 소개 및 연구의 목적이 무엇이며 어떤 방법을 통하여 면접이 이루어질 것인지를 설명해야 한다. 또 면접 대상자가 어떤 근거에 의해 선정되었는지 왜 참여를 요청받게 되었는지도 설명해 주어야 한다. 나아가 면접의 결과는 어떻게 관리하여 어떻게 사용할 것인지, 면접에 소요되는 시간과 장소, 횟수, 면접방식을 사전에 밝히고 면접 대상자들로부터 허락을 받아내어야 한다.

심층인터뷰의 경우는 주로 유의표집(purposive sampling)을 하게 된다. 이는 연구목적에 따라 대표적인 사례만을 의도적으로 표집함으로써 오히려 모집단을 대표하는 표본을 구성할 수 있다고 생각하기 때문이다. 그러므로 연구자가 어떤 특성을 가진 대상자가 선택 되어져야 한다는 것을 미리 안다면 그 기준에 가장 적합한 대상만을 할 수있다.

면접 대상자의 수는 2시간 정도 인터뷰가 지속되는 경우는 10명 정도가 적절하다(Creswell, 1998). 질적연구로부터 얻어지는 연구결과는 표집의 크기보다는 선택된 사례에 대한 풍부한 정보나 연구자의 관찰 분석능력과 보다 더 관련이 있다(Patton, 1990).

2 질문 목록작성

구체적으로 질문할 문항을 작성 할 때는 다음의 단계를 거치게 된다.

1단계	연구하려는 "큰" 연구 문제들의 목록을 작성한다.
2단계	큰 연구 문제들을 하위 범주인 "작은" 연구 문제들로 나눈다.
3단계	"작은" 연구 문제들을 면접에서 사용 가능한 구체적인 질문으로 만든다.
4단계	면접을 위하여 질문 항목을 논리적인 순서로 배치한다.

3 면접하기

(1) 도입

면접이 성공하려면 면접 대상자의 면접자에 대한 신뢰가 무엇보다도 우선되어야 한다. 면접에 들어가기 전에 면접자는 면접 대상자는 동료의식을 느낄 수 있도록 신뢰가 형성되어야 한다. 이를 위해서 면접자는 자신의 소개는 물론 연구의 목적과 어떻게 면접을 진행시켜 나갈지, 또 면접대상자로부터 기대하는 것이 무엇인지를 솔직하게 이야기하여 면접 대상자가 편인함을 느낄 수 있어야 한다.

(2) 승낙서 확보

면접자는 면접을 시작하기 전에 면접 대상자로부터 가능하면 문서로 연구의 목적과 결과의 관리 및 사용방식 등에 동의 한다는 승낙서를 받아 두어 추후에 윤리적인 문제가 발생하지 않아야 할 것이다.

(3) 수행

질적연구에서는 연구자가 연구 대상자나 연구상황을 진솔하게 이해하기 위해서 이들에게 가까이 다가서는 것이 무엇보다 중요하다(Patton, 1990). 실제로 면접은 언제 시작하여 몇 분간, 몇 번을 해야 하는지에 대해 정해진 법칙은 없지만 계속 같은 대답을 해서 더 이상 새로운 해석이 나오지 않는 포화상태에 도달하면 면접을 끝내는 것이 좋다.

면접에서 가장 중요한 것은 면접자와 면접 대상자 사이에 공감대(rapport) 형성이라 할 수 있다. 공감대 형성을 위하여 다음의 사항을 참고하면 좋다(조영달, 2005).

- 면접자가 면접 대상자의 말, 이미지, 대화 방식, 목소리 높낮이와 음률, 자세, 말의 속도 등을 어느 정도 일치시키면 의사소통을 이끌어 나가면 공감대 형성에 도움이 된다.
- 면접 대상자가 대답하기 어렵거나 곤란한 질문 보다는 쉽게 대답할 수 있는 질문을 먼저 시작한다.
- 면접과 직접적으로 관련이 없는 일상적인 이야기를 먼저 시작하는 것도 좋은 대화 방법이다.
- 면접 대상자에게 면접자가 항상 듣는 사람, 배우려고 하는 사람의 인상을 주면 더 풍부하고 자세한 답을 수집할 수 있다.

또 면접을 실시할 때의 주의점은 다음과 같이 정리할 수 있다.

- 면접 대상자가 편안함을 느낄 수 있도록 해 주고 연구의 목적이나 익명성 등을 진솔하게 설명하여 신뢰를 갖게 한다.
- 조급하게 본론으로 들어가기 보다는 점진적으로 접근하는 편이 좋다.
- 면접 대상자의 상황을 파악하기 위해 일단 탐색을 하고 질문의 형식을 조절한다.
- 면접 대상자가 대답하기 곤란하거나 비밀을 요하는 사항을 질문할 때는 솔직하게 이야기 한다.
- 그러나 중복된 질문이나 상대방이 말하고 싶어 하지 않는 내용의 질문은 피한다.
- 면접 대상자의 대답이 정확하지 않거나 불충분하면 추가 질문을 한다.

인터뷰는 면접자와 면접 대상자 간의 대화로 이루어진다. 그러므로 대화 참여자는 어느 누구도 대화에서 소외되어서는 안된다. 때때로 면접 대상자가 인격을 지닌 삶의 주체로 존중되지 않고 연구를 위한 객체로 다루어지는 경향이 있으므로 주의해야 한다. 나아가 연구자의 영향력을 배제하기 위해서 면접 절차를 최대한 객관화시켜야 한다. 그러나 보다 중요한 점은 연구자의 개입 여부가 아니라 개입의 양상과 영향이 어떠했나를 파악하는 것이다. 그러므로 연구자 자신의 배경을 소개하고 이가 연구과정 전체에 어떻게 작용하였는지를 알게 하는 것이 바람직하다. 면접 대상자도 자신의 경험이나 생각을 솔직하게 표현하되 의도적으로 연구자를 기만하는 일이 없어야 한다(Jax, 1984).

인터뷰의 효율성을 높이기 위해서는 녹음기, 현장노트, 비디오 녹화, 사진 등의 다양한 매체를 이용하는 것이 바람직하며 질문을 한 뒤 곧바로 결과를 정리해야 한다.

(4) 마무리

더 이상 새로운 이야기가 나오지 않는 포화상태에 이르면 면접을 완료하여야 한다. 면접을 마치려고 할 때 면접 대상자에게 이제 면접을 마치려고 하니 혹 빠진 이야기나 더 하고 싶은 이야기가 없는지 물어 본다. 그리고 면접에서 이루어졌던 내용을 확인하고 가능하다면 기록된 내용을 면접 대상자에게 보여 주어 추가적인 정보를 얻어내면 좋다. 또 추후 녹음자료나 녹화자료로부터 녹취록을 작성하여 면접 대상자의 의도가 제대로 기술 되었는지를 확인 받을 것임을 미리 이야기 해 둔다.

마지막으로 면접 대상자가 면접과 시간을 허락해 준 것에 대해 인사하고 결과물은 면접 대상자에게 어떻게 제공될 것인지를 알려준다.

4 면접 결과의 분석

(1) 성찰하기

면접이 끝나면 전반적인 면접과정을 검토, 분석해야 한다. 면접을 통하여 수집된 자료가 정말 연구에 필요한 것인지? 수집된 자료가 연구를 수행하기에 충분한가를 성찰해야 한다.

(2) 면접의 결과 평가

면접의 결과는 신뢰도와 타당도의 두 측면에서 살펴 보아야 한다.

- 신뢰도

  신뢰도란 측정된 내용의 일관성에 관한 문제이다. 같은 주제에 대해 면접 대상자에게 두번 물었을 때 처음과 두번째 면접의 결과가 어느 정도 일치하는가의 여부이다. 신뢰도를 높이기 위해서는 면접 대상자 모두에게 면접의 목적이나 내용이 일관되게 적용되어야 함은 물론 질문을 하는 형식도 동일해야 한다. 나아가 면접자의 태도, 표정, 어감 등이 일관성 있게 유지되어야 한다.

- 타당도

  타당도란 측정하도자 하는 내용을 제대로 측정하였는가에 관한 문제이다. 타당도에는 내용타당도, 준거타당도, 예언타당도 및 구인타당도 등이 있다. 내용타당도를 높게 하기 위해서는 주제를 나누어 질문 항목을 세분화하는 것이 좋으며, 준거타당도는 인터뷰 방식과 다른 질적연구방법을 사용하여 이들 사이의 일치도를 알아 보면 된다. 예언타당도는 사전, 사후의 면접 결과의 일치도를 알아 보며, 구인타당도는 이론적 고찰과 성향 연구분석을 충분히 하여 이론적인 근거와 실제 면접의 일치도를 높인다.

4 예 시

- 외국인노동자실태 및 지원서비스 수요조사(설동훈, 2003)

❶ 조사의 개요

외국인노동자 지원단체의 실태와 활동 내역를 파악하기 위하여 '질문지를 이용한 조사'(survey research)와 '심층면접'(in-depth interview)을 사용하였다. 조사대상자는 노동상담소, 종교단체, 의료 지원단체, 한글 교실 등 '외국인노동자를 대상으로 지원서비스를 제공하고 있는 단체'이다. 이를 위하여, 필자는 "한국의 외국인노동자 지원단체 조사연구, 2003년"이라는 제목의 질문지를 개발하였다. 단체의 성격·재정, 포괄하고 있는 외국인노동자 현황, 단체의 활동 내역, 향후 활동의 전문화 방향, 정부에 대한 요구 사항 등이 주요 질문 항목이다. 한편, 단체의 대표 또는 상근실무자를 대상으로 심층면접을 수행하기 위한 조사표를 작성하였다("한국의 외국인노동자 지원단체 대표자 심층면접, 2003년"). 단체용 질문지로 파악하기 힘든 내용을 파악하는 데 역점을 두었다. 조사를 수행하기 위한 준비 작업으로 현재 국내에서 활동 중인 외국인노동자 지원단체의 총 목록을 작성하였다. 이 목록은 조사모집단으로 활용되었다. 그것을 작성한 절차는 다음과 같다.

첫째, 한국기독교사회문제연구원(2000b)의 '외국인 이주노동자의 권익을 위해 활동하는 단체주소록'을 기본 자료로 활용하였다.

둘째, 외국인노동자 지원단체의 연대 조직이나 회원 단체를 거느린 조직, 즉 외국인노동자대책협의회, 외국인노동자 의료공제회, 이주·여성인권연대, 가톨릭노동사목전국협의회, 감리교 외국인근로자선교협의회, 대한예수교장로회(통합) 총회 외국인근로자선교협의회, 대한예수교장로회(합동) 총회 외국인근로자선교협의회, 한국기독교장로회 외국인노동자선교협의회 등으로부터 회원 단체 명부를 입수하여, 새로운 단체를 입력하고 주소와 연락처의 변경 사항을 반영하였다.

셋째, 각 단체에 전화로 연락을 취해, 현재 활동 중인지 여부를 탐색하는 한편, 인근 외국인노동자 지원단체의 이름을 질문하여, 누락된 단체를 보충하였다. 그 결과 155개 단체가 2003년 8월 현재 활동 중인 것으로 파악되었다.

조사방법은 우편조사를 택하였다. 면접법을 택하지 않은 까닭은 지역이 전국에 걸쳐 넓게 분포하고 있다는 점 때문에 발생하는 예산상의 제약도 있지만, 단체를 직접 찾아가더라도 현장에서 질문지에 응답을 받아오는 것이 용이하지 않기 때문이다. 특히, 외국인노동자 대상의 질문지까지 한꺼번에 수합하는 것은 거의 불가능하다. 그래서 우편으로 질문지를 우송하기 전에 각 단체에 전화를 하고, 질문지 발송 이틀 후에 질문지 수신 여부를 확인하는 전화를 하였으며, 일주일 후부터는 독촉 전화를 하였다. 조사는 2003년 7월 21일부터 8월 20일까지 한 달간 수행하였다. 그 결과, 전체 155개 단체 중 50개 단체로부터 질문지를 회수하였다. 회수 대상은 아래와 같다. 즉, 표집률은 32.3%이다.

〈질문지를 이용한 조사에 응한 외국인노동자 지원단체 목록〉

갈릴리교회	경남 외국인 노동자상담소	경산 외국인 노동자교회	광주 문산 제일교회
광주 외국인노동자 선교센터	구미 가톨릭 근로자문화센터	금촌 외국인 노동자교회	금현교회
남양주여성교회·이주노동자여성센터	대구 서문교회	대구 성서공단 노동조합 이주노동자 사업부	대구 외국인노동자 상담소
대전 외국인 노동자지원센터	대전 외국인사목	동안교회	부산 기독교 이주노동자센터

설문지를 통한 조사를 실시함과 동시에 단체 대표 또는 상근실무자들을 대상으로 심층면접을 실시하였다. 면접장소는 외국인노동자 지원단체 사무실, 또는 면접 대상자가 지정하는 곳으로 하였다. 면접은 2003년 6월 24일에 시작하여 8월 18일에 종료하였는데, 총 38명의 면접 내용을 녹음하여, 모두 문자화하였다. 아래는 심층면접에 응해준 단체와 활동가들의 명단이다.

본 연구에서는 '질문지를 이용한 조사'와 심층면접 결과를 모두 충실히 기술하였다. 심층면접 조사 결과를 인용할 때에는, 해당 단체와 활동가의 신상 노출을 막기 위하여 필자가 임의로 부여한 고유번호로 표기하였다.

심층면접 단체와 면접대상자 및 면접일자 목록

심층면접 단체와 면접대상자	면접일자
갈릴리교회 (서경기)	2003년 07월 25일
경남 외국인노동자 상담소 (이철승)	2003년 07월 22일
광주 외국인근로자 선교회 (석창원)	2003년 07월 26일
광주 외국인노동자 선교센터 (이철우)	2003년 07월 26일
구미 가톨릭 근로자 문화센터 (모경순)	2003년 07월 24일

❷ 보고서 작성의 예시

2004년 8월 1일부터 고용허가제가 본격적으로 실시되면, 현재 지원단체가 수행하고 있는 외국인노동자 상담과 사후관리 기능은 노동부가 직접 수행하게 될 전망이다. 이는 현재 상담활동에 주력하고 있는 지원단체에게 업무의 재편을 요구하고 있다. 지원단체는 장래에 어떤 분야의 활동에 주력할 것인가를 신시하게 고민하지 않으면 안될 시점이다. 그래서 각 지원단체에 여러 활동 중 가장 우선적으로 전문화하고 싶은 분야를 한 가지만 꼽으라고 요구하였다.

가장 우선적으로 전문화해야 할 지원단체의 활동 (단위: 개, 명, %)

활동분야	단체 (N=44)		활동가 (N=134)		외국인노동자 (N=222)	
	사례 수	백분율	사례 수	백분율	사례 수	백분율
선교·포교 활동	16	36.4	32	23.9	12	5.4
외국인노동자 공동체 지원	8	18.2	7	5.2	16	7.2
한글 교육	6	13.6	16	11.9	18	8.1
상담활동을 통한 문제 해결	2	4.5	19	14.2	42	18.9
귀환 후 재정착 프로그램	2	4.5	9	6.7	10	4.5
의료지원	2	4.5	11	8.2	54	24.3
쉼터·피난처 운영	2	4.5	5	3.7	2	0.9
각종행사 지원	1	2.3	5	3.7	33	14.9
국내노조 지원 유치	1	2.3	4	3.0	4	1.8
외국인노동자 관련 연구 사업	1	2.3	2	1.5	3	1.4
국내이주노동자 단체와 연대	1	2.3	1	0.7	1	0.5
외국인력제도 개선을 위한 활동	1	2.3	4	3.0	7	3.2
해외이주노동자 단체와 연대	1	2.3	0	0	2	0.9
성교육	0	0	0	0	1	0.5
한국인과 외국인자매 결연	0	0	1	0.7	0	0
외국인아동 교육 지원	0	0	5	3.7	1	0.5
산업안전 교육	0	0	0	0	4	1.8
소식지, 출판문 제작	0	0	1	0.7	0	0
컴퓨터 교육	0	0	5	3.7	10	4.5
외국인노동자 협동조합 운영	0	0	5	3.7	2	0.9
국제결혼 가족 지원	0	0	2	1.5	0	0

위 표에는 그 질문에 대한 응답 결과가 제시되어 있다. 지원단체는 선교·포교 활동(36.4%), 외국인노동자 공동체 지원(18.2%), 한글교육(13.6%) 등의 순으로

응답하였고, 활동가들은 선교·포교활동(23.9%), 상담활동을 통한 문제 해결(14.2%), 한글교육(11.9%)등을 지적하였다. '선교·포교 활동 강화'를 선택한 단체가 가장 다수를 차지하는 것은 외국인노동자 지원단체 중 상당수가 종교기관이라는 점을 반영한다. 단체 대표와 활동가들은 외국인노동자들의 출신국별 모임에 대한 지원, 지속적인 상담활동, 한국어 교육 활동에 주력하려 하고 있다.

단체에서 전문화해주기를 원하는 지원 서비스에 대하여, 외국인노동자들은 의료지원(24.3%), 상담활동을 통한 문제 해결(18.9%), 각종 행사 지원(14.9%) 등을 주로 꼽고 있다. 외국인노동자들은 한국인 활동가들이 주력하고 싶어하는 분야와 다른 항목을 절실히 원하고 있다. 그들은 지원단체에서 '의료지원'에 더 많은 관심을 가져주기를 바라고 있다.

각 단체의 주요 활동 계획에 대한 지원단체 대표자들의 다양한 이야기 중 일부를 나열해보자면 아래와 같다.

> 고용허가제가 통과된다면 외국인노동자들이 합법적으로 일을 하게 되는데, 합법적인 신분이 되더라도 임금체불이나 폭행 등의 문제가 여전히 남아 있으니까 그런 문제에 대해서 신경을 계속적으로 써야 된다. 그러나 점점 그런 문제는 가벼워 질 것 같으니까 다른 방향으로 교육적인 방향을 잡고 레크리에이션 같은 쪽을 할까 하는 생각을 갖고 있다(#237).

> 임금체불 문제나 산업재해 문제를 세분화하고 전문화시키는 것은 좋다고 본다. 어느 센터의 실무자들이 어느 분야만을 전문적으로 취급한다면 문제가 생겼을 때 그쪽을 소개시켜 주는 방식인데, 우리도 공장이 주변에 가깝게 있지만 일일이 쫓아다니면서 고발하기에는 곤란한 점이 많아서 ○○센터로 가서 고발을 하면 지원을 해주겠다고 하는 식의 협력체계는 가져본 적이 있다. 하지만 그런 것이 지금 당장 가능할 지에 대해서는 의문이다. 혼란스러운 지금 상태에서 선뜻 어떤 역할을 맡는다는 것은 힘들다고 본다. 게다가 센터마다의 역량 차이도 무시할 수는 없다. 우리의 경우 교회가 백업을 해주니까 재정적으로 괜찮은 편인데, 어느 단체는 시에서 재정지원을 끊어버리면 끝나버리는 경우도 있다. 지금 당장은 해도 어려울 것이지만, 어느 정도 앞으로는 필요할 것이라고 생각한다(#268).

앞으로 상담소들은 아무래도 복지차원이나, 아니면 장기체류자들이 늘어나고 이주노동자수가 증가하면서 정신적 문제나 심리적 문제 등을 다룰 수 있을 것이다. 심성 개발, 자아성장 이런 쪽에 상담소가 생겨야 될 것 같고, 그렇게 할 수 있으면 좋지 않을까 생각한다(#271).

노동부가 상담 업무를 직접 처리한다 하더라도, 제대로 안되어 지원단체들이 그 중간에서 채워주어야 할 일들이 남겠지만, 그것도 시간의 문제라고 본다. 우리 단체는 현재 상담이 차지하는 비중이 굉장히 높은 편이다. 그런데 그게 노동부가 관장해서 제도권 안으로 들어가게 되어, 그 업무의 부담만큼 덜면 단체 자체가 추구하는 인권 모임으로서의 성격 등을 조금 더 강화할 수 있을 것이다. 하고 싶은 일을 더 많이 할 수 있는 부분도 생길 것으로 생각이 된다. 그런 문제는 이제부터 생각해 봐야 할 문제다(#505).

외국인노동자 인권지원단체들은 그 영역이 상당히 줄어들 것이다. 그래서 바뀌어야 된다. 그것은 상황에 따라 그쪽에서 전문 운동하는 단체들이 정말 운동이라는 문제를 가지고 고민해서 한다고 하면, 운동의 영역들을 찾아서 일을 해야 할 것이고, 그 분들이 극복해야 할 문제다. 지역마다 다를 수 있다고 생각한다. 예를 들면 우리처럼 지방의 경우는 중복되는 기능이 있어도 해야 한다. 협의체라고 하는 것은 사실상 전문화되어야 한다. 상담단체나 아니면 회원단체들에게 정보를 제공해 주거나 새로운 운동의 진로 등을 모색할 수 있는 길들이 여럿 있다. 만약 우리가 추진했던 방식으로 고용허가제가 도입된다면, 원래 우리가 하고 싶었던 일들을 할 수 있을 것이다. 이주노동운동에 매진할 수 있고, 국제연대부터 시작해서 우리가 전문성 있는 이주민을 중심으로 하는 이런 다양한 운동들, 할 일이 굉장히 많다. 그게 우리에게 적합하고 기분이 좋다(#516).

이제까지는 제도 만드는데 매달렸다면 이제는 실천적인 면에서 노동부가 임금문제는 너희가 해결해라, 의료문제 정책적으로 될 수 있도록 해 달라 이런 것이 되어야 하고 거기서 잔여적으로 남는 문제에 대해서 우리는 어떻게 고민해야 할 것인가, 예를 들어 지역 사회 내에서 지역주민들과 만나는 문화사회교육이나 심리상담이나 국제결혼 자녀들의 문제, 여성문제 등 그것이 보다 더 세분화된, 어떻게 보면 이제는 분리된 차원에서의 운동이 가능한 때가 왔다고 본다(#245).

특화시키는 것은 괜찮은 아이디어라고 생각한다. 한 단체가 모든 일을 다하는 것이 힘들기 때문이다. 전문성을 띄고 하면 효과가 있다. 우리들이 외국인들에게 할 수 있는 부분들은 문화적인 충격을 줄이는 것이다. 앞으로 단체들에 상담 부담이 줄어든다면, 오히려 이들에게 충족시켜 줄 수 있는 것의 한 부분은 교회라고 본다. 앞으로 외국인들이 로테이션이 된다고 할 때, 제일 먼저 접할 수 있는 장소 역시 그들의 음식문화와 관련된 곳이라고 본다. 그래서 단체 내부에 카페와 마트(mart)를 겸한 곳을 만들 작정이다. 그런 곳이 외국인노동자가 한국사회를 제일 먼저 접촉할 수 있는 곳이고, 그런 접촉을 통해서 자기들 내부의 문제들이 어떠한지, 회사들이 어떻게 되어 가고 있는지, 고용허가든지 병행 실시라던가, 그런 내부 문제를 들을 수 있을 것이다. 일종의 문화운동이다. 문화운동을 통해서 외국인노동자와 한국사람이 지속적으로 접촉해 나가고, 고용허가제 이후에 접촉이 단절되는 부분들에 대해서 열어 나가며, 그것을 통해서 문제점을 계속해서 드러내면 된다. 그것에 대한 준비를 계속해서 하고 있다(#506).

나라별 전담도 필요하다고 생각하는데, 사실 워낙 수도권지역에 광범위하게 펼쳐져 있으니까, 수도권에서 한두 개 단체가 한 나라를 전담하는 것은 어려울 것이라 생각한다. 나라를 전담하는 것은 주된 나라가 어떤 사업의 대상이 될 수 있는데, 한 센터가 한 나라를 전담하는 것은 어려울 것으로 본다. 사업을 특화시켜서하는 것이 필요하다고 본다. 노동이면 노동, 자기의 분야를 선명하게 하는 것이 필요하다고 생각한다. 사실 지금까지는 이주노동자문제가 다 백화점 식이었다. 그리고 이제까지 노동자들이 요구하는 것이 그런 것이라고 본다. 이제 변화되고, 특화되어서 사업의 전문성을 띄어야 되지 않을까 생각하고, 변화될 것이라고 생각한다. 여성, 가족, 복지, 문화 쪽으로 많이 나아갈 것 같다(#213).

❸ 맺음말

표준화하기 힘든 내용이 많을 뿐 아니라, 선지식이 부족한 분야를 연구할 때에는 양적·질적 연구를 병행하는 것이 매우 유용하다. 질적 방법은 연구 대상자가 가지는 사회의식의 전형성을 보여줄 수 있을 뿐 아니라, 양적 방법(특히 질문지 조사법)에 비하여 "응답자의 심층적인 의식구조"를 파악할 수 있다는 점에서 의의를 가진다. 사례수가 적다는 제약은 보다 큰 규모의 질적 조사나 양적 조사에 의하여 보완될 수 있다.

따라서 연구주제에 따라서는 경우 질적 방법과 양적 방법을 모두 사용하는 것이 합리적인 경우가 많다. 또한 노동자 의식과 같은 성격의 연구과제는 여러 학문에서 공통적으로 관심을 갖고 있는 분야이므로, 사회학 · 인류학 · 경제학 · 경영학 · 심리학 · 정치학 · 행정학 · 법학 · 보건학 · 의학 등 학제적 연구를 하는 것도 바람직하다. 요컨대 여러 학문 분야에서 제기되는 복합적인 이론적 관심을 체계적으로 정리하여 전체적인 양적 조사를 하고, 동시에 조사대상자들과의 심층면접 · 참여관찰 등 질적 방법을 병행 사용하는 것이 바람직하다.

03 포커스 그룹 인터뷰(FGI)

1 개 요

포커스 그룹 인터뷰(Focus Group Interview; FGI)는 특정 목적의 주제에 대해 6명 내지는 8명의 참여자들이 같이 만나서 이야기 방식으로 전개되는 조사방법이다. 포커스 그룹 인터뷰는 숙달된 진행자의 주도 하에 비구조적인 접근법에 의해 구성원이 자유롭게 토론하고 모든 참여자들의 반응을 통합하여 가설의 추출과 검증 등 목적에 따라 활용한다.

1 포커스 그룹 인터뷰의 특징

포커스 그룹 인터뷰는 비공식적으로 모더레이터(moderator)라 불리우는 숙련된 진행자의 주도 하에 6~8명의 참여자들이 이야기를 나누게 된다. 이 때, 참여자들은 연구하려고 하는 주제나 제품, 서비스 등에 대해 잘 알고 있어야 가치 있는 정보를 제공할 수가 있다. 또 모더레이터 역시 인터뷰 할 주제나 상품에 대한 전문적인 지식과 경험이 있어야 함은 물론 토론을 이끌어 나갈 수 있는 숙련된 기술을 보유하고 있어야 한다.

포커스 그룹 인터뷰의 중요성을 소개하는 재미있는 사례가 있다. 코카콜라는 1985년 눈을 가린 채 시음 테스트를 하고 그 결과를 바탕으로 신제품 'New Coke'

를 출시하였다가 많은 고객들로부터 원래 맛으로 되돌아 가자는 항의를 받았다. 이는 고객들의 반응에 대해 제대로 조사를 하지 않아 일어난 실패로 사전에 포커스 그룹 인터뷰를 하여 고객들의 반응을 살필 필요가 있었음을 보여 주는 좋은 사례이다.

2 포커스 그룹 인터뷰의 목적 및 적용

(1) 목적

포커스 그룹 인터뷰는 새로운 주제나 제품에 대해 심층적으로 알아야 함에도 불구하고 관련지식이 부족하거나 제품기획의 초기단계에 고객들의 반응을 짐작하기 어려울 때 많이 사용된다.

(2) 적용

최근 많은 연구에서 양적연구에 덧붙여 포커스 그룹 인터뷰를 실시하는 상호보완적인 연구가 널리 이루어지고 있다. 구체적으로 포커스 그룹 인터뷰를 해야 할 경우와 그렇지 않은 경우를 정리하면 다음과 같다.

포커스 그룹 인터뷰를 해야 할 때	포커스 그룹 인터뷰를 하지 말아야 할 때
• 규모가 큰 연구에서 초기에 선행연구의 한 방법으로 • 사람들간의 의사소통이 어렵거나 이해의 벽이 있을 때 • 복잡한 행동이나 동기를 밝힐 때 • 새로운 관점이나 창의력이 요구될 때 • 제품개념의 방향을 찾거나 소비자의 생각을 직접 접하고 싶을 때	• 환경이 감정적으로 격앙되어 있거나 갈등을 강화시킬 수 있을 때 • 연구자가 인터뷰 참가자의 선정, 질문의 전개나 해석 등에서 균형을 잃을 때 • 양적 통계분석이 필요할 때

2 연구절차

1 연구절차의 단계

포커스 그룹 인터뷰는 연구의 목적에 따라 다소 다르게 진행 될 수 있으나 기본적으로 기획, 대상자 선정, 인터뷰 진행 및 분석과 결과 작성의 4단계를 거치게 된다.

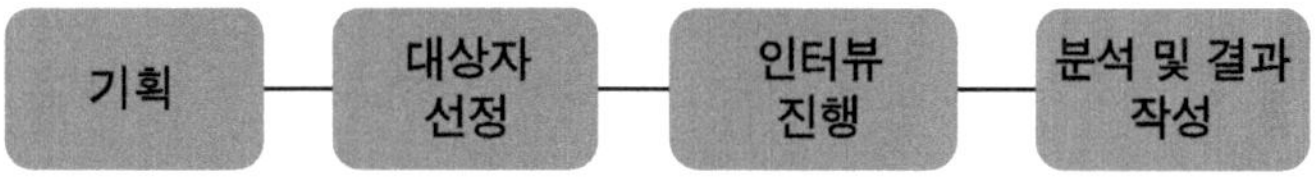

(1) 기획

기획단계에서는 인터뷰의 목적 및 기대하는 결과를 정의하고, 참여자의 범위 및 예산을 정하고, 인터뷰 시간을 결정한다. 또한 그룹당 몇 명씩, 몇 그룹으로 할지, 질문할 내용이 무엇인지 생각한다. 마지막으로 인터뷰를 실시할 장소, 시간, 날짜를 선정한다.

(2) 대상자 선정

인터뷰 대상자를 결정하기 위해서는 참여 그룹별 구성원의 특성을 명확히 한 뒤, 이들의 선정 기준을 결정한다. 참여대상자가 결정이 되면 연락을 취하고 참석 가능성 여부를 확인한다.

(3) 인터뷰 진행

인터뷰에서는 진행을 이끌어 나갈 모더레이터의 자질과 역할이 무엇보다도 중요하다. 또 토의되는 모든 내용은 속기해야 하고, 비디오 녹화나 오디오 녹음도 한다.

(4) 분석 및 보고서 작성

분석의 틀(scheme)을 짜고 토론 내용을 기록한 녹취록을 분석하여 최종 보고 내용을 구체화하는 단계이다.

3 포커스 그룹 인터뷰에서 사용되는 기법들

포커스 그룹 인터뷰에는 다양한 기법을 활용할 수 있다.

1 연상법(association)

"○○라고 하면 뭐가 생각나십니까"라는 질문을 통해 응답자가 제일 먼저 머리에 떠올리고 응하는 대답이 무엇인지 알아 낸다. 주로 분위기를 고조시키기 위해 진입단계에서 흥미를 불러일으키기 위해 사용한다.

2 의인화법(personalization)

상품이나 서비스 등을 사람으로 전환시켜 설명하도록 한다. 그 사람의 나이, 성별, 직업, 성격, 취미, 옷 입는 스타일, 월수입 등 다양하게 질문을 한다. 예를 들어 특정 커피 메이커를 사람으로 바꾸어 표현해 보라고 했을 경우 '20대의 날씬하고 멋지나 다부지지 못하고 금방 날아가 버릴 것 같은 같은 사람'이다 라는 응답이 나올 수 있다.

3 비유법(analogy)

의인화법과 비슷한 방법이나 전환시키는 대상이 사람이 아닌 음료수, 대학, 기업, 의상 등으로 바꾼다. 그러나 가능한한 대상물을 선정해 줄 때에는 그 집단이 익숙한 사물로 선정하는 것이 좋다.

4 결핍법(deprivation)

제품이나 상표가 소비자에게 얼마나 중요한 자리를 차지하고 있는지 알아 보는 방식으로 '사이버가정학습이 중단된다면 어떻게 할 것인가"라는 질문을 했을 경우, "나 혼자는 도저히 학습을 할 수가 없으므로 학원에 등록한다"라는 응답이 있을 수도 있고 "별로 상관없다"라고 대답하는 사람도 있을 것이다. 전자의 경우는 사이버가정학습을 아주 중요하게 생각하여 그것이 없으면 다른 보조 수단을 찾아서라도 공부해야 하는 사람이고 후자의 경우는 있어도 그만 없어도 그만으로 필요성을 느끼지 못하는 사람이다. 이 경우 사이버가정학습을 중요하게 생각하는 학생들의 개인적인 특성, 라이프스타일 등을 탐색하여 사이버가정학습의 발전방향에 이용할 수 있을 것이다.

5 분류법

경쟁관계가 될 수 있는 제품이나 서비스를 열거한 후 서로 비슷하다고 생각하는 것끼리 나누어 보도록 한다. 분류를 하게 함으로써 이들 각각의 부류간의 차이를 알아볼 수 있다. 분류 시 실제 제품을 이용할 수도 있지만 사진이나 네임 카드를 사용하기도 한다.

6 그림 그리기

인터뷰에 참가하는 사람들이 제품이나 서비스에 대해 어떤 경험을 해 보았는지 색연필로 그림을 그리거나 색을 칠하도록 한다. 그림이 완성된 후 응답자가 개인별로 그 그림을 그린 이유가 무엇이며, 왜 그런 색상을 사용했는지 설명하도록 하는 것이 중요하다.

7 문장완성법

미완성 문장이 적힌 프린트물을 미리 준비하여 나누어주고, 작성하게 한 뒤에 왜 그렇게 생각했는지를 이야기하게 하는 기법이다. 예를 들어 "사이버가정학습은 ____________하다", "사이버가정학습을 이용하는 사람들은 ___________이다" 등의 문장을 완성하게 함으로써 제품이나 서비스에 대한 이미지나 인식을 파악할 수 있다.

포커스 그룹 인터뷰에는 위와 같은 방식 외에도 여러가지 변형된 인터뷰 방식들이 사용될 수 있다.

(1) 동료그룹

동료그룹은 친구, 동료, 가족 등을 짝으로 설정하여 인터뷰 대상자를 구성하는 방식으로 특히 어린이들의 경우 인터뷰하는 장소나 다른 참석자 또는 진행자가 모두 낯설어 친밀감이나 신뢰감등이 형성되기 어려우므로 이미 친밀하고 익숙한 사람이 같이 오도록 하여 분위기를 조성하고자 하는 목적이 있다. 또한 동료그룹을 만들면 서로 자극을 줄 수 있어 본인이 미처 생각해 내지 못하는 내용도 이야기하게 만드는 장점이 있다. 그러나 나이가 어린 사람들의 경우에는 가까운 사람과 함께 있으면 진지하지 못하며 산만해지고 장난을 할 우려가 있다.

(2) 갈등그룹

갈등그룹은 서로 대조되는 경험을 한 사람들을 한 집단으로 모아 인터뷰를 진행하는 방식이다. 예를 들면 사이버가정학습을 해 본 사람과 한번도 경험해 보지 못한 사람을 서로 한 그룹에 속하도록 하는 것이다. 이 인터뷰 방식은 경험자와 무경험자의 라이프스타일이 어떻게 차이 나는지를 밝혀 내는 데 사용되는데 주의할 점은 경험자가 무경험자를 상대적으로 끌고 갈 우려가 있으므로 진행자가 각별히 주의를 기울여야 한다.

(3) 코만도그룹(commando groups)

코만도그룹은 어떤 특정한 상황 아래 참석자들에게 경험을 이야기하게 하고 실제로 행위도 해 보게 하면서 자료를 수집하는 방법이다. 예를 들면 사이버가정학습을 실제로 해 보게 하면서 이들의 학습행동들을 직접 보면서 인터뷰를 진행하는 방식이다. 단점은 집단을 제 3자의 입장에서 관찰할 수 없어 다소 산만해 질 수 있다는 점이다.

(4) 전문가 그룹(delphi)

주로 특정 주제에 대해 미래를 예측을 하기 위해 해당 분야의 전문가를 대상으로 인터뷰나 설문을 하게 된다. 이들 전문가들의 의견이 일치될 때까지 되풀이 하면서 합의점을 도출해 나간다.

4 예시 및 연습

1 기획

우리나라 초·중고등학생을 대상으로 교육청이 중심이 되어 전국적으로 실시되는 사이버가정학습의 효과성을 심층적으로 분석하기 위해 교사와 학부모를 대상으로 한 포커스 그룹 인터뷰를 계획

학부모 인터뷰 문항

기본정보

1. 현재 자녀는 몇 명이며 몇 학년에 재학 중입니까?
2. 현재 거주하시는 지역(시/도), 규모(대도시, 중소도시, 읍면)와 자녀들이 다니는 학교의 지역(시/도) 및 규모(대도시, 중소도시, 읍면)를 말씀해주십시오

사교육관련 및 학습지원

3. 현재 자녀가 사이버가정학습을 통해 어떤 과목들을 학습하고 있습니까?
4. 사이버가정학습을 시작하기 전에 어떤 과목들에 대해서 사교육을 받았으며, 그 형태는 어떤 형태였습니까?

5. 부모님의 소득수준은 구체적으로 어느정도입니까? 이 중 사교육으로 지출되는 비율은 어느정도 입니까?
6. 평소 어느 형태로 자녀의 사이버가정학습 사용에 대해 지원을 하십니까?

효과성 관련

7. 사이버가정학습에서 제공되는 내용이 실제 학생들의 교과목 학업성취도 향상에 도움이 된다고 생각하십니까?
   A. 만약 도움이 된다면 그 이유는 무엇입니까?
   B. 만약 도움이 안된다면 그 이유는 무엇입니까?
8. 사이버가정학습을 시작한 이후 자녀에게서 가장 두드러지게 나타난 변화 3가지를 들어주십시오. 그 이유는 무엇이라고 생각하십니까?
9. 자녀들이 사이버가정학습 이용을 통한 효과성을 높이기 위해 개선되어야 할 점이나, 제안하고자 하는 점들은 무엇입니까?
10. 사이버가정학습을 이용함으로써 부모로써 갖게 된 변화는 무엇이 있으며, 그 이유는 무엇입니까?
11. 사이버가정학습을 시작함으로써 자녀의 학원 또는 과외수업과 같은 사교육은 어떻게 되었습니까?
   A. 만약 사교육을 중단하였다면, 그 이유는 무엇입니까?
   B. 만약 사교육을 중단하지 않았다면, 사이버가정학습에서 어떤 지원을 해주면 사교육을 대체할 수 있을까요?

〈표 1〉 학부모 면접조사 항목

구분	세부 항목
기본정보	자녀의 수, 자녀의 학교급 및 학년 거주지 및 규모 학교소재위치 및 규모

구분	세부 항목
사교육 관련 및 학습지원	사이버가정학습을 이용하는 과목 사이버가정학습 전의 사교육 유무와 형태 부모의 소득수준 자녀의 사이버가정학습에 대한 지원
사이버가정학습 효과성	사이버가정학습과 학업성취도 향상 사이버가정학습으로 인한 변화 효과성 향상을 위한 개선점 사이버가정학습으로 인한 부모의 변화 사이버가정학습과 사교육 중단효과
사이버가정학습 만족도	전반적인 만족도 교육내용에 대한 만족도 사이버 교사에 대한 만족도 다른 학부모에게 추천 여부
사이버가정학습 개선방안	구체적인 개선방안 학부모의 참여방안 학부모로써 사이버가정학습에서 제공받고 싶은 내용 시/도 교육청의 사이버가정학습 지원에 대한 제안

2 대상자 선정

- **대상자 :** 한국교육학술정보원의 추천을 받은 교사 8명과 학부모 8명, 총 16명
- **실시 장소 :** 2010년 11월 26일 청주소재 충북교육과학연구원에서 교사 4명과 학부모 4명; 2010년 12월 7일 대전 교육정보원에서 교사 4명과 학부모 4명
- **시간 :** 한 시간 30분 정도

3 인터뷰 진행

• 만족도 관련

• 이버가정학습에 대한 전반적인 만족도는 어떻습니까? 그 이유는 무엇이며, 생각하시는 제안점은 무엇입니까?

박: 제안점은 앞서 말씀하신 것과 겹쳐도 상관없습니다. 이건 전반적인 부분에 대한 만족도를 묻는 겁니다. 이웃집 어머니가 "사이버가정학습"에 만족해" 하고 물었을 때 어떻게 대답을 하시겠어요?

A: 제가 여기를 오기 전에 초등부 어머니께 한 번 물어봤어요. 인터넷 상으로 (아이) 공부를 많이 가르치길래, 혹시 사이버가정학습으로 하고 있느냐고…. 그랬더니 '언니, 사이버가 뭐야?'하더라구요. 그래서 EBS만으로 공부를 가르친다고 하더라구요. 그래서 사이버도 EBS랑 같은 내용이라고 했더니, '언니, 집어치우라'하고 얘기하더라구요. 이게 홍보가 안되어 있는 상태니까….

B: 일단은 아이보다는 부모에 대한 홍보가 많이 이루어져야 할 것 같아요. 학교차원에서도 홍보가 많이 이루어져야 하지 않을까….

박: 사람들이 많이 모르니까 거기서 오는 두려움 때문에, 이 사이버가 믿을 수 있는 거냐 하는 공신력에 대해서 믿음이 가기 힘들다는 거죠?

(모두): 사이버도 어떤 학습인지도 모르는데…유료인지도 모르겠고….

C: 학교에서 자모회 같은 것이 열릴 때, 사이버 교육방송을 틀어놓고 보여주면 엄마들이 이해하기가 더 쉬운데, 무조건 사이버교육하라고 A4용지에 가정통신문이라고 보내면, 엄마들이 그냥 버리거든요. 이거 필요없다고.

D: 그리고 저도 이걸 처음 알았어요. 우리 애가 이걸 처음하는 거라서…. 처음에 저희는 애한테 맡기는 방식이니까 애가 하게 두는데… 속으로는 너무 시간이 아까운 거예요. 제가 이거에 대해서 전혀 몰랐으니까…인지도가 전혀 없으니까…. '어휴 저거 할 시간에 문제집 하나라도 더 풀지.'하는 생각이 드는 거예요.

E: 대부분 엄마들은 컴퓨터 키면 게임하는 줄 알거든요.

D: 그러다가 제가 한 번 해보니까, '아…이런게 있었구나.'하는 인식변화가 생겼어요.

F: 전반적으로 만족하는데, 가장 만족하는 것은 시간제약이 없는 거예요. 아무 때나 들어가서 보고 싶을 때 볼 수 있으니까, 가장 편한 거는 자기가 보고 싶을 때, 편한 집에서 볼 수 있다는 거죠. 가장 편한 거 같아요.

G: 시간 여유가 없는 고등학생의 경우는 주말을 이용해서 거기 들어가 볼 수도 있죠.

박: 어떤 용이성에서 좀 만족도가 괜찮네요.

H: 애도 공부보다는 거부감이 덜해요.

I: 애들은 뭘 찾고 싶어도 사전을 찾으려고 않하고, 인터넷 들어가서 찾잖아요. 일단은 컴퓨터가 빠르니까 풀다가 모르는 것이 있으면 얼른 컴퓨터를 켜서 들어가서 얼른 자기 것을 쉽게 접할 수 있기 때문에 그거는 좋은 것 같아요.

• 사이버가정학습이 제공하는 교육내용에 대해서 만족하십니까? (만족 안하셔도 돼요(웃음)) 그 이유는 무엇이며, 생각하시는 제안점은 무엇입니까?

최: 저는 아까 사회과목만 듣는다고 말씀드렸는데, 사회 같은 경우는 그 내용이 역사책을 안 읽어도 될 만큼 그게 보충설명이 잘 되어 있어서 좋았어요. 수학이나 과학 같은 거는 제가 안들어봐서 어떤 내용인지는 모르겠는데, 사회 같은 경우는 애들이 듣고 이해하기에 참 잘되어 있어요.

A: 몰랐던 부분에 대해 다양하게, 처음부터 끝까지 세심하게 설명해주는 부분에 있어서는 (좋은 것 같아요). 학교에서는 '이거는 이거야'라고 가르쳐주는데, 이거는 처음부터 세심하게 과정을 가르쳐주니까 논리력이 생겨요. 이해를 해서 잊어버리지 않겠죠.

박: 암기식 설명이 아니라 원리를 설명해줌으로 인한 장점이네요.

B: 아까 얘기했던 것처럼 '수학이 부족하다 혹은 과학이 부족하다'(식의 정보가 제공되었으면 해요).

박: 아마 과목 간의 불균형이 있을꺼예요.

C: 수학 같은 경우는 한 공식에 대해 여러 가지 형식의 문제를 풀어봐야 하기 때문에, 수학 같은 경우는 전문적인 선생님들이 해주셔야 해요.

D: 예전에는 도덕은 100점 과목이었잖아요. 그런데 요즘 애들은 도덕을 엄청 힘들어하고 어려워해요. 촌수관계가 시험에 나왔는데 '남편의 여동생의 남편을 뭐라고 하나요'하는 문제가 나왔는데 무지 어려워하더라구요. 도덕은 현재 안 올라와 있잖아요. 근데 애들이 혈족관계에 대해 무지 어려워해요. 옛날에는 대가족 하에서 몇 촌간에도 많이 만났는데, 요즘은 핵가족화가 되어서 그런 부분이 어려운 것 같아요.

E: 중, 고등학교는 학교마다 책이 틀리잖아요. 그런데, 사이버에서는 그런게 다 고려가 되는 건가요?

박: 예를 들면 A라는 학교의 교과서에서는 1, 2, 3단원의 형태로 제공되는 컨텐츠가 B라는 학교의 교과서에서는 1, 3, 2단원의 형태로 제공될 수가 있겠죠.

F: 교과목이 출판사가 틀려요.

박: 제가 생각할 때는 가장 공통되는 기본적인 내용은 맞춰서 제공되지 않나 하는 생각을 해요. 예를 들어 만약 자기가 A라는 학교를 다니면 3월달 진도는 이거니까 그걸 하고, 만약에 내가 B학교에 다니면 똑 같은 내용이지만 4월달에 배우니까 4월에 그걸 공부하면 되겠죠.

G: 교과목마다 선생님을 뽑아서 그걸 만드는 거죠?

박: 사이버가 자율학습형도 있고, 사이버교사가 붙어서 하는 경우도 있어요. 사이버교사가 붙어서 하는 경우는 선생님이 그것을 수업의 일부로 사용하세요. 그런 경우에는 학습내용이나 진도를 걱정하실 필요가 없는 게, 선생님이 다 체크를 하시고 사용을 하시니까요. 만약 제가 자율학습형으로 공부를 하고 싶을 때는 아무래도 어머님이 집에서 봐주시면서, 이게(사이버가정학습이) 그 내용(교과서)에 맞는지 한 번 확인을 해주시면 좋을 것 같아요.

임: 저 같은 경우는 영어 프로그램을 보니까 공부하는 내용에 대해서 체크부분이나 스터디하는 부분이 방식이 참 재미있게 되어 있더라구요. 동영상을 보면서 해석을 할 수도 있고, 자신이 녹음을 할 수도 있구요. 방식은 참 마음에 들어요. 영어가 이런 걸 하면서 지문(paper) 시험에는 괜찮을 것 같아요. 듣기에도 괜찮을 것 같은데, 영어가 지문만으로 이루어지는 것은 아니잖아요. 회화도 너무 중요한데, 그 부분에 대해서는 너무 미약한 것 같아요.

• 사이버선생님의 지도에 대해 만족하십니까? 그 이유는 무엇이며, 사이버선생님께 제안하고자 하는 점은 무엇입니까?

박: 자녀 분들이 하는게 모두 사이버 교사가 계신 경우이죠? 그 부분에 대해서 어떻게 생각하시는지, 학부모님들이 직접 본 것은 아니지만 아이들이 와서 "엄마 내가 뭐~~~했더니, (사이버가정학습에서) 어떻게 해줘요."하는 식으로 얘기를 하잖아요. 그런 부분을 말씀해주시구요. 그 전에 자녀분들의 사이버교사가 해당 학교의 선생님인가요? 아니면?

모두: 선생님이세요.

박: 교과목을 담당하는 선생님이요?

모두: 네. 선생님이랑 같이 하는 거예요. 선생님 아니었으면 이거(사이버가정학습)를 모르죠.

A: 예를 들면, 논술반의 20명이면, 20명의 애들은 좀 알구요, 부모는 한 50% 정도 알려나요?

B: 어떤 반은 선생님이 하고 싶은 사람 손들게 했구요, 저희 같은 반은 아예 "누구 누구 (사이버가정학습으로 공부) 해" 이런 식으로 된거예요. 그러니까 나머지 애들은 전혀 모르죠. 그리고 같은 엄마인데도 제가 이걸 한다니깐 "그게 뭐냐"고, "나는 얘기 못들었다" 이렇게 말하죠.

C: 학부모들의 홍보가 제일 중요한 것 같아요. 그렇게 하니까 전혀 모르죠.

D: 학교 선생님들도 자기가 담당하는 것 아니고는 신경을 많이 안 쓰실 꺼예요.

박: 이 인터뷰는 절대로 선생님께 누설되지 않으니까 걱정하지 마시고, '이런 부분은 만족하고, 이런 부분은 선생님이 더 신경써줬으면 좋겠다….' 하는 점들을 이 문항과 관련하여 말씀해주세요.

E: 저도 애 싸이트에 들어가서 봤더니, 애들이 모르는 것을 선생님께 질문하잖아요, 그럼 거기에 대한 답변들이 정확하게 올라와있어서 애들이 '고맙다'는 쪽지를 선생님에게 보내고, 애들이 스스로 선생님과 대화하게 되니까 애들한테는 좋은 것 같아요.

이: 글쎄, 저희는 국어(논술) 선생님이신데, 과제를 맨날 내고, 점수를 맨날 줘서 보내요. 그 효과가 있어요. 선생님이 현명하고 좋으세요. 수업방식도 사자성어로 끝말잇기를 하는데, 조끼리 하도록 하시더라구요. 한번 참여해봤는데 재밌더라구요. 선생님에 따라서 애들이 잘 따라하기도 하고, "국어시간이 참 재밌다"라고 하기도 하는데, 그런 부분은 좋은 것 같아요. 예를 들어 어떤 때는 이번 주 숙제가 "영화보고 감상문 제출하기"이고, 어떤 때는 "이번 주 금, 토에는 삼겹살을 먹어라."예요. 선생님이 디게 재밌으시구요, 국어선생님이신데 그런 부분에 대해 점수를 주시니까 애들이 더 높은 점수를 받아야겠다고 생각하고 노력을 하는 것 같아요.

G: 잘하면 출석상을 (사이버가정학습에) 띄워놓으시더라구요. 상장을 선생님이 임의적으로 만드셔서 띄우세요.

이: 논술은 애들이 자신의 생각을 써놓으면, 이거는 70점, 80점 뭐…이렇게 해요.

임: 저희 같은 경우는 선생님이 "마일리지가 제일 많이 쌓인 사람에게 나중에 선물을 주겠다" 애들이 4학년이니까 어리잖아요. 그걸 매일 출석한다는 것만으로도 굉장한 거예요.

F: 초등학교만 해도 스티커에 목매잖아요.

임: 공부보다는 출석한다는 것만으로도 굉장한 것이기 때문에, 선생님이 오셔가지고 출석 자주 했는지 체크해서 지속력을 기를 수 있게 그 부분에서 많은 도움을

주시는 것 같아요. 그런데, 저희가 영어다 보니까 아까 말씀드렸듯이 회화부분이 많이 부족하잖아요. 그러면 그 시간에 제가 바라는 것이 있다면, 선생님이 배운 내용에 대해 같이 얘기를 해본다던가 아니면 애들끼리 그 주에 배운 것을 서로 얘기해보자하는 것이 있으면 좀 더 좋지 않을까 해요.

G: 저희도 보면 선생님이 마일리지 높은 사람에게 뭘 주겠다고 했는데, 아직 선물을 결정하지는 않으셨어요(웃음). 애들이 거기에 지대한 관심을 보이고 있더라구요.

박: 보상에 대한 관심이요.

모두: 굉장해요.

G: 우리 애의 경우는 이걸 담임선생님이 하시니까 우리 애는 선생님들을 그렇게 어려워해요. 자주 들어가는 편은 아닌데, 가끔가다가 선생님한테 질문하고, 답이 오면 선생님과 자기가 보다 더 친밀해졌다고 느껴요.

박: 저희가 이걸(사이버가정학습) 함으로써 얻는 부수적인 게 교사와의 친밀감을 높일 수 있지 않을까…하는 게 저희의 목표거든요. 사실 요즘 애들이 다 학원으로 빠져버리니까 선생님과 아이들 간의 유대가 약해지고, 선생님한테 뭐 하나 물어보느니 학원선생님한테 물어보는 게 더 편한 것 같고… 그래요. 그래서 이걸(사이버가정학습) 잘 활용하면 선생님과의 상호작용도 많아지면서, '선생님이 날 잘 아네'하는 느낌도 많아지고, 학교에 대한 소속감도 혹시 높아지지 않을까… 하고 생각하는데요. 혹시 그런 면에 대해서는 어떻게 생각하세요?

H: 맞아요. 애들에게 관심을 가져주면, 일단 애들이 '선생님이 나를 이뻐해주고, 나를 사랑해줘서 좋구나'하는 생각이 들어서, 학업을 더 신경써서 하게 되죠.

I: 근데 저희 같은 경우는 선생님이 담임선생님도 아니고 미술선생님이세요. 그러니까 더더욱이 접할 기회가 없죠. 그런데다가 수업시간에 굉장히 엄하게 가르쳐 주시는 분이거든요. 아이가 그 전에는 "선생님 되게 무서워요" 했었는데, 이 사이버 가정학습 한 후로는 선생님하고 너무 친분관계가 덜해졌어요. 아이도 무서움이 덜하게 되고, 오히려 선생님에 대해서 친근감을 느끼게 되었어요.

박: 그러면 학교가서도 선생님 보면 한번 더 웃을 수 있다던지 뭐 그런 게 생기겠네요.

J: 거기 들어가보면 선생님들이 뭘 또 잔뜩 달아주셨더라구요. 그래서 "그 바쁜 와중에 이걸 언제 하시나"하는 생각을 했어요.

박: 그런 부분에 대해서는 만족하시는 편이네요.

K: 학업성취도가 올라가게끔 애들을 북돋워주시니까 애들이 자신감도 향상되는 것 같더라구요.

• 사이버가정학습을 다른 학부모에게도 추천을 하고 싶습니까? 그 이유는 무엇이며, 다른 학부모를 위해 제안하고자 하는 점은 무엇입니까?

A: 저도 일단 사이버가정학습에 대한 정보를 알았으니까 어딜 가서도 엄마들에게 설명할 수 있기 때문에, 다른 엄마들에게 "사이버가정학습이 이래서 좋더라." 하고 얼마든지 홍보를 해줄 수가 있을 것 같아요. 엄마들에게 홍보를 해서, 엄마들이 빨리빨리 이걸(사이버가정학습) 활용하게 해야 할 것 같아요.

B: 저도 주변에 계신 많은 분들에게 추천을 해서 정말 사교육비를 절감하고, 실속 있게 공부를 해야겠다는 생각이 들어요.

C: 일단은 충북이 제일 좋다고 평가가 났다고 하던데요. 너무 열정적으로 해주셔서 충북이 사이버가정학습이 가장 잘 되어 있다고 하더라구요.

D: 사교육 절감(효과)도 있지만, 저소득층 아이들도 있잖아요. 신경을 써주지 못하잖아요. 어디서 지원을 해주는 것도 아니고….

E: 걔네들은 컴퓨터부터 얼른 바꿔줘야 해요.

박: 지원을 해줘요. 저소득층 학생부터 컴퓨터를 먼저 해주고, (사이버가정학습을) 할 수 있게 해줘요. 사실 그 부분은 걱정안하셔도 될 것 같아요.

F: 저는 요즘 다른 엄마들에게 열심히 홍보를 하고 있는 중이에요. "이거 돈안드는 거야. 애들이 재밌어해." 뭐 이렇게요.

임: 그리고 "편안하게 아무 때나 해도 돼" 이렇게 말해요. 그 전에는 방문 선생님이 오시니까, (선생님이) 오시면 "야, 선생님 오셨어. 빨리 해" 이렇게 말했는데, 이거는 "니 마음대로 해라. 니 편할대로 해라" 이렇게 말할 수 있는게 편한 것 같아요.

박: 그럼 다른 어머니들이 이걸 처음 시작하시게 되면, 아까 여러가지 tip들도 이미 공유를 했지만, 어떤 점을 조심하라고 얘기해주시겠어요?

G: 저는 "조심해라" 보다는 "같이해라" 하고 싶어요. 같이 하는게 100%의 능률도 올릴 수 있고, 결과도 얻을 수 있으니까 같이 공부하는 식으로 하면 좋을 것 같아요. 시간이 일단 지루하지 않게 짰더라구요. 지루함을 못 느낄 정도로 시간이 짜여져 있으니까 잠깐만 투자해서 같이하면 될 것 같아요.

H: 중학교의 경우는 5과목이 다 되어 있다고 했잖아요. 근데 왜 들어가는 학교마다 선생님이 하시려고 신청을 받으시는 건지

박: 신청이예요. 선생님 자율에 맡겨져 있어요.

I: 그렇게 하면 안될 것 같아요. 5과목이면 5과목 모두 한 학교에서 들어가게끔 해야지 애들이 다 접하고 들어갈 수 있는데, 어떤 선생님은 맡아서 하시고, 어떤 선생님은 안 맡으시면 애들이 다 들을 수가 없잖아요.

박: 제가 볼 때는 학부모들에게 홍보가 안된 것과 마찬가지로 교사들에게도 홍보가 안되어 있는 것 같아요. 이제 아시는 분들만 쓰고 있는데, 제가 볼 때는 이게 확대가 되면, 필수적으로 학습에 필요한 보조자료로서 확대가 되지 않을까…하는 생각이 들어요. 정부기관이고 정부에서 밀어주고 있는 사업이니까

J: 그게(인프라) 안되어 있는 상태라면 상관이 없는데, 그게 되어 있는 상태라면 학교별로 맡아서 하게끔 하면 안되는 건가요?

박: 아마 그렇게 될 꺼예요. 목표가 전체적인 확대, 필수요소로 확대거든요.

K: 현재 EBS같은 경우 40~50분 사이로 수업을 하거든요. 근데 아마 중학생 아이들도 40~50분은 긴 것 같아요. 한 30분 정도의 수업분량이 좋을 것 같아요. OO여중 같은 경우는 학교에서 EBS를 들으라고 해서 매일 그걸 듣거든요. 근데

관심이 있는 애들은 듣는데, 관심없는 애들은 안듣고 떠들어요. 근데, 저는 어른이니까 40~50분을 충분히 앉아있는데, EBS 들을 때 보면은 애들이 30분 정도 지나면 허리가 이렇게 휘어요(자세가 흐트러져요).

(모두): 30분도 길죠. 한 25분 정도?

윤: 초등학생 같은 경우는 25분 정도가 좋죠. 빨간펜에서 초등학생은 한 25분 정도이구요, 중학생도 30분을 넘지 않게 해요. 우리 아이 같은 경우는 훈련을 했음에도 불구하고, 자기가 조금 재미없는 내용이 나오면 지루해 해요.

박: 학습시간의 조절이 필요하다는 말씀이시네요.

윤: 네. 그 시간에 끝마쳐야 한다는 부담은 있으시겠지만, 그 시간에 끝내도록 해주셨으면 좋겠어요.

박: 또 다른 학부모님께 조언을 해주시고 싶은 내용이 있나요? "(엄마가) 미리 보고 얘기해줘라"는 내용도 있었고, "받아 적어라"는 것도 있었고…

L: 나중에 확인하는 작업두요.

학부모로서의 만족도 정리

사이버가정학습에 대하여 전반적으로 만족한다는 반응을 나타냈으나 홍보의 부족을 가장 큰 불만족 요인으로 지적하였으며, 사이버가정학습의 내용에 대한 만족도에서도 교재의 제공, 내용 제시 방법과 과목의 다양성 등을 개선점으로 제시하기도 했다. 사이버가정학습 교사에 대하여는 대체적으로 만족하고 있다는 반응을 보였다.

이러한 만족의 이유는 사이버가정학습을 하게 되면서 나타난 긍정적인 변화에서 찾을 수 있었는데 사이버 가정학습을 하면서 학부모들이 갖게 된 변화로는 자녀의 학습지도를 위해 학부모 스스로가 사이버가정학습을 이용해 공부하게 되었다는 점을 언급하였고, 비록 초등학생의 경우에 한정된 것이기는 하지만 자녀와의 대화가 많아졌다는 점도 긍정적인 변화로 나타났다. 또한, 자녀의 잘못된 학습 습관을 알고 지도할 기회를 얻었다는 점도 사이버가정학습 이후 나타난 변화라는 의견이었다.

4 분석 및 결과 작성

사이버가정학습의 효과성을 심층적으로 분석하기 위해 교사와 학부모를 대상으로 한 면접조사가 실시되었다. 면접은 청주와 대전으로 나누어 2회에 걸쳐 실시되었는데 초등학교 교사 3명과 중학교 교사 5명, 초등학교 학부모 4명과 중학교 학부모 4명, 총 8명을 대상으로 실시되었다. 각 인터뷰에는 한 시간 반 정도의 시간이 소요되었다.

교사와 학부모의 면접은 각각 다른 장소에서 진행되었고, 면접 내용은 면접 대상자의 동의를 얻고 녹음하여, 녹음한 내용을 기반으로 분석이 진행되었다. 면접 조사의 결과를 정리하면 다음과 같다.

학부모들을 대상으로 한 면접조사는 현재 자녀가 사이버가정학습으로 공부하고 있는 학부모들의 학습지원 형태와 만족도, 그리고 사이버가정학습의 효과성에 대한 인식 등을 파악하려는 목적으로 진행되었고, 교사들을 대상으로 한 면접은 사이버 교사들의 활동 전략과 만족도, 그리고 교사로서의 사이버가정학습의 효과성에 대한 인식 등을 파악하기 위한 목적으로 진행되었다.

학부모들의 사이버가정학습의 지원형태에 대한 응답에서 대부분의 학부모는 함께 학습을 하거나 질문에 적극적으로 대답하는 직접적인 지원보다는 자녀들을 신뢰하며 자녀들에게 학습을 맡기는 간접적인 지원의 경향을 나타내고 있었다. 또한 사이버가정학습에의 학부모의 참여에 대해서도 지나친 참여를 경계하는 신중한 태도를 보이고 있었다. 학부모의 참여에 대하여는 교사도 학부모가 자녀들의 성적 등 학습 상황을 확인하고 독려하는 협조자의 역할 수준의 참여가 적절하다는 의견을 보였다. 학부모로서 제공받고 싶은 내용으로는 부모 대상 학습지도방법 안내 제공, 교육에 대한 정보를 교류할 수 있는 학부모방 개설, 학부모 상담코너 제공 등의 의견이 있었다.

사이버가정학습에 대한 만족도는 학부모의 경우, 전반적으로 긍정적인 반응을 보였으며 학부모 자신이 공부하는 모습을 자녀에게 보여주고, 자녀들과 대화가 늘어나는 등 학부모 스스로의 긍정적인 변화에 만족함을 보이기도 했다. 교사의 경우는 콘텐츠의 내용은 매우 재미있고 좋지만 틀린 답 등의 오류가 많고 이에 대한 수정을 건의해도 신속히 반영되지 못하는 문제점이 많이 지적되었다. 학부모의 경우는 자녀의 학습을 통해 사이버가정학습을 간접적으로 체험하는 입장이고, 교사는 직접 사이버가정학습으로 수업을 진행하면서 느끼는 불만이므로 교사의 불만족 요인의 개선에 노력을 기울여야 할 것으로 보인다.

교사의 경우에는 사이버 교사로서의 만족도와 보상에 대한 만족도에 관한 질문이 추가되었는데 사이버 교사로서의 활동에 대한 만족도는 학생과의 상호작용 증진, 다양한 교수-학습방법의 적용, 학교 수업의 보충 효과, 학생들의 스스로 공부하는 태도 형성, 교사 자신의 역량 증진 등 긍정적인 응답이 대부분이었으나 사이버가정학습 지도 활동으로 인한 과중한 업무 등이 불만족의 원인이었다. 사이버 교사의 활동을 지원하기 위한 시.도 교육청의 지원방안에 대한 만족 여부는 불만족의 의견이 지배적이어서 사이버 교사의 의견을 반영한 실제적인 보상의 필요성을 확인할 수 있었다.

사이버가정학습의 효과성에 대해서 학부모는 학습동기적 측면과 실제 학습 능력 측면에서의 효과가 있다는 의견이었으나 아직 사교육을 크게 대체하는 효과를 나타내지는 못하고 있음을 알 수 있었다. 교사와의 면접에서 학생들의 자발적인 학습 태도 형성, 자기주도학습능력의 향상, 그리고 교과에 대한 관심과 자신감의 향상, 심화학습이 가능한 점 등으로 효과성이 있다는 의견이 많았고 사이버가정학습에 대해 학생들의 반 강제적인 학습부담 등의 부정적 의견도 있었다.

사이버 가정학습의 효과성을 높이기 위해 개선되어야 할 점에 대한 학부모이 의견으로는 교재의 제공과 성취도 평가, 학부모 검인란 제공, 심화 단계의 세분화, 다양한 교과목(외국어, 직업탐구), 재미있는 교수법, 교사의 자질 향상, 주관식 문제의 채점의 융통성 문제, 학습시간의 조절 문제, 보상 수단으로써의 마일리지의 사용 등이 있었고 대부분의 학부모들이 홍보의 필요성이 절실하다고 강조하였다. 교사의 의견은 신속한 오류 수정 등 시스템의 개선이 가장 시급하고, 홍보 강화를 통해 학교 책임자, 교사, 학부모, 학생들의 사이버가정학습에 대한 인식을 높이는 것이 매우 중요하다는 의견이었으며 사이버 교사에 대한 수당 등의 운영체제에 대한 개선에 대한 의견도 강하게 제기되었다.

FGI 진행을 위한 시설 및 장비

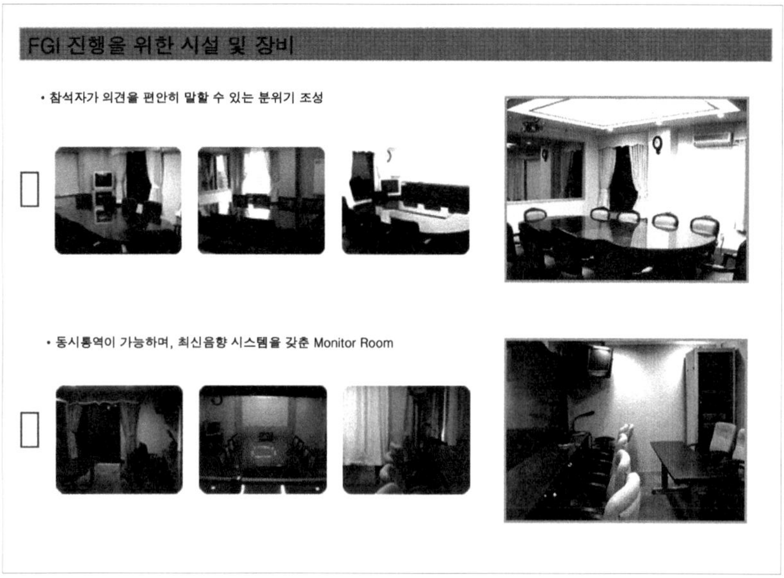

FGI를 지원하는 최신 장비 및 분석 프로그램 소개

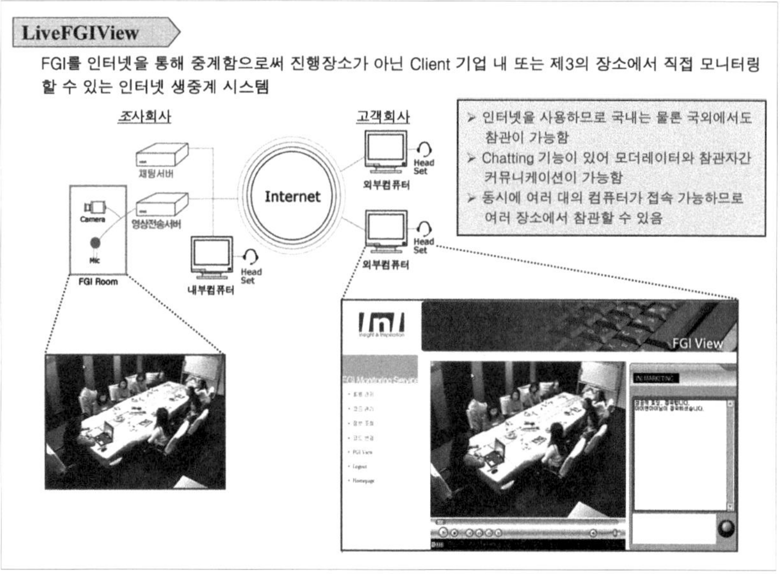

QualFGI

FGI의 녹음 내용을 정리한 Text 자료를 주제별로 쉽게 분류하여 그룹별/연령별/직업별 등의 변수별로 분석할 수 있는 프로그램

FGI & In-Depth

<녹음 내용을 정리한 Script>

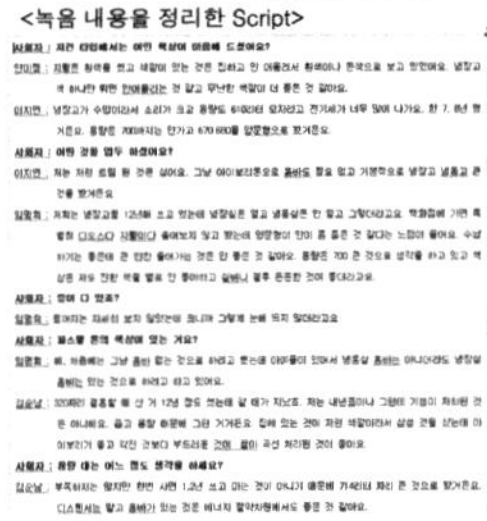

QualFGI Program 화면

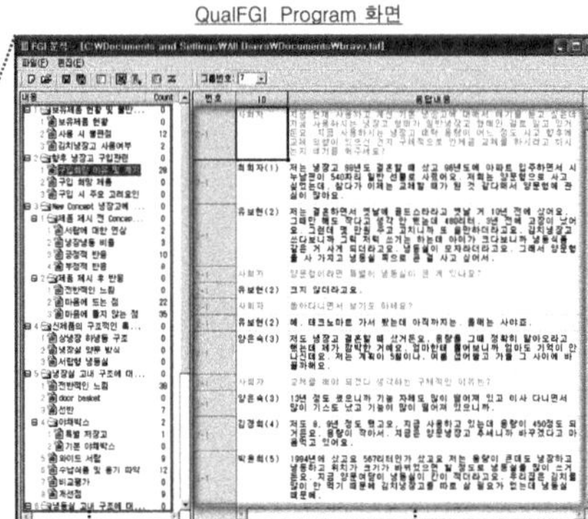

주제를 생성하고 우측의 응답 내용을 Drag & Drop하여 분류하는 창

Script의 내용을 불러온 창

QualFGI

QualFGI의 Output은 Html 파일로 출력되므로 인터넷 상에서 쉽게 확인할 수 있으며, 조사대상자의 Demo변수와 특성변수(보유 브랜드별, User Type 등)별로 응답내용을 재 Grouping하여 그룹별 반응이나 특징을 쉽게 비교 분석할 수 있음

Output 예제

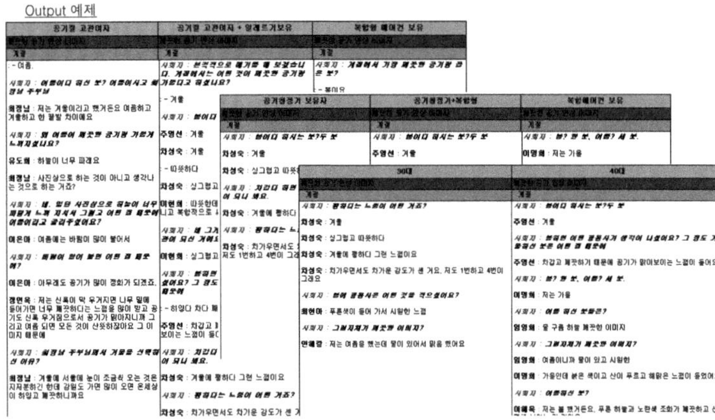

출처 : 최경숙(이화여자대학교 사회학과 박사과정) 발표자료에서 발췌.

04 내용분석

내용분석(Content Analysis, Context Analysis)는 신문의 사설이나 방송을 분석하는 저널리즘에서 출발하였으며 커뮤니케이션의 내용을 객관적, 수량적으로 분류하고 일정한 기준에 의해 체계적으로 분석하는 조사방법이다.

1 개요

1 내용분석(Content Analysis, Context Analysis)의 정의

내용분석이란 비구조화된 커뮤니케이션의 자료를 면밀한 해석을 통하여 결론을 추론해나가는 과정으로 Holsti(1968)은 메시지의 특성들을 체계적, 객관적으로 규명함으로써 추론을 만들어내는 기법이라고 정의하였다. 권순달(2000)은 인간들의 의사소통방식을 체계적이며 객관적으로 연구하는 방법이라고 정의하면서 의사소통에 사용되는 언어적 · 음악적 · 회화적 · 조형적 상징들의 의미를 파악하는 것으로 누가, 왜, 어떻게, 누구에게 전달되었는가를 분석하게 된다고 하였다. 종합하여 보면, 내용분석은 탐구대상에 있는 자료가 함축하고 있는 메시지의 특징을 특정한 분석 준거나 관점에서 재해석함으로써 메시지에 숨어 있는 또 다른 진의를 추론하는 방법이라고 할 수 있다.

내용분석에 대한 많은 학자들의 정의를 정리하면 다음과 같다(Wimer & Dominick, 2009; Berg, 1998; Riffe, Lacy & Fico, 2001).

학자	정의
Holsti	메시지의 특성들을 체계적, 객관적으로 규명함으로써 추론을 만들어 내는 기법
Berelson	커뮤니케이션의 명백한 내용을 객관적·체계적·계량적으로 기술하는데 필요한 연구기법
Kerlinger	변수측정을 목적으로 커뮤니케이션을 체계적이고 객관적이며 수량적인 방법으로 연구·분석하는 방법
Walizer & Wiener	기록된 정보의 내용을 연구하기 위해 고안된 일련의 체계적인 절차
Kaplan& Geoldsen	어느 내용에 관련된 가설에 대하여 적절한 자료를 얻을 수 있도록 고안된 하나의 카테고리 체계를 이용하여 그 일단의 내용을 수량적으로 분류하는 것을 목적으로 하는 연구방법
Krippendorff	데이터와 그 문맥으로부터 확인 가능하고 타당한 추론을 도출하는 연구 기법

2 내용분석의 역사적 배경

체계적이고 계량적인 내용분석 방법이 사회과학 분야에 사용된 것은 1870년대 Bourdon 과 같은 초기심리학자들에 의해 인간의 감정형태와 사용언어 간의 관계나 성서를 해석하는 과정에서 내용분석이 사용되었다(김성태, 2005). 매스커뮤니케이션 연구는 20세기 초반 미디어 메시지의 설득적인 효과에 관심을 가진 정치학자나 사회학자들의 효과연구에서 출발하였는데 단어와 주제의 발생빈도를 알아보는 양적 분석의 형태로 시작하여 지금은 문화적 산물, 비언어적 커뮤니케이션, 교과서, 영화, 잡지, 자서전, 일기, 편지 등의 내용을 객관적으로 분석하는 방법으로 발전하였다.

3 내용분석의 4가지 이점(Krippendorff, 1980)

❶ 내용분석은 비개입성(unobtrusive)의 특성을 지닌다.

조사대상에 대한 직접적인 접촉을 통해 자료를 수집하는 것이 아니라 신문, TV 등의 메시지를 통해 자료를 수집하므로 보다 객관적인 자료의 수집이 가능하다.

❷ 내용분석은 비구조화된 자료(unstructured material)를 허용한다.

설문지, 인터뷰 등을 통한 구조화된 데이터 이외에도 비평, 연설 등의 비구조화된 자료도 분석에 포함될 수 있다.

❸ 내용분석은 문맥에 민감하다는 특징을 지닌다.

동일한 표현도 문맥에 따라 상이한 의미를 지닐 수 있으므로 이에 민감한 자세를 가져야 한다.

❹ 내용분석은 많은 양의 데이터도 포괄할 수 있다.

이러한 특성으로 인해 방대한 자료를 다루는 커뮤니케이션 부문에서 많이 활용되어 왔으나 교육학, 경영학 등 다양한 학문분야에서 활용되고 있다.

4 연구기법으로서의 내용분석에 관한 이슈(Berg, 1998)

(1) Quantitative vs. Qualitative : 양적 연구인가, 질적 연구인가?

내용분석의 사용자들간 주요논쟁 중 하나는 내용분석이 '양적연구냐 질적연구냐'에 관한 것이다. Berelson(1952)은 내용분석을 객관적, 체제적, 양적인 방법이라고 규정하였고 Selltiz외(1959)도 양적분석이므로 질적연구에서 제외시켜야 한다고 주장하였으나 데이터의 특성보다는 "분석의 과정"을 강조하기도 하였다.

한편, Smith(1975)는 양적 분석과 질적 분석은 함께 통합되어야 한다고 하였고 Abrahamson(1983)은 내용분석은 어떤 형태의 커뮤니케이션도 실질적으로 검토할 수 있도록 하는 방법이며 커뮤니케이션의 양적분석이나 질적분석 어떤 것에라도 포커스를 둘 수 있다고 주장하였다.

Berg(1998)는 그의 저서에서 내용분석은 Narrative analysis 등에 비해 원문요소(textual elements)의 수(counts)에 한정하여 보다 실증적이고 명확하게 접근하며 원문요소의 '수'는 데이터를 검색, 확인, 정정하는 수단을 제공하므로, 내용분석은 질적 분석에서 효과적으로 사용되어질 수 있다고 주장하고 있다. 또한 Glassner & Loughlin(1987)에 의하면 내용분석은 텍스트의 단어나 주제설명에 접근할 수 있는 좋은 방법을 제공하므로 결국 조사자가 원문자료의 저자 그리고 주제가 그들의 사회현상을 어떻게 보고 있는가를 배우게 하는 기회를 제공한다고 하였다.

이러한 관점에서 본다면, 내용분석은 명확하고 실증적인 분석이라기 보다 오히려 텍스트의 단어에 귀를 기울이게 하고, 이러한 단어들을 직접 사용한 사람의 관점을 보다 잘 이해하도록 하는 징검다리의 역할을 한다고 하겠다.

(2) Manifest vs. Latent Analysis: 명백한 내용인가, 잠재적인 내용인가?

내용분석은 조사자의 자의적인 판단이 요구되는 경우가 많으므로 Manifest vs. Latent의 문제가 제기된다.

❶ 명백한 내용(manifest content)

문자 그대로 메시지를 통해서 보는 것이 얻고자 하는 것이라는 점을 가정하고 메시지의 의미는 그것의 표면적인 의미, 외연적 의미라는 입장이다. 예를 들어 소설이 얼마나 에로틱한가의 판단할 경우, '사랑'이라는 단어의 빈도, 페이지당 평균 빈도수, '사랑', '키스', '애무'의 빈도로 판단하는 방식이다.

❷ 잠재적인 내용(latent content)

내포된 의미와 개인들의 상징에 부여하는 개인적 의미에 무게를 두는 입장으로 행간의 의미를 읽는 것(Holsti, 1969)의 중요성을 강조한다. 소설이 얼마나 에로틱한가의 판단할 경우의 예에서는 소설전체를 읽고 전체적인 판단하는 방법이라고 하겠다.

❸ 최선의 방법은 Manifest 와 Latent의 2가지를 같이 사용하는 것이다.

두 방법에 의한 접근이 같은 결과나 비슷한 결과를 가져오면 신뢰도와 타당도의 확보되며, 일치하지 않을 때에는 개념화와 조사설계전체를 재검토하는 것이다. 이 때 척도의 수준에 유의해야 하는데, 다시 말하면 어느 측정수준에 의하더라도 측정의 수준을 정확히 반영하는 것은 아니라는 점에 유의해야 한다. 예를 들면 A라는 소설에 '사랑'이라는 단어가 100번, B라는 소설에 '사랑'이라는 단어가 50번나왔다면 A 소설에 '사랑'이라는 단어가 B라는 소설보다 2배 더 많이 등장한 것이다. 그러나 A소설이 B소설보다 2배나 더 에로틱하다고는 할 수 없다는 것이다(Berg, 1998).

2 연구 절차

질적 연구에서의 내용분석도 고전적인 양적 접근의 내용분석과 그 방법이 유사하다. 그러나 양적연구에서의 내용분석과 질적 연구에서의 내용분석 사이에는 중요한 차이점이 있는데, 질적 연구에서는 자료의 수집과 분석을 하기 전에 어떠한 규칙이나 절차를 규정하기 않는다는 점이다(신경림, 장연집, 조영달, 김남선, 2003).

신경림 외(2003)는 질적 연구에서의 내용분석의 과정을 다음과 같이 제시하였다.

① 일련의 코드 만들기

② 어떤 텍스트적인 자료에 만들어진 코드를 체계적으로 적용하기

③ 복수 연구자가 함께 수행하는 연구의 경우, 부호화에 대한 연구자 간의 신뢰성 확보하기

④ 텍스트와 부호로 부터 변수 들 간의 모형 구축하기

⑤ 통계적 과정을 통해 모형을 분석하기

고전적인 내용분석 절차는 다음과 같다.

1 연구 주제의 선정 및 연구 문제의 구체화

연구자는 자신의 관심과 이론적 지식을 바탕으로 관련되 문헌을 검토하면서 연구를 통해 해당분야에 가치 있는 시사점을 제공할 수 있는 연구주제를 선정하고 연구 문제를 구체화 한다.

2 대상의 모집단 선정

연구주제와 관련된 연구 대상이 될 만한 신문, 문헌, 기록물, 문학작품 등의 종류와 범위를 정한다. 내용분석을 위한 모집단을 결정하기 위해서는 연구주제의 범위와 연구기간이 모두 고려되어야 한다.

3 문헌자료의 표본추출

연구주제에 따라 단순무작위 표집, 체계적 표집, 층화표집, 의도적 표집 등의 적절한 표집 전략을 사용하여 문헌자료의 표본을 추출한다.

4 분석단위의 선정

효과적인 분석을 위해 내용의 요소를 어떤 분석 단위(unit of analysis)를 사용하여 수량화 할 것인가를 결정해야 한다. 분석단위는 하나의 단어나 주제, 인물, 문단, 항목, 공간 및 시간 등이 있다.

5 분석 유목 설정

어떤 사항을 분석 유목으로 활용할 것인가를 설정한다. 분석의 유목체계는 상호배제적이어야 하고, 어느 유목에든 분석내용이 남김없이 분류되어야 하며 이를 신뢰할 수 있어야 한다(Wimer & Dominick, 2009).

6 수량화의 체계 규정

수량화의 체계는 단순히 연구자가 확인하려고 하는 내용이 있는가에 따라(유무 또는 출현 여부), 얼마나 자주 출현하는가에 따라(빈도), 카테고리의 상대적 크기 및 얼마나 강조되는가에 따라(시간・공간 체계), 진술자가 얼마만큼 강하게 진술하는가에 따라(강도) 수량화의 체계를 규정할 수 있다.

7 자료의 분석 및 결과의 해석

기술통계적 방법을 적용하여 코딩된 자료를 분석하고 그 결과를 해석한다.

3 자료의 분석방법

1 자료의 분석 단위(Berelson, 1952; Merton, 1968; Selitiz 외, 1959)

내용분석을 하기 위해서는 우선 내용요소를 수량화하기 위한 기준 항목을 정해야 하는데 이를 내용분석의 단위라 한다. 실제 연구에서는 다음에 소개하는 내용분석의 여러 요소를 함께 사용하기를 권장하고 있다.

(1) 단어(words)

내용분석에서 사용하는 최소의 단위로, 선택된 단어가 얼마나 많이 사용되었는가를 분석하는 방법이다.

(2) 주제(themes)

주제는 어떤 내용의 중심이 되는 제목 또는 문제를 의미하는 것으로 대개 한 문장, 여러 개의 문장, 문단 혹은 전체 본문에 확산적으로 나타날 수 있다.

대량의 자료를 다루고자 할 경우 단어보다 주제를 기본단위로 하는 것이 더 의미가 있으나 단어에 비해 경계선이 불분명하며, 문단 또는 본문 등에 여러 개의 주제가 있는 경우 어느 것이 더 심적인 주제인가 가려내기가 어려운 경우가 많다는 단점도 있다.

(3) 인물(characters)

소설, 전기, 연극, 영화 등의 경우 역사적 인물이나 주인공을 중심으로 분석하는 것으로 인물이나 주인공의 특성에 대한 시대별 변화를 파악해 볼 수 있다. 예를 들어 세대별로 문학작품에 나오는 여자 주인공들의 역할이 어떻게 달라지는 지는 분석함으로써 여성의 사회적 지위의 변화를 유추할 수 있다.

(4) 문단(paragraphs)

한 문단은 여러 개의 문장으로 구성되어 있어 때때로 상반된 주제나 내용을 포함하기도 한다. 이러한 경우, 명확하게 분류하는데 어려움이 있으므로 문단은 분석단위로 널리 활용되지는 않는다.

(5) 항목(items)

소재를 크게 분류하는 것으로 주제 분석에 가장 많이 활용된다. 문헌을 서적, 잡지, 신문, 학술지 등으로 분류한다거나 신문의 경우 국내문제, 국제문제, 노동문제, 사회문제 등으로 분류하는 것이다.

(6) 공간 및 시간

인쇄자료의 경우 공간, 즉 지면을, 방송의 경우 시간을 분석하는 것이다. 신문의 몇 면에 포함되었는지, 방송에서 해당 내용에 얼마 정도의 시간을 할애되었는지는 중요한 분석 기준이 되기 때문이다.

2 분류체계

분류체계란 범주에 대한 정의들의 집합체를 의미한다. 내용분석가는 이러한 범주의 정의에 따라 기록단위들에 대한 값을 부여하게 되는데 하나의 범주는 하나의 변수를 나타내며, 부여된 값들이 명명수준일 때 각 범주는 다시 하위범주로 나누어진다. 예를 들면 내용에 대한 정치적 편향성을 기초로 값이 부여되는 범주의 경우, 그 범주는 자유, 보수 및 중도와 같은 하부범주로 나누어지며 주범주와 모든 하부범주들은 적절히 정의됨으로써 하부범주들에 대한 값을 부여하는 길잡이의 역할을 한다.

3 내용분석 프로토콜

프로토콜이란 연구를 정의하고 구체적으로 내용에 적용될 코딩규칙들을 정의하는 문서기록으로 프로토콜에 사용되는 정의들은 분류체계의 유형에 따라 달라진다.

프로토콜의 목적은 연구를 관장할 규칙들, 즉 연구자가 연구를 수행하게끔 하는 규칙들을 정하기 위한 것인데 이러한 규칙들은 연구가 진행되는 동안 변하지 않는다.

연구가 어떻게 수행되었는가에 대한 기록자료는 다른 연구자들로 하여금 결과를 해석하고 그러한 연구를 반복하여 볼 수 있게 해 주고, 그러한 반복연구는 커뮤니케이션의 과정과 효과를 분명히 보여주는 일단의 발견사항들과 이론을 정립할 수 있는 과학의 능력을 강화시키는 역할을 한다.

프로코톨의 조직은 다음의 3부분으로 나누어 구성하는 것이 좋다.

① 도입부에서는 연구의 목적을 구체적으로 밝히고 주요개념들과 그러한 개념들을 어떻게 정의할지에 대해 전반적으로 소개하고

② 조사하고자 하는 내용을 어떻게 처리할 것인지를 관장하는 절차의 구체적 설명하며

③ 내용분석에 사용될 범주의 구체화한다.

각 범주에 대한 전반적인 조작적 정의가 각 하부범주의 값에 대한 정의와 더불어 주어진다. 이것들은 특정한 범주 및 하부범주의 특정한 값을 내용에 부여하기 위해 코더들이 사용하게 될 실제 지침이 된다.

제 3 장

다양한 질적연구 접근법

01 현상학적 연구

1 개요

현상학(phenomenology)은 주어진 현상(phenomenon)의 발생적, 구성적 근원을 탐구하는 학문으로서, 철학에 뿌리를 두고 있다.

현상학적 시각에서 주요 관심사는 '개인의 경험에 대한 이해'이다. 따라서, 현상학적 연구에서는 개인의 있는 그대로의 경험을 서술하고, 경험에 대한 해석을 통해 그 의미와 구조 즉, 현상의 본질을 규명하고자 한다(김귀분 외, 2005; 신경림, 2003; Morse & Field, 1997).

원래 현상학적 접근방법은 인간의 마음이나 심리까지도 수학적으로 계량화하거나 자연과학적 인식으로 접근하려 했던 실증주의에 대한 반발로 비롯되었다. 따라서 현상학적 연구는 양적 접근을 통해 드러나지 않았던 인간의 행동이나 경험의 의미를 밝혀내고, 사람들간의 상호주관적인 관계를 확인하는데 초점을 두고 있다(김귀분 외, 2005; 신경림, 2003; Morse & Field, 1997).

1 학문적 기원

현상학은 Husserl(1859~938)이 그의 스승 Brentano(1838~1917)의 영향을 받아서, 20세기의 새로운 철학으로 발전된 학문이다. 현상학은 19세기 실증주의의 합리성이나 정확성의 허구와 불완전함에 대한 대안으로 발전되었다(김귀분 외, 2005; 김분한 외, 1999; 박승억, 2006; 신경림, 2003; 신경림, 조명옥, 양진향, 2004; 이남인, 2005; Morse & Field, 1997).

Husserl에 의해 현상학이 창시된 이래, Heidegger, Sartre, Merleau-Ponty 등과 같은 철학자들에 의해 학문적으로 발전되면서, 현상학은 분석철학과 함께 20세기 서양철학의 양대 산맥을 이루고, 동시에 질적연구방법에 철학적 배경을 제공하는 대표적인 연구방법론으로 간주되고 있다.

2 주요 개념

현상학의 특징에 대해 살펴보기 전에, 먼저 현상학과 관련된 주요 개념을 이해하는 것이 필요하다. 독자들의 이해를 돕기 위해, 현상학과 관련된 주요 개념을 간략히 정리하면 〈표 3-1〉과 같다.

〈표 3-1〉 현상학과 관련된 주요 개념

개념	의미
현상	• 의식에 의한 경험의 대상이 의식 앞에 나타나는 구체적인 모습 • 모든 선입견이나 편견이 없는 경험
생활세계	• 연구자에 의해 설명이나 판단되기 이전의 세계, 학문적 규정 이전에 존재하는 있는 그대로의 '미리 주어진' 세계
판단중지 (epoche)	• 사람들은 보통 자신의 가치관을 기초로 세계를 판단하고 구획시키려는 습관을 갖고 있는데, 이러한 판단을 유보하고 가치중립적인 태도, 자연적 태도(natural attitude)를 견지하는 것을 의미함 • 현상의 본질을 보기 위해, 기존의 의식 혹은 무의식에 내재해 있는 일련의 가치판단 체계의 작동을 잠시 멈추는 것.
괄호치기 (bracketing)	• '판단중지'와 연결되는 개념으로, 현상에 대한 사전 지식, 추측, 가정의 배제를 의미함
본질적 환원/ 존재론적 환원	• 판단중지와 괄호치기를 통해 현상의 본질을 탐색하는 것

3 특징

현상학의 주요개념에 대한 이해를 기초로, 특징에 대해 살펴보면 다음과 같다(김귀분 외, 2005; 신경림, 2003; 신경림, 조명옥, 양진향, 2004; 이남인, 2005; Morse & Field, 1997).

첫째, 현상학은 구체적인 경험에 근거하지 않은 관념적인 것이나 사물의 일반성에 반대하면서, 직접적인 체험이나 구체적인 경험, 사물의 본질을 탐색하고 규명하는 것을 강조한다. 이에 따라 현상학적 접근에서는 개인의 경험이나 현상의 본질에 집중하기 위해 연구자의 가치판단 체계의 작동을 멈추고, 추측이나 가정을 배제하는 것을 중시한다.

둘째, 현상학적 연구는 개인의 경험과 현상의 본질을 탐색하기 때문에, 주로 심층면접 방법을 활용한다.

연구자는 연구 대상자와의 심층 인터뷰를 통해, 연구 대상자의 생활세계에서 자료를 수집하고 현상을 설명하는 의미 있는 장면이나 일화에 대한 현상학적 반성 과정을 통해 자료를 분석한다.

셋째, 현상학적 연구의 목적은 연구 중인 현상의 경험을 정확하게 서술하는 것이지, 이론이나 모델을 만들어 내고 일반적인 설명을 전개하는 것이 아니다.

2 연구절차

현상학적 연구를 효과적으로 수행하기 위한 연구절차 즉, 연구의 초점화, 자료 수집 및 분석, 결과 보고의 단계에 따라 살펴보면 다음과 같다(김귀분 외, 2005; 신경림, 2003; 신경림, 조명옥, 양진향, 2004; 이남인, 2005; Morse & Field, 1997).

1 연구의 초점화

(1) 연구자가 관심 있는 현상 파악

현상학적 연구의 출발점은 연구자의 관심사가 사람의 경험이어야 한다. 즉, 연구자는 어떤 관심을 가지고 이 경험에 접근하고 있는지를 상기하면서, 이 경험의 본질적 의미구조를 텍스트로 표현할 수 있도록 해야 한다.

(2) 연구 문제 형성

현상학적 연구에서의 전형적인 연구 문제는 어떤 체험이나 현상의 본질을 규명하는 것과 관련이 있다. 예를 들어, 암으로 투병하는 환자들의 생생한 경험의 본질을 밝히거나(이옥자, 1995), 고3 수험생 어머니의 입시 준비 경험을 탐색하거나(양성은, 2005), 혹은 부모가 알코올 중독자인 자녀의 삶을 탐구하는 것은 현상학적 연구 문제가 될 수 있다. 따라서 연구자는 연구 초기에 위와 같은 현상학적 질문을 통해 연구 문제를 구체화하는 것이 필요하다. 연구 문제를 형성할 때에는 가능한 문헌고찰을 통해, 해당 연구주제에 대해 어느 정도 선행 연구가 존재하는지, 자신의 연구는 기존 연구와 어떻게 차별화 할 것인지에 대한 고려가 필요하다.

(3) 현상에 대한 연구자의 가정, 선수 지식, 가치판단의 유보

일반적으로 사람들은 어떤 현상의 본질을 파악하기 전에 자신의 가치판단 체계에 따라 임의로 해석하는 경향이 있다. 따라서 연구자는 연구 문제에서 탐구하고자 하는 현상의 본질에 집중하기 위해, 자신의 가치판단 체계를 중지하고, 현상에 대해 자신이 갖고 있는 가정이나 선입견, 선수 지식 등을 배제 즉, '괄호치기(bracketing)'해야 한다. 다시 말해, 연구자는 자신이 탐구하고자 하는 현상에 대해 자신이 갖고 있는 가정이나 선 이해(先 理解)를 미리 밝혀두는 것이 필요하다.

2 자료 수집 및 분석

현상학적 연구를 통해 연구자는 경험과 현상의 본질을 정확히 기술해야 하므로, 심층 인터뷰나 참여 관찰 등의 방법을 활용하여 자료를 수집한다. 수집된 자료를 기초로, 연구자는 연구 참여자 체험의 구조적, 주제적 측면에 대해 반성적으로 분석한다. 구체적인 자료 수집 및 분석 방법에 대해서는 뒤에서 다시 언급될 것이다.

2 결과 보고

생각, 고찰, 인식 등의 반복된 과정을 통해 탐구하고자 했던 경험과 현상에 대해 정리하게 된다. 연구자는 이러한 글쓰기 과정을 통해 인간 경험에 대해 더 깊이 이해하도록 이끌며, 이전에는 당연하게 여겨지던 현상들을 보다 풍부한 의미를 가지고 드러내도록 해야 한다.

3 자료 수집 및 분석 방법

1 자료 수집 방법

(1) 연구 대상자의 선정

현상학적 연구에서 주요한 자료 수집 방법은 심층 인터뷰나 관찰이기 때문에, 연구 대상자의 선정이 중요하다. 이러한 질적인 표본 추출을 위해서는 '적절성'과 '충분성'의 2가지 원리를 고려해야 한다. 여기에서 적절성의 원리란 탐구하고자 하는 연구 주제에 대해 가장 좋은 정보를 제공해 줄 수 있는 적절한 참여자를 선택해야 하는 의미이다. 또 충분성의 원리란 탐구하고자 하는 현상에 대해 충분하고 풍부한 설명을 하기 위해서는 자료가 포화 상태(saturation)에 도달하도록 자료를 수집해야 한다는 의미이다.

(2) 심층 인터뷰 및 참여관찰 등을 통한 자료 수집

현상학적 연구는 경험과 현상의 본질을 탐색을 목적으로 하기 때문에, 심층 인터뷰나 관찰을 통해 자료를 수집한다. 연구 참여자들로부터 경험과 현상에 대한 풍부한 진술을 이끌어 내기 위해서는 연구자의 면담 기법도 중요하며, 인터뷰할 때 참여자의 표정이나 어조 등을 주의 깊게 관찰하고 이를 기록하는 것이 필요하다. 연구자는 인터뷰 후에 인터뷰 내용 뿐 아니라 연구 참여자의 비언어적 표현과 특징, 연구자에게 떠오르는 생각이나 질문사항 등을 현장기록 노트에 기록하는 것이 중요하다. 특히, 연구자는 수집되는 자료들 간에 괄호치기(bracketing) 즉, 자신의 선입견이나 가치판단 체계를 배제하도록 해야 한다.

2 자료 분석 방법

현상학적 연구에서는 자료가 수집되면, 이를 바탕으로 경험이나 현상의 본질에 대한 반성적 분석이 이루어진다. 일반적인 자료분석의 절차는 다음과 같다.

첫째, 연구자는 연구 참여자 인터뷰 녹취 자료를 반복 청취하여 원자료의 내용과 비교하면서, 불명확한 부분은 연구 참여자에게 확인함으로써 인터뷰 내용의 정확성을 확보한다.

둘째, 인터뷰 내용이나 기타 수집된 전체 자료 속에서, 연구 참여자 체험의 본질을 나타내는 부분을 추출, 분리한다.

셋째, 연구 참여자의 반응이나 느낌에 초점을 맞추어 본질적 주제를 분리시키고, 체험의 의미를 함축하는 용어로 변형한다.

넷째, 분석된 주제들이 연구자의 경험, 현상학적 문헌, 그리고 기타 자료들과 어떻게 관련되는지를 비교, 검토하여 전체적으로 현상을 기술할 때 참조한다.

현상학적 자료분석 과정에 대해 학자 별로 다소 차이가 있는데, 이를 정리하면 〈표 3-2〉와 같다(김귀분 외, 2005; 김분한 외, 1999; 신경림, 2003; 신경림, 조명옥, 양진향, 2004; 이남인, 2005; Morse & Field, 1997).

〈표 3-2〉 현상학적 자료분석 방법

학자	현상학적 자료분석 방법
Max van Manen	• 현상학적 반성 : 주제분석 → 본질적 주제 결정 – 생활세계에 대한 기술을 통해 주제를 밝힘 – 주제 진술을 분리함 – 언어적으로 변형함 – 예술 작품에서 주제 진술을 수집함 – 본질적 주제를 결정함
Colaizzi	• 현상과 관련된 의미 있는 문장, 구를 선택하여 의미 있는 진술을 추출함 • 중복되는 표현을 배제하고 일반적, 추상적인 형태로 재진술함 • 의미 있는 진술과 재진술로부터 의미를 구성함 • 주제(theme)와 주제묶음(theme clusters)으로 범주화함 • 분석된 자료를 주제를 기준으로 철저하게 기술함 • 선행단계에서 확인된 경험 현상의 공통적 요소를 통합하여 본질적 구조를 진술함
Giorgi	• 연구 참여자의 진술 중에서 사고를 시작하고 끝내는 부분을 의미 단위(meaning unit)로 규명함 • 의미단위에서 연구 참여자의 경험을 나타내는 요소가 될 수 있는 주제를 규명함 • 연구 참여자에게 의미 있는 중심의미를 연구자의 언어로 변형함 • 중심의미를 통합하여 상황적 구조적 기술을 만듦 • 연구현상에 대한 일반적 구조적 기술로 통합함
Van Kaam	• 원 자료에서 서술적 표현을 유도함 • 서술적 표현들에서 공통요소를 확인함 • 연구현상과 무관한 표현을 제거하고, 중복된 설명은 재구조화함 • 현상의 가설적 정의를 구성함 • 가설적 정의를 최초의 서술문에 적용함 • 구조적 정의를 확인함

02 해석학적 연구

1 개요

해석학(hermeneutics)은 '텍스트(text)에 대한 이해와 해석'에 관한 학문이다. 따라서 해석학에 의하면, 독자가 텍스트를 이해한다는 것은 그 텍스트의 사회, 역사적, 문화적 의미를 파악함으로써 작가의 구성 의도를 정확하게 재구성하는 과정을 의미한다. 또한 해석학적 접근에 의하면, 사람의 행동을 이해하기 위해서는 그 행위자가 처한 상황이나 입장 속에서 관찰하고 해석해야 한다는 것이다. 해석학의 이러한 관점을 'emic approach'라고 하며, 이것은 우리가 인간의 삶이나 사회 현상을 이해하기 위해서는 그 저변에 깔린 사회, 역사적, 문화적 상황이나 맥락을 이해해야 정확한 텍스트의 해석이 가능하다는 논리이다(김귀분 외, 2005; 신경림, 조명옥, 양진향, 2004; 최신일, 1998; Morse & Field, 1997; Palmer, 1988).

성서 해석이나 문헌 해석에서 유래된 고전적 해석학은 이제 사회와 문화, 역사적인 상황 속에서의 인간 삶에 대한 해석으로 그 초점이 전환되고 있다. 다시 말해, 해석학적 접근은 자연과학적 객관주의나 실증주의 인식론에 기반을 둔 양적 접근을 통해 다루기 힘든 생활세계가 함의하는 다면적이고 풍부한 의미를 심도 있게 창조하고 구성하기 위한 연구를 수행하고자 할 때 활용될 수 있는 방법이다(김귀분 외, 2005).

1 학문적 기원

원래 해석학(hermeneutics)이란 용어는 그리스 신전에서 신과 신 사이, 신과 인간 사이에서 메시지를 전달했던 헤르메스(Hermes) 신화에서 유래된 말이다. 메시지 전달자로서 헤르메스는 신의 메시지를 인간이 이해할 수 있는 의미 있는 언어로 설명하기도 하였다. 따라서 초기의 해석학은 '성서 해석을 위한 기술'이었지만, 점차 해석학이 '학문적인 외양을 갖추고, 이해의 기술'로 발전하게 된 것은 Schleiermacher(1768~1834)에 이르러서였다.(김귀분 외, 2005; 신경림, 조명옥, 양진향, 2004).

해석학은 현대 해석학의 창시자인 Schleiermacher를 시작으로 Dilthey, Gadamer를 거치면서 학문적으로 발전하게 되었다. 해석학의 학문적 발전과정을 이들 학자를 중심으로 간략히 정리하면 〈표 3-3〉과 같다.

〈표 3-3〉 해석학의 학문적 발전 과정

학자	해석학의 발전 과정
Schleiermacher (1768~1834)	• Schleiermacher는 해석학의 창시자로, 해석학을 '고전, 성서, 법률의 텍스트를 이해하는 기술'로 정의하면서 '해석학 = 이해의 학문/기술'로 재정립함 • 해석학이 모든 대화에서 이루어지는 상호 교류를 통한 이해의 조건들을 기술하는 학문으로 발전되면서, 초기의 신학적 해석학에서 탈피하고, 보편적 해석의 기틀을 마련하게 됨
Dilthey (1833~1911)	• Dilthey는 해석학을 '정신과학의 방법론적 기초'로 규정함 • 인간의 삶은 삶과 괴리된 자연과학적 방법이 아니라, 인간행위의 의미를 맥락과 연관하여 파악할 수 있게 해주는 정신과학적 방법을 통해 가능하다고 간주함 • 해석학은 인간의 삶의 체험, 표현, 이해 사이의 체계적 관계에 기초한다고 주장함

학자	해석학의 발전 과정
Gadamer (1900~2002)	• Gadamer는 해석학을 '이해의 철학이론', '실천적 철학'으로 완성함 • '이해'를 언어학적 사건으로 간주하면서, 언어를 이해하기 위한 '대화'를 탐구함 • 우리의 이해를 가능하게 하는 기반으로서의 역사적 전통의 개념을 중시함 여기에서 전통이란 우리가 다른 사람과 사물을 이해하게 하고 생각할 수 있게 해주는 아이디어, 신념, 실제의 집합체로, 이를 토대로 텍스트를 파악한 다음 그 지평을 넘어 자신의 새로운 이해를 위해 나아가게 된다고 봄 • 질문과 답변이라는 대화의 과정에서 진리를 경험할 수 있다고 간주함

2 특징

해석학적 접근의 특징에 대해 살펴보면 다음과 같다(김귀분 외, 2005; Palmer, 1988).

첫째, 해석학에서는 사람을 능동적이며 주체적인 존재로 규정한다. 즉, 사람은 객관적인 법칙에 지배를 받는 수동적인 존재가 아니라, 대상에 의미를 부여하고 스스로 규칙과 제도를 만들어 가는 능동적이고 주체적인 존재라고 간주한다.

둘째, 해석학은 거시적인 관점에서 사회구조를 분석하기 보다는 미시적인 관점에서 개인 행위자들이 대상에 대해 어떤 의미를 부여하고 있는지를 파악하고자 한다.

셋째, 해석학에서는 사람들간의 상호작용과 의미부여를 통해 문화와 지식이 형성된다고 간주하기 때문에, 제도 내에 있는 행위자 즉, 사람들간의 상호작용을 중시하고 이를 분석하고자 한다.

넷째, 해석학에서는 제도와 규칙 및 지식은 상황과 사람이 보유하고 있는 경험에 따라 달라질 수 있으므로, 객관적인 법칙을 규명해 내려고 하는 객관적, 실증적인 방법으로는 이를 설명할 수 없다고 본다.

다섯째, 해석학은 사람이나 특정 현상이 갖고 있는 개별적인 특성을 있는 그대로 인정하고 이해하려는 질적 연구와 의미의 해석을 중시한다. 따라서 철저하게 단계화된 접근방법을 명시하기 보다는 선이해(先理解)가 대화적으로 고양되는 해석학적 순환을 따르는 '자료해석'이 중심이 된다.

2 연구절차

해석학적 연구를 효과적으로 수행하기 위한 연구절차 즉, 연구의 초점화, 자료 수집 및 분석, 결과 보고의 단계에 따라 살펴보면 다음과 같다(김귀분 외, 2005; 최신일, 1998).

1 연구의 초점화

(1) 연구자의 관심 영역 파악

연구자가 연구 대상자를 능동적인 의미 구성자로 간주하고, 이들의 행위와 상호작용의 의미나 의도를 다면적이고 심도 있게 이해, 해석, 구성하고자 한다면, 연구방법으로서 해석학을 고려해 볼 수 있다.
해석학적 연구는 연구자의 텍스트에 대한 이해와 해석이 주를 이루기 때문에 관련 선행연구와 문헌에 대한 철저한 고찰을 해야, 자료분석 과정 동안에 발생할 수 있는 연구자의 자의적, 주관적인 의미 해석을 미연에 방지할 수 있다.

(2) 연구 문제의 구체화

연구관심 영역, 연구 대상과 주제가 어느 정도 설정이 되면, 연구 문제에 따라, 이를 다시 해석학적 질문으로 구체화해야 한다. 해석학적 연구는 구체적인 삶에 대한 의미구성을 목적으로 하기 때문에 추상적이고 탈 맥락화된 질문은 바람직하지 않다. 가능하면 연구 문제는 특정한 맥락과 연결 짓고, 거기에서 의미를 찾도록 유도해야 한다. 해석학적 연구 질문의 예를 몇 가지 살펴보면 다음과 같다(손영수, 2000; 주현아, 여인성, 2003).

한국의 유아들이 유치원 생활세계에서 겪는 경험은 그들에게 무슨 의미를 주는가?

남성 직업무용수들이 무용을 시작하면서 겪게 되는 경험들의 의미는 무엇인가?

2 자료 수집 및 분석

해석학적 연구를 통해 연구자는 연구 대상자의 행위나 상호작용의 의미나 의도를 이해하기 위해 인터뷰나 관찰 등과 같은 자료 수집 방법 외에, 관련된 기존 문헌이나 문서(예: 교육 계획안, 유아들의 작품, 편지, 교사와 유아들 간의 면담 기록 등)을 활용하여 자료를 분석한다. 자료 수집과 함께 연구자는 의미를 구성해 나간다. 구체적인 자료 수집 및 분석 방법에 대해서는 뒤에서 상세히 언급될 것이다.

3 결과의 보고

해석학적 연구 결과를 보고할 때에는 연구 문제에 대한 인과론적인 설명을 하기보다는, 연구 문제에 대해 구체적인 텍스트를 기초로 한 '이해'를 진솔하게 기록하는 것이 필요하다. 즉, 자료에 대한 해석과 의미 구성이 완료된 후에는, 진술된 각종 의미와 사실을 토대로 결론을 도출한다. 이러한 보고서 작성은 연구의 최종 단계에서 이루어지는 것이 아니라, 연구 수행 과정 중에 수시로 작성한 기록을 다시 수정하고 체계화 하는 일 정도라고 보면 된다.

3 자료 수집 및 분석 방법

1 자료 수집 방법: 인터뷰 및 관찰, 문헌분석

해석학적 연구는 언어와 문헌의 해석을 중심과제로 하기 때문에, 주로 문헌과 인터뷰, 관찰 등을 통해 자료를 수집한다. 보통 해석학적 연구에서의 텍스트는 인간의 삶과 생활모습 그 자체이기 때문에, 여기에서 의미를 찾기 위해 끊임없이 대화를 해야 한다(김귀분 외, 2005; 최신일, 1998).

손영수(2000)는 유치원이나 어린이 집에서 생활하는 유아들의 생활세계에 대한 해석학적 연구에서, 자료 수집을 위해 관찰과 인터뷰 이외에, 유치원이나 어린이 집에서 유아들의 삶을 대변할 수 있는 다양한 문헌 자료 예를 들어, 주간교육계획안, 유아들의 작품이나 편지, 기관에서 부모들에게 보내는 각종 부모 교육 자료 등을 수집하였다. 사실 해석학적 연구를 위한 자료 수집 활동은 의미 구성 활동이 뚜렷하게 구분되지 않는다. 따라서 연구자가 수집된 자료를 기초로 의미를 부여하기 위해서는, 자료 수집 과정 동안 연구 참여자의 말과 행동 내용 뿐 아니라, 말투, 억양, 표정, 반응, 당시의 상황이나 분위기 등과 같은 자료에 대해 빠짐없이 기록하는 것이 중요하다.

2 자료 분석 방법

연구자는 수집된 자료를 중심으로 텍스트를 작성하고 이를 다시 해석하는 작업을 해야 한다. 여기에서 중요한 것은 해석의 대상은 원 자료 그 자체가 아니라, 이를 토대로 재 작성한 '텍스트'라는 점이다. 이 텍스트는 인간이 경험할 수 있는 모든 경험 대상을 포함하며, 보고서에 나타나는 텍스트는 문장 뿐 아니라, 그림, 사진, 도표 등이 될 수 있다. 또한 이 텍스트에는 당시의 구체적인 상황이 명료하게 진술되어야 하고, 이 텍스트에 대한 의미 부여는 구체적인 증거나 관련 이론이나 타인의 견해, 협의 결과를 기초로 하되, 의미 부여의 근거에 대해서도 상세히 기록해 두는 것이 바람직하다.

수집된 자료를 기초로 의미를 부여, 구성하는 작업의 절차를 간략히 정리하면 다음과 같다(최신일, 1998)

첫째, 수집된 각종 자료를 이용하여 텍스트를 만든다.

둘째, 각 텍스트에 간단, 간결하고 잠정적인 의미를 부여한다.

셋째, 잠정적인 의미들은 그 특성에 따라 유사성, 논리적 연관성, 개념적, 이론적 통합 가능성 등을 기초로 범주화하고, 의미 있는 주제를 선정한다.

넷째, 선정된 주제와 관련되는 텍스트를 모아 범주화하고, 이를 해석하고, 의미를 부여한다.

위에서 언급된 단계는 한 번의 작업으로 끝나는 것이 아니라 수 차례 반복하여 주제 선정이나 의미 부여를 지속적으로 수정해야 하고, 이 과정에 가능하다면 연구 참여자를 참여시킴으로써 더욱 풍요롭고 심층적인 의미를 부여하는 것이 효과적이다.

해석학적 연구에서 자료 수집 및 분석 과정을 통해, 연구자는 자신에 대한 자기 이해와 연구 수행 중의 자기 이해에 대한 변용을 중시하기 때문에, 연구 과정 속에서 연구자의 지평의 확대가 곧 연구 과정에 순환적으로 반영되어야 한다.

03 근거이론

1 개요

근거이론은 체계적으로 자료를 수집하고 분석하는 과정을 통해 가설과 개념을 도출하여, 이론을 귀납적으로 도출하는 것, 즉 자료에 근거하여 현상을 설명하는 연구 방법론이다. Strauss & Corbin(1990)에 의하면, 근거이론은 '현장에서 존재하는 연구 현상으로부터 귀납적으로 유도된 이론'을 의미한다.

근거이론은 모든 상황에 적용되고 일반화할 수 있는 추상적, 관념적인 이론을 개발하는 것이 목적이 아니라, 자료에 근거하여 특정 상황과 구체적인 현상을 설명할 수 있는 이론을 개발하는 것이 목적일 때 활용될 수 있는 방법론이다. 그러므로 근거이론 연구의 목적은 자료에 근거한 실체이론(sustentative theory) 즉, 특정한 상황에 바로 적용할 수 있는 낮은 수준의 이론 개발이라고 할 수 있다(김귀분 외, 2005; 김소선, 2003; 신경림, 조명옥, 양진향, 2004; Morse & Field, 1997; Strauss & Corbin, 1998).

1 근거이론 특징

근거이론은 연구주제에 대해 알려진 것이 거의 없거나 어떤 집단의 행동을 설명하거나 예측할 수 있는 이론이 존재하지 않을 때에 특히 유용하게 활용될 수 있다.

근거이론의 특징에 대해 살펴보면 다음과 같다(Creswell, 2005).

첫째, 근거이론은 특정 상황에서 개인이 어떻게 반응, 상호작용, 행동하며 과정에 관여하는지에 관심을 지닌다.

둘째, 근거이론은 주로 연구 대상자 인터뷰를 통해 자료를 수집한다.

셋째, 근거이론에서는 엄격한 연구 절차의 활용과 과학적 신빙성을 강조한다. 즉, 연구자는 이론을 분석, 개발하기 위해 체계적인 절차(개방코딩/축코딩/선택코딩)를 활용하며, 시각적 모형을 사용하여 범주들 간의 관계를 보여준다.

즉, 근거이론은 특정 상황에서 사람들은 특별한 사회 심리적 문제를 공통적으로 갖고 있다는 기본전제에 기초한다. 따라서 근거이론을 활용한 연구에서는 특정 상황에 직면하거나 특정 집단에 소속된 사람들의 사회, 심리적 과정에 대한 자료를 수집하기 위해 주로 인터뷰를 활용한다. 그리고 수집된 자료를 분석하기 위해서는 개방코딩, 축코딩, 선택코딩과 같은 절차가 활용되며, 수집된 자료를 기초로 귀납적으로 이론이나 명제, 시각적인 모형을 유도한다.

2 학문적 기원 및 목적

(1) 학문적 기원: 사회학

근거이론은 사회 심리학과 사회학의 상징적 상호작용론(symbolic interactionism)에 뿌리를 두고 있다. 근거이론의 양대 산맥이라고 할 수 있는 Glaser와 Strauss는 1967년 최초로 근거이론 연구를 학문적으로 정립하였다. 이들은 전통적인 사회학의 선험적인 이론적 지향과는 대조적으로, 이론을 현장, 특히 사람들과의 행동, 상호작용, 사회적 과정 등으로부터 수집된 자료에 근거해야 한다고 주장했다. 최근 근거이론은 사회학뿐 아니라, 간호학, 교육학, 경영학, 심리학 등 다양한 분야 등에서 널리 사용되고 있다.

(2) 목적 : 현장에서 수집한 자료에 근거하여 이론 개발/생성

근거이론의 목적은 특정 현상의 맥락과 밀접하게 관련되는 이론의 개발 및 생성이다. 즉, 근거이론 연구는 특정 상황에 바로 적용할 수 있는 낮은 수준의 이론인 실체이론을 개발하는 데 의의가 있다.

Strauss & Corbin(1994)에 의하면, 이론이란 개념 혹은 일련의 개념 군들간의 그럴듯한 관계이며, 연구자에 의해 개발된 이론은 연구가 마지막 부분을 향해 가면서 명료해 진다. 즉, 자료 수집 과정을 통해 귀납적으로 도출된 이론은 내러티브 진술(narrative statement), 시각적 그림(visual picture), 가설/명제의 형태를 띨 수 있다.

(3) Strauss & Glaser의 근거이론 방법론 비교 : 상반된 관점

Glaser와 Strauss가 근거이론을 공동으로 정립시켰으나, 이들은 학문적 배경이 다르기 때문에 각기 다른 방향으로 근거이론 방법론을 발전시켰다. Strauss는 질적 연구와 질적 분석의 오랜 전통을 지닌 시카고 대학의 상징적 상호작용주의 학파와 실용주의 학자들에 의해 영향을 받았다. 따라서 Strauss의 근거이론 접근방식은 통찰력과 해석을 중시한다. 반면, Glaser는 콜롬비아 대학에서 양적 분석과 질적 분석에 대한 교육과 훈련을 받았기 때문에 특히 방법론적인 엄격성을 중시한다(Morse & Field, 1997)

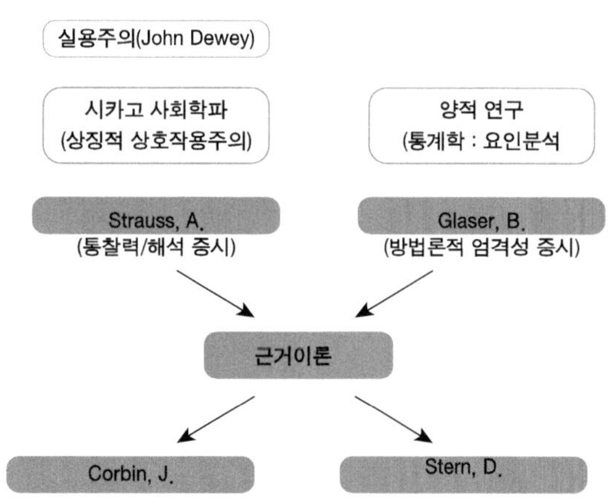

[그림 3-1] 근거이론의 대가와 학문적 배경

Glaser와 Strauss는 근거이론 연구를 위한 주제 선정 방법, 자료 수집을 위한 인터뷰 방식, 문헌 고찰 시기, 자료 분석 측면에서 상반된 관점을 견지한다(최귀순, 2005). 이를 정리하면 〈표 3-4〉과 같다.

〈표 3-4〉 Strauss와 Glaser의 근거이론 방법론 비교

구분	Strauss & Corbin(1998)	Glaser(1992)
연구 주제 선정 방법	• 후속연구가 필요한 주제, 개인적/전문가적 경험 속에서 연구 주제를 선정하거나, 연구해보고 싶었던 현장 속에서 연구 참여자의 삶 속에서 중요한 문제를 연구주제로 선정함	• 연구해 보고 싶었던 현장 속에서, 관찰, 초기 인터뷰를 통해, 연구 참여자의 삶 속에서 중요한 문제를 연구 주제로 선정함
인터뷰 방식	• 인터뷰 진행 과정을 통해, 관련 개념이 드러남에 따라, how, what if에 대한 질문을 사용하게 됨	• 인터뷰 시, what if 질문은 연구자의 선입견을 강화하고, 연구자의 생각을 연구 참여자에게 강요하기 때문에 회피해야 함
문헌 고찰 시기	• 문헌 고찰은 이론적 민감성을 높여주므로, 연구 진행과정 내내 할 수 있음	• 자료 속에서 핵심 범주가 발견되고, 이론이 나타날 때 까지는 문헌 고찰을 하지 말 것을 권장함
자료 분석	• 개방코딩-축코딩-선택코딩의 과정을 제시함	• 축코딩 대신, 이론적 코딩을 제시함 • 자료의 범주와 속성간의 개념적 관계를 만드는 지속적 비교과정으로 18개의 이론적 코딩방법 제시 • 연구자의 자료에 적합한 이론적 코딩 방법이 없을 경우에는 새로운 이론적 코딩방법을 사용할 수 있음

〈표 3-4〉을 통해, 전반적으로 Glaser의 접근방식이 Strauss의 접근방식에 비해 보수적이며 엄격한 방법론을 중시하는 것을 알 수 있다. 국내에서 이루어진

대부분의 근거이론 연구들은 Glaser의 접근방식 보다는 Strauss의 접근방식을 채택하고 있다.

2 연구절차

근거이론을 활용하여 연구를 효과적으로 수행하기 위한 가이드라인을 연구 절차 즉, 연구의 도입과 초점화, 자료 수집 및 분석, 결과 보고의 단계에 따라 살펴보면 다음과 같다(Creswell, 2005).

1 연구의 도입과 초점화

(1) 연구의 필요성 확인: 기존 이론의 수정 혹은 이론 개발 필요

근거이론 연구는 해당 연구 주제에 대해 알려진 것이 거의 없거나 어떤 집단의 행동이나 상호작용을 설명하거나 예측할 수 있는 이론이 존재하지 않을 때에 유용하게 활용될 수 있다. 즉, 기존 이론이 특정한 상황, 집단, 이슈에 적절하지 않아서 수정이 필요하거나 혹은 새로운 이론 개발이 필요할 때, 근거이론을 적용한 연구를 수행할 수 있다.

(2) 연구의 목적 및 문제 진술: 실체이론의 개발

근거이론 연구의 목적은 특정 상황에 바로 적용할 수 있는 실체이론의 개발이기 때문에, 연구의 대상 혹은 장소, 그리고 연구될 중심 현상을 명확히 해야 한다. 그리고, 연구의 중심 현상을 기초로 연구 문제를 진술해야 한다.

2 자료 수집 및 분석

근거이론 연구에서는 연구의 중심 현상에 참여했던 개인을 대상으로 주로 인터뷰를 실시함으로써 자료를 수집한다. 인터뷰 방법 이외에, 보조적인 방법으로 참여관찰이나 focus group 등을 활용하여, 이론으로 상술될 수 있을 정도로 자료를 수집한다. 수집된 자료에 대해서는 개방코딩, 축코딩, 선택코딩의 절차에 따라 분석을 실시한다. 근거이론 연구의 자료 수집 및 분석 방법에 대해서는 뒤에서 상세히 언급될 것이다.

3 결과 보고

자료분석이 완료된 후에는 연구자가 시각적 모형이나 이론 혹은 명제와 같은 이론적 모델을 연구 결과로 제시한다. 또한 근거이론 연구를 통해 귀납적으로 도출된 이론이나 명제에 대해서는 다른 연구와의 관련성이나, 연구 실천을 위한 이론의 시사점에 대해 논의를 하는 덧붙이는 것이 바람직하다.

3 자료 수집 및 분석 방법

1 자료 수집 방법

(1) 연구 대상 및 장소 탐색

연구 대상자는 근거이론 연구의 중심이 되는 과정에서 특정 행위를 수행했거나 과정에 참여했던 개인으로 한정해야 한다. 이때 연구 대상자가 여러 장소에 산재되어 있다면, 근거이론 연구의 자료분석 단계에서 유용한 맥락적 정보로 활용해야 한다.

(2) 연구 대상에 대한 접근과 관계 형성

다른 질적 연구와 마찬가지로 근거이론 연구에서 특정 행위나 과정에 대한 연구 대상자의 반응과 관련된 자세한 관점을 오픈 하도록 하기 위해서는 연구자와 연구 참여자 간의 라포(rapport) 형성이 필수적이다.

(3) 의도적인 표본추출 전략

근거이론 연구를 위한 연구 대상자는 이론 개발에 기여할 수 있는지에 기초하여 추출해야 하며, 이를 '이론적 표본추출(theoretical sampling)' 방법이라고 한다. 근거이론 연구를 위해서는 가능하면 연구 목적에 충실한 동질적 표본을 선택하여 연구를 시작하는 것이 바람직하다. 왜냐하면, 근거이론 연구를 통해, 이론을 개발한 이후에 이질적 표본을 선택하여 다른 연구를 실시할 수 있기 때문이다.

(4) 인터뷰를 활용한 자료 수집

근거이론 연구에서는 주로 인터뷰를 활용하여 자료를 수집한다. 수집된 자료를 통해, 나중에 자료분석 단계에서 코딩을 통해 범주(category)가 포화(saturation) 상태에 도달할 때까지 20~30명의 개인들을 인터뷰할 것을 권장한다. 여기에서 자료의 포화상태란 자료의 범주를 개발할 때 범주에 대한 이해를 증진시키는 새로운 정보가 더 이상 발견되지 않는 상태, 즉, 이론으로 상술 할 수 있을 정도까지의 상태를 의미한다.

인터뷰 방법 이외에, 자료의 충실도를 높이기 위해, 참여관찰이나 focus group 등과 같은 방법을 보조적으로 활용할 수 있다.

2 자료 분석 방법 : 개방코딩 – 축코딩 – 선택코딩

다른 질적 연구방법과 마찬가지로, 근거이론 연구는 자료가 수집되면 이를 기술(description)하고, 일련의 코딩절차를 통해 자료분석이 이루어진다. 본 고에서는 Strauss & Corbin(1990)이 제시하는 근거이론 연구에서의 자료분석 방법인 개방코딩, 축코딩, 선택코딩의 절차를 중심으로 살펴보도록 하겠다. 근거이론 연구를 통해 수집된 자료는 개방코딩을 통해 범주가 일반화되고, 축코딩을 통해 범주의 상호관련성이 정립되며, 선택코딩을 통해 핵심범주와 다른 범주들간의 체계적인 통합과 정교화가 이루어진다.

(1) 개방코딩(open coding)

개방코딩이란 수집된 원 자료(raw data)를 바탕으로 탐구되는 과정이나 과정을 특징짓는 주제와 범주들로 축약하는 과정을 의미한다. 개방코딩은 기술된 자료에서 문장이나 단락을 읽으면서 이 자료는 어떤 현상을 의미하는지, 수집된 자료에서 어떤 점이 유사하고 다른지를 기초로 자료를 개념화하여 범주화하고, 그 개념의 속성(하위범주: property)과 차원(dimension)을 데이터 안에서 발견해 나가는 분석과정이다.

다시 말해 개방코딩은 원 자료를 개념화하여 범주 – 속성 – 차원으로 분석해 나가는 과정이다. 예를 들어, 수집된 자료를 개념화하여 '비행기'를 범주로 설정할 경우에, 비행기의 속성은 '비행속도', '비행고도' 등으로 구분될 수 있고, 차원은 비행속도의 '빠름'과 '느림', 비행고도의 '높음'과 '낮음'이 될 수 있다.

근거이론에서 자료분석의 기본 단위인 범주, 속성, 차원에 대해 정리하면 〈표 3-5〉와 같다.

〈표 3-5〉 근거이론에서 자료분석의 기본 단위

근거이론에서 자료분석의 기본 단위		예시
범주 (category)	• 근거이론 연구에서 분석된 정보의 단위로 사건, 현상의 실례로 구성됨 • 범주는 현상을 대표하는 것으로, 속성과 차원으로 발전될 수 있음	비행기
속성 (property)	• 근거이론 연구에서 분석된 정보의 또 다른 단위로, 범주의 특징을 의미함 • 속성은 범주를 정의하고 의미를 부여하는 것에 대한 서술임	비행속도, 비행고도 등

<table>
<tr><th colspan="2">근거이론에서 자료분석의 기본 단위</th><th>예시</th></tr>
<tr><td>차원
(dimension)</td><td>• 근거이론 연구에서 분석된 정보의 최소 단위
• 범주의 속성을 연속선상에 두거나 속성의 극단적 가능성을 보기 위해 속성을 차원화함
(예)
<table>
<tr><th>범주</th><th>속성</th><th>차원</th></tr>
<tr><td rowspan="2">비행기</td><td>비행속도</td><td>빠름 – 느림</td></tr>
<tr><td>비행고도</td><td>높음 – 낮음</td></tr>
</table>
(예)
<table>
<tr><th>범주</th><th>속성</th><th>차원</th></tr>
<tr><td rowspan="2">브로커 업체의 독과점화</td><td>유대관계</td><td>협력적 – 종속적</td></tr>
<tr><td>경쟁관계</td><td>보완적 – 적대적</td></tr>
</table>
</td><td>비행속도의 빠름/느림, 비행고도의 높음/낮음 등</td></tr>
</table>

연구자는 개방코딩 단계 동안에 원 자료의 지속적인 비교 접근을 통해, 더 이상 범주에 대한 통찰을 제공하지 않을 때 까지 즉, 포화(saturation) 상태에 이를 때까지 원 자료를 검토해야 한다.

(2) **축코딩**(axial coding)

축코딩이란 개방코딩을 통해 도출된 범주들을 기초로, 범주들간의 상호관계를 시각적인 패러다임 모형으로 제시하는 것을 의미한다. 여기에서 패러다임 모형은 근거이론 연구에서 자료분석 과정의 밀도나 정확성을 높일 수 있는 방법이다. 이것은 특정 현상이 발생하게 되는 조건을 맥락화하고, 현상을 조절, 대처하기 위한 전략을 제시하고, 이에 따른 결과를 시각화한 모형이라고 볼 수 있다. 따라서 축코딩 단계의 결과물이라고 할 수 있는 패러다임 모형에는 현상, 인과적 조건, 맥락적 조건, 중재적 조건, 작용/상호작용 전략, 결과가 포함된다.

〈표 3-6〉 패러다임 모형의 구성요소

구성요소	내용
현상 (central phenomenon)	참여자가 일련의 행위, 상호작용에 의해 조절되는 사건, 생각
인과적 조건 (causal conditions)	현상의 발생, 발전을 유도하는 인과적 원인
맥락적 조건 (contextual conditions)	어떤 현상이 속하는 일련의 상황
중재적 조건 (intervening conditions)	주어진 상황 속에서 전략을 촉진/억제하는 조건
작용/상호작용 전략 (strategies)	현상이 발생하게 된 인과적 조건을 이해하고, 이를 조절, 대처 할 수 있는 전략
결과 (consequence)	작용/상호작용 전략을 수행한 결과

패러다임 모형은 특정 현상을 맥락화하여 조건적 구조 내에 위치시켜서, 개방코딩을 통해 도출된 범주가 명시되는 수단을 명백하게 한다. 패러다임 모형의 예를 살펴보면 [그림 3-2]와 같다.

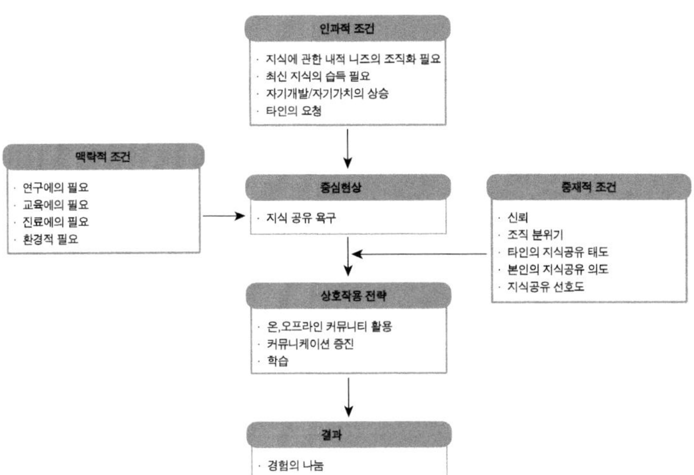

[그림 3-2] 패러다임 모형의 예

출처 : 김효근, 김민선(2003). 대학병원 의사들의 지식공유 경험과정에 관한 질적 연구 : 근거이론 접근법을 중심으로. 한국경영정보학회 추계학술대회 자료집, 428~435.

대부분의 근거이론 연구에서는 축코딩을 통해 패러다임 모형을 구체화하는데, 매우 광범위한 수준의 자료를 수집했을 경우에는 이를 바탕으로 조건적 매트릭스/상황 모형(conditional matrix)으로 발전시킬 수 있다. 조건적 매트릭스/상황 모형이란 광범위한 수준의 자료를 분석할 때 활용할 수 있는 도구로서, 조건 및 결과들 간의 상호관계와 이에 의해 영향 받는 작용/상호작용, 결과 등에 대한 연관성을 경로(path)를 그려 설명할 수 있는 장치이다. 특히, 이것은 특정 현상을 조절, 대처할 수 있는 전략에 직, 간접적으로 영향을 미치는 조건들을 미시적 수준에서 거시적 수준까지 가시화 할 수 도구이다.

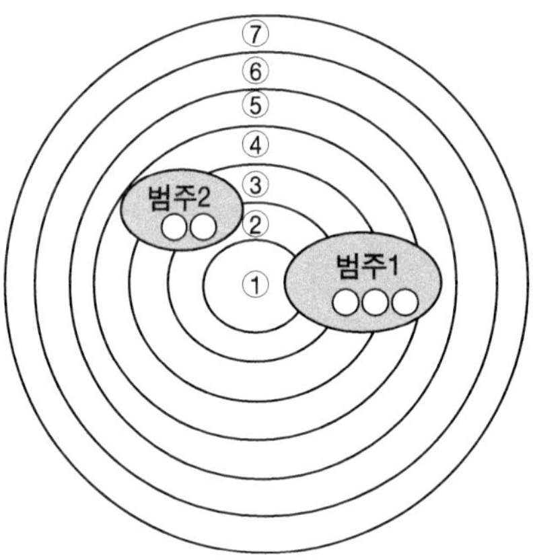

[범례]

⑦ 국제적 수준(international level)
⑥ 국가적 수준(national level)
⑤ 지역사회 수준(community level)
④ 하부 조직/하부 조직 수준 (sub-organizational / sub-institutional level
③ 집단/개인 수준 (collective group & individual level)
② 상호작용 수준(interaction level)
① 작용 수준(action level)

[그림 3-3] 매트릭스/상황 모형(conditional matrix)

(3) 선택코딩(selective coding)

선택코딩은 코딩의 마지막 단계로서, 핵심범주 즉, 중심현상을 선택하고, 핵심범주를 다른 범주와 체계적으로 연관, 통합, 정교화하는 과정을 의미한다. 선택코딩을 통해서는 모든 분석의 결과물이자, 근거이론 연구에서 규명하고자 하는 중심현상에 대한 이야기를 응축하게 된다.

선택코딩을 통해 중심현상을 개념화하기 위해서는 스토리라인(storyline)이나 다이어그램(diagram)을 활용할 수 있다.

첫째, 스토리라인(storyline) 작성을 통해서는 핵심범주를 다른 범주에 체계적으로 연결시키고, 그들의 관련성을 확인하여 좀 더 다듬고 개발할 필요가 있는 범주를 기록할 수 있다.

둘째, 시각적인 사고에 익숙한 연구자의 경우, 다이어그램(diagram)의 활용을 통해, 개념 간의 관계를 그림이나 도표로 시각화하여 자료의 세부사항 보다 개념에 초점을 맞출 수 있게 한다.

근거이론 연구방법에 대한 평가지침

질적 연구 방법 중에서도 특히 근거이론방법에 대한 평가지침은 Streubert (1999)와 Strauss & Corbin(1990)이 제시한 것처럼 다음과 같이 설명할 수 있다.

1) 연구 목적

- 연구자는 연구를 수행하려는 목적을 정확하게 밝혔는가?
- 연구자는 연구가 관련 학문 영역에 영향을 미칠 중요성에 대해 설명하였나?

2) 연구 방법

- 자료 수집에 사용될 방법은 연구목적에 적합한가?
- 연구방법은 연구주제에 적절한가?
- 질문에 어떤 접근방식이 사용되었는가?
- 연구자는 기술한 과정에 따라서 연구를 진행하였는가?

3) 흥미 있는 현상에 대한 진술

- 흥미 있는 현상이 분명하게 확인되었는가?
- 연구자는 왜 그 현상에 질적인 연구방법을 사용해야 하는지를 확인하였나?

4) 표본 추출

- 연구자는 참여자 선정방식에 대해 기술하였나?
- 어떠한 주된 범주가 나타났는가?
- 이 주된 범주들을 지칭하는 사건, 빈도, 작용은 무엇인가?
- 어떤 범주의 근거에서 이론적 표본추출이 진행되었는가?
- 이론적 표본추출이 이루어진 후에 범주가 대표성을 띠고 있다는 것이 어떻게 증명되었는가?

5) 자료 생성

- 연구자는 자료 수집 전략에 관해 기술하고 있나?
- 이론 생성이 어떻게 자료 수집을 안내하고 있는지에 대하여 기술하고 있나?

6) 자료 분석

- 연구자는 자료 분석에 사용된 전략을 기술하고 있나?
- 연구자는 신뢰성과 자료의 적합성에 대하여 언급하고 있나?
- 연구자는 핵심범주의 선정에 대하여 왜, 어떻게 선정하였는지에 대하여 자세하게 기술하고 있는가?

7) 결과

- 개념들은 자료에 근거하고 있나?
- 개념들은 체계적으로 연결되어 있는가?
- 개념의 연결이 기술되고, 범주들이 잘 개발되었나? 개념의 밀도가 있나?
- 이론적 발견이 의미가 있어 보이는가? 만약 그렇다면 어느 정도 수준인가?
- 자료 수집은 포괄적이고, 분석적이고 개념적으로 해석을 했는지, 그리고 폭이 넓은가?
- 연구된 현상과 관련된 다양한 환경에 충분히 변화 적용가능한가?

8) 결론, 적용, 제언

- 결론, 적용, 제언이 독자들에게 결과를 활용할 수 있는 전후관계를 제공하는가?
- 결론이 연구의 결과를 반영하는가?
- 제언은 앞으로의 새로운 연구의 소재를 제공하는가?
- 각 학문에 대한 연구의 중요성이 명백한가?

04 문화기술지적 연구

1 개요

문화기술지(Ethnography)는 '민족, 민속'을 의미하는 'ethno'와 '쓰다'의 의미를 지니는 단어로 '인간에 대하여 쓴다'는 것을 의미하며 민족지, 민속지, 혹은 민족학으로 번역되기도 한다(김귀분 외, 2005). 문화기술지(Ethnography)는 주로 현지에 들어가서 내부자의 관점으로 중층(重層)적 기록을 하는 문화인류학에서 널리 사용되는 연구방법이다.

1 문화기술지(Ethnography)의 정의

문화기술지 연구는 어떤 특정 집단 구성원들의 삶의 방식, 행동, 그들이 만들어 사용하는 사물들을 현지인의 관점에서 이해하고, 과학적으로 기술하기 위한 방법론이다. 문화기술지 연구는 사회 상황뿐만 아니라 사회 상황에서 벌어지고 있는 문화, 즉 사람들이 어떻게 지각하고 행동하는 가에도 관심을 두며 그것을 사회적 맥락에서 이해하려는 연구방법으로 연구의 결과물을 읽는 사람들은 그들이 속한 문화와 상이한 문화에 대한 인식의 폭을 확장함으로써 자신의 문화에 대한 더 나은 이해를 얻게 된다는 장점이 있다.

문화기술지에 대한 다양한 학자들의 정의는 다음과 같다

〈표3-7〉 문화기술지의 정의

학자	정의
Spradley(1980)	문화를 기술하는 작업
Roper & Shapire(2000)	참여관찰이라는 독특한 자료 수집 기법을 적용하여 장시간에 걸쳐 주민의 삶에 동참하면서 주민들로부터 배우는 삶의 과정
김귀분 외(2005)	하나의 문화 또는 사회집단이나 체계에 대한 기술과 해석으로서 인간의 삶의 방식과 패턴을 이해하기 위하여 장기간 현지에서 참여자들과 함께 생활하면서, 자료를 수집하고 이를 근거로 문화이론을 형성하는 연구방법
조용환(1999)	연구자가 연구 대상 집단의 생활세계 속에서 참여관찰을 통하여 얻게 된 그 사람들의 가치, 지식, 기술을 정리한 것

문화기술지(Ethnography)는 다음과 같은 3가지 원칙으로 이루어진다(박성희, 2004).

① 문화기술지는 상황의 실제적 형성과 부분적인 지식이 장기간에 걸친 참여관찰로 이루어져야 한다(Amann & Hirschauer 1997). 상세한 인터뷰나 집단토론, 자세한 분석이 자연적인 다큐멘트를 대신할 수 없기 때문이다.

② 융통성 있는 전략이 연구에 이용되어야 한다. 장기간의 참여는 연구 대상을 오랜 시간 참여관찰 할 수 있을 때만 가능하다. 연구 과정을 너무 정밀하게 짜놓을 경우 중요한 정보를 빠트릴 수 있다. 그러므로 문화기술지는 상황에 따라 융통성 있게 진행되어야 하므로 다른 질적 연구보다 연구의 전체 과정이 개방적이어야 한다. 참여관찰의 논리는 일정한 방향을 갖고 연구 디자인을 결정해야 하며 다양하고 융통성 있는 연구방법을 이용해야 한다.

③ 문화기술지에서 보고는 중요한 연구 자료가 되기 때문에 보고서를 작성하는 일은 매우 중요하다. 관찰한 것을 기록하고 들은 것과 체험한 것을 표현하는 것은 구성되는 순간 순간에 이루어져야 하므로 이것이 문화기술지에서 가장 어려운

부분이기도 하다. 현장에서 일어나는 일상 생활에 관한 메모 등은 현장보고서를 작성하는 중요한 자료가 되는데 이 기록은 녹음과는 달리 기억에 의존하는 것이기 때문에 의미 있는 구조를 만드는 "재구성의 축약 과정"으로 표현된다.

2 문화기술지(Ethnography)의 배경

문화기술지의 역사적 배경을 살펴보면 사회사업의 실천적 목적과 관련하여 1900년대 초 문화인류학으로부터 영향을 받은 연구방법론으로 1915년 Malinowski가 인류학 연구의 일환으로 멜라네시아의 트로브리안드 군도에서 현지연구를 진행한 것이 문화기술지 연구의 시초로 여겨진다(김귀분 외, 2005).

문화기술지에서는 연구자의 조건, 즉 연구 대상과 연구자의 관계가 매우 중요하다. 그러므로 이 관계를 미리 설정해서 관찰에 임하도록 해야 한다. 연구 대상과 연구자의 관계는 '현장에 들어가기(Getting-in)'에서 '현장에서 나오기(Getting-out)'까지의 모든 과정에서 중요하므로 연구의 목적, 문제, 대상, 상황에 따라 완전 관찰이냐, 완전 참여냐, 아니면 관찰과 참여를 병행할 것인가를 미리 정하는 것이 필요하다.

또한, 문화기술지 연구에서는 공식, 비공식적으로 상황과 연구자를 연결시켜주는 Gate keeper의 역할이 중요하다. Gate keeper는 연구자와 함께 동행하면서 연구자를 소개하고 안내해주는 역할을 하며, 연구자가 대상자들에게 노출되지 않고 현장에 들어갈 수 있도록 해 주고, 관찰이 진행되는 동안에도 연구 대상자들이 연구자에게 신경을 쓰지 않도록 하는 역할을 담당한다.

문화기술지 연구에서 연구자는 시간이 지날수록 상황에 감정적으로 몰입하게 되는데 이때 연구자가 객관성을 유지하는 것이 매우 중요하다. 문화기술지 연구에는 Watching → Listening → Learning을 고려한 설계가 필요한데 Watching, Listening, Learning은 동시에 수행될 수 없으므로 미리 field note를 작성하는 연습을 해야 하고 미리 현지인과의 적당한 관계를 형성해 두는 것이 필요하다.

문화기술지 연구에서는 엄밀한 기록, 즉 관찰을 통해 얻은 정보를 얼마만큼 기억하여 정확하게 기록하느냐가 매우 중요하다. 그러므로 중요한 단어, 문장, 일어난 사건의 흐름, 순서, 일정한 시간 사이의 현장의 상황 등을 현장에서 나오는 즉시, 다른 사람과 의견을 나누기 전에 full note를 작성하는 것이 중요하며 full note 작성 이후 다른 사람과 대조 작업을 하여 중층기록(Thick Description)을 완성하도록 해야 한다.

마지막으로 현장에서 나오기(Getting-out)단계에서 연구자는 물리적으로 뿐만이 아니라 감정적으로도 현장으로부터 빠져 나와야 한다.

3 문화기술지의 활용

문화기술지는 다음과 같은 연구를 수행할 때 적합하다(조용환, 1999).

① 문화기술지는 연구하고자 하는 현상, 대상, 지역에 대한 선행연구나 사전지식이 전혀, 또는 거의 없을 때 활용될 수 있다.

② 문화기술지는 복잡하고 미묘한 사회적 관계 또는 상징적 상호작용을 탐구하고자 할 때 의미 있다.

③ 문화기술지는 소집단, 소규모 사회의 역동성에 관해 국지적이지만 총체적인 연구를 수행할 때 의미 있다.

④ 문화기술지는 사건의 맥락, 흐름, 구조에 대한 심층적인 분석을 할 때 유용하다.

⑤ 문화기술지는 현상 이면에 내재한 가치체계, 신념체계, 행위규칙, 적응전략을 파악하고자 할 때 유의미하게 사용될 수 있다.

4 문화기술지(Ethnography)의 특징

Atkinson과 Hammersley(1998)는 문화기술지 연구는 어떤 사회적 현상에 관한 가설을 검증하는 것보다 그 본질을 찾는 것에 역점을 두고, 주로 '구조화 되어 있지 않은' 자료를 다루는 경향이 있으며, 소수 사례에 대한 상세한 조사를 하며 인간의 행위의 의미와 기능에 관한 명시적인 해석을 포함한 자료분석으로 그 성과는 오로지 언어에 의한 기술과 설명의 형식을 취하며, 수량화나 통계분석이 행해진다 해도 부차적인 기능을 하는데 지나지 않는다는 특징을 가진다고 했다(Flick, U, 2009).

김귀분 외(2005)는 문화기술지 연구자는 실험이나 조사를 통해 객관적으로 가정된 질서의 진위를 입증하는 일이 아니라, 한 인간 집단이 어떤 질서 속에서 생활하고 있는가, 왜 그런 체제를 구성하게 되었는가를 이해해야 한다고 하면서 이러한 인식론의 4가지 관점을 제시하였다(김귀분 외, 2005).

❶ 총체적 관점

총체적 관점의 기본 명제는 어떤 사물의 부분도 총체를 떠나서는 충분하고 정확하게 파악할 수 없으며, 반대로 어떤 총체도 그것을 이루고 있는 부분들에 대한 치밀하고 전문적인 지식이 없으면 정확하게 인식될 수 없다는 관점이다. 따라서 문화기술지는 인간의 사회적 특성 등 특정 부분을 개별적으로 탐구하는 것이 아니라 인간 상황의 모든 측면을 연구한다는 것이다. 인간의 모든 상황은 맥락 내에서 발생하며, 이 맥락은 끊임없이 변화하고 맥락의 변화에 따라 인간도 변화하므로, 문화기술지 연구자의 관심은 매우 다양하지만 인간의 총체적 특성에 집중함으로써 그 통일성이 지속된다. 문화기술지 연구자들은 문제의 본질을 파악하기 위하여 총체적 관점을 가지고 인간의 행동과 사고방식 및 생활양식의 모든 측면을 상호 관련시켜 연구함으로써 인간을 연구하는 여러가지 다양하고 상이한 관점을 통합시킨다(김귀분 외, 2005).

❷ 자연주의적 관점

문화기술지 연구는 연구 상황을 조작하지 않고 자연 그대로의 상태에서 연구를 실시한다. 인간은 실험이나 관찰의 대상이 되고 있다는 것을 인식하면 자연스럽지 못한 행동을 보이게 된다. 연구를 위하여 자료를 수집하고자 할 때 자연적 상황에서 자료를 수집하는 것이 바람직하므로 연구를 위해 관찰을 할 경우 연구자는 대상과 자연스러운 관계를 유지하도록 하여야 한다.

자연주의의 관점에 '다른 연구를 수행하기 위해 연구자는 대상 집단의 생활의 장면 내에서 비교적 장기간의 참여과 관찰을 통해 연구 대상의 삶을 기록하고 해석하게 된다.

❸ 문화상대주적 관점

문화상대주의적 관점은 각 문화의 고유성을 인정하고 문화에 대한 가치 판단을 금하는 태도나 관점을 말한다(김귀분 외, 2005). 다시 말해서 한 사회의 문화란 그 사회의 역사와 그 사회가 처한 환경과 상황을 반영하므로 모든 사회적 가치는 상대적이며, 일괄적인 기준에 따라 문화의 우월성을 이야기 할 수 없다는 관점이다.

물론 비교 일반화를 위한 이론적 기반을 수립하지 못한다는 점과 각 사회의 문화의 특성을 패쇄적으로 간주한다는 점에서 문화상대주의에 대한 비판의 목소리도 존재한다(김귀분 외, 2005).

❹ 내부자적(emic) 관점과 외부자적(etic) 관점의 통합

Spradley(1980)는 두개의 분리된 실상, 즉 외부자 알고 있는 것과 내부자가 그들의 세계에서 의미있게 만드는 것을 파악할 수 있는 체계적인 사회과학 접근 방법이라고 하면서 문화기술지 연구에서의 내부자적 관점과 외부자적 관점을 제시하였다. 내부자적 관점은 경험주체자가 어떻게 실체를 규명하는가에 관심을 갖는 것이고, 외부자직 관점은 경험주체자의 관점이 아니라 연구자의 관점을 강조하는 것이다(김귀분 외, 2005).

문화 기술적 연구의 자료 수집 방법은 현상에 대한 제보자들의 견해를 수집할 뿐만 아니라 연구되는 상황 하에서 일어나는 일을 관찰하여 두 가지의 정보를 상호보완적으로 사용하게 된다. 개인의 행동을 이해하기 위해서는 관찰자는 관찰 대상으로서의 한 개인이 생각하고 반응하는 상황을 우선 이해해야 하기 때문이다. 이런 이해의 과정에서 연구자는 직접 참여자도 되고, 동시에 관찰자로서의 역할도 하게 된다. 참여자와 관찰자라는 입장을 동시에 가지면서 연구 대상이 되는 사회의 문화에 대해 현실에 가깝고 깊이 있게 기술하게 된다.

2 연구 절차

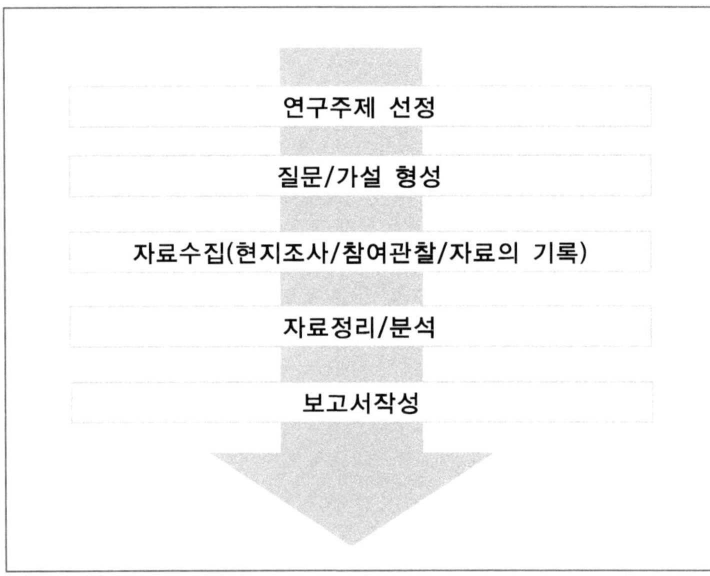

[그림 3-4] 문화기술지의 절차

문화기술지 연구의 과제와 내용이 연구의 처음 단계부터 명확하고 구체적으로 결정되거나 간명하게 서술되기 어렵다. 문화기술지 연구에서는 자료가 수집되는 과정에서도 계속해서 가설이 형성되고, 수정되는 반복성을 가진다. 그러므로 문화기술지의 연구절차는 계속적으로 반복, 수정의 절차를 거치는 순환적인 연구방식을 채택한다. 문화기술지 연구에서의 반복성은 자료를 수집하는 과정에서 연구 대상에 대한 이해를 더욱 정교화 함으로써 더욱 집중적인 연구 작업이 되는 단계적 심화의 과정이다.

1 연구 설계 및 준비

연구자는 자신이 선택한 연구의 기본 가정과 관점, 연구자 자신의 세계에 대한 관점을 충분하게 검토한 연구를 설계하고 준비하게 된다.

연구의 준비기간에 연구자의 이론적 관심사와 실질적 문제를 적절히 절충해야 하며 연구과제의 수행에 적절한 현지, 상황, 사건 등을 선정하고, 선정된 장소를 방문하여 실제적인 조건을 고려하여 연구를 수행할 현지를 결정한다. 준비단계에서는 효율적인 연구를 위해 필요한 현지 언어를 미리 습득하고 연구를 위한 조사 항목을 점검하여 조사 계획표를 작성하는 것도 필요하다.

2 연구 과제 선정

연구과제는 연구자의 문제 인식에서 출발되지만 연구과제를 선정하기 위해서는 다음의 선정 기준 – 단순성, 접근 가능성, 노출 가능성, 허락 가능성, 반복의 가능성 – 을 고려해야 한다.

첫째, 단순성은 참여관찰을 위해 연구하려는 상황을 단순함을 고려해야 한다는 것이다.

둘째, 접근 가능성은 연구자가 연구하고자 하는 사회적 상황에 쉽게 들어가 연구를 수행할 수 있는 지를 말한다.

셋째, 노출 가능성은 연구자의 신분이 현지인에게 알려지는 정도를 말하는데, 참여관찰에서는 연구자의 신분이 노출되지 않은 것을 기본으로 한다.

넷째, 허락 가능성은 연구하고자 하는 사회에서 연구의 허락을 얻어 낼 수 있는 정도를 말한다.

다섯째, 반복 가능성은 반복해서 일어나는 활동의 빈도를 말하는데, 한 문화 속에서 일어나는 행동에서 문화적 규칙을 발견하기 위해서는 반복되는 비슷한 활동들을 많이 관찰해야 하므로 반복 가능성은 연구가 수행되는 기본 요건이 된다.

문화기술지 연구에 적합한 주제는 단순한 계량적인 방법으로 탐구할 수 없는 주제, 자연적인 장면에서 이해하는 것이 최선의 방법인 주제들, 일정 기간에 걸친 개인적, 집단적 행동에 관한 주제 등이다.

3 질문 및 가설 형성

문화 기술적 연구에서 질문 및 가설 형성은 연구가 진행되는 동안 지속적으로 이루어지는 활동으로 자료를 수집하는 과정에서 더욱 정교화되어 다음 단계의 연구를 더욱 심층적인 연구로 이끈다.

4 자료 수집

한 집단의 문화를 파악하기 위해 세 가지 형태의 정보가 필요하다. 즉, 사람들의 행동하는 것을 관찰하는 것과, 사람들이 만들고 사용하는 물건들을 관찰하는 것과 사람들이 말하는 것을 듣는 것이다. 이 중 관찰은 정보의 획득에 가장 기본적인 방법이며, 문화기술지 연구를 수행하는데 있어서 여러 가지 형태의 관찰이 가능하다. 관찰자는 관찰되고 있는 사회적 상황에서 가능한 역할을 수행하는 완전관찰자가 될 수도 있고, 연구자로서 특별히 참여를 허락받는 의도적 관찰자가 될 수도 있으며, 관찰되고 있는 사람과의 상호작용을 극소화하려는 미참여자 일수도 있고, one-side mirror와 같은 장치를 통하여 관찰되고 있는 사람들로부터 숨겨진 관찰자일 수도 있다. 이 중에서 참여관찰은 완전 참여를 이상적 참여 형태로 생각한다(이종각, 1997). 그 밖에도 필름, 사진과 같은 시청각자료, 문헌 등을 통해서도 자료를 얻을 수 있다.

5 자료의 분석

문화 기술적 연구에서 자료의 분석은 관찰된 장면에서 문화적 의미를 구성하는 요소들을 발견하고 각 요소들이 어떻게 조직되어 있는가를 찾아내는 작업이다.

연구자는 수집된 자료를 분석하여 연구 대상자로부터 발견한 토착적인 개념과 연구자가 가진 분석적 개념을 조화롭게 연결하고 해석하여 해당 문화를 이해하게 된다. 문화기술지에서의 자료 분석은 자료의 수집이 완료된 이후에 시작되는 것이 아니라, 자료 수집과 동시에 분석 작업도 시작되며, 자료의 분석 작업이 완료되어야 자료의 수집 작업도 완료되는 특징을 지닌다.

자료의 분석은 행간 분석과 초점 분석을 통해 이루어지며, 개별자료 사이의 유사점과 차이점을 비교하고 대조하면서 의미를 찾아내고, 의미를 그려나가는 과정을 지니게 된다. 연구 질문과 주제, 또는 자료의 특성에 따라 분류 분석, 원인 연쇄 분석, 계획과 결정 분석, 가치 분석, 대화 분석 등의 기법을 활용하기도 한다 (Werner & Schoepfle, 1987; 조명옥, 최영희, 2000; 신경림, 조명옥, 양진향, 2004에서 재인용).

6 보고서 작성

참여자의 진술을 있는 그대로 제시하는 것이 아니라 이를 분석하여 맥락적인 의미와 해당 문화에 대한 연구자의 이해를 기반으로 하여 해당 문화에 대한 지식을 제공한다. 그러므로 보고서에서는 연구 질문을 이끌어 내고 조사수집 활동을 하고 자료의 분석 과정에서 연구자가 준거로 삼은 이론적 개념과 가정이 분명하게 제시되어야 한다.

3 문화기술지 연구의 평가(신뢰도와 타당도)

1 신뢰도의 개념 – 이해도

문화기술지를 적용하여 수행된 연구는 기본적으로 일반화를 목적으로 수행되지 않는다. 그러므로 특정한 상황에서 찾아낸 의미에 관심이 있을 뿐, 모든 상황에 적용되는 일반이론에는 관심을 두지 않는다. 문화기술지 연구의 상황은 정확히 그대로 재구성될 수 없고, 비슷한 상황이란 사실 상 존재하지 않기 때문에 같은 연구 결과를 다른 상황에서 재현한다는 것이 불가능하다는 점이 문화기술지의 특성이다. 이러한 특성으로 인해 실증적 연구에서 강조되고 있는 신뢰도의 문제를 문화기술지에서 언급하는 것은 연구의 실체에 타당한 질문이 아니다 (조영달, 2005).

그러나 연구의 질을 보장하기 위하여 문화기술지에 적합한 준거는 필요하다. 이러한 필요성에 따라 조영달(2005)는 신빙성 제고를 위한 개념으로 "이해도"를 제안 하고 이해도를 높이는 방법적 접근으로 다음 3가지를 강조하고 있다.

① 구체적 진술과 삶의 언어 그대로의 진술에 대한 강조가 신뢰성와 관련이 있다. 이 경우에도 연구자는 면대면 인터뷰를 녹음하고 스스로 전사하도록 노력하며, 왜 그런 내용이 있게 되었는지, 어떤 질문이 있었는지 자세히 기록하는 노력을 기울여야 한다.

② 타당성을 확보하려는 노력으로 독자의 반응을 살피는 것, 자료와 해석의 삼각구도화(triangulation) 등의 노력이 필요하다.

③ 일탈 케이스(deviant cases)를 포함하는 계속적인 케이스 비교의 방법(constant comparative method)을 사용하는 것이다. 연구자가 하나의 케이스에서 어떤 가설적 주장을 발견하게 되면 거기에서 멈추지 않고 다른 케이스에서는 어떤 이해와 해석이 가능한지 계속 비교할 수 있으며, 이것은 처음의 이해가 타당한 자료가 되는지 밝혀주는 좋은 자료가 된다.

Lemcompte와 Preissle(1993)은 문화기술지 연구의 신빙성을 높이고 질을 보장하기 위해 다음과 같은 원칙을 제안했다(조영달, 2005).

① 적게 말하고 많이 들어라

② 관찰, 면담한 것을 빨리, 정확하게 기록하라

③ 연구의 시작부터 항상 기록하라. 이는 지속적인 반성적 성찰을 가능하게 한다.

④ 정보제공자의 표현과 생각을 확인할 수 있도록 하라.

⑤ 완전하고 정직하게 보고하라.

⑥ 때때로 연구 대상과 관련이 없는 사람에게 피드백을 받아라.

⑦ 연구의 방법이나 참여자의 각종 사안에 대하여 균형 있는 감각을 유지하라.

⑧ 글쓰기를 정확하게 하라. 문화기술적 연구는 글쓰기 과정에서 단어 하나 하나, 문장 하나 하나를 엄밀히 확인해야 한다.

2 타당도의 개념 – 적합성, 비교가능성, 자연주의적 일반화(조영달, 2005).

연구 대상을 면밀히 관찰하고 그들의 삶을 깊이 이해하며, 그들의 삶의 언어로 표현하는 문화기술적 연구는 내적인 타당도는 완전한 수준에 가까이 가 있는 것이다(조영달, 2005). 또한 외적 타당도의 문제는 기본적으로 일반화의 가능성을 부인하므로 관심이 대상이 아니다.

그러나 현 상황에 대한 연구가 비슷한 상황에서 다른 연구를 위해 적절히 이용될 수 있도록 하려면 다음의 원칙이 필요하다.

❶ 적합성(fittingness)

하나의 상황에서 연구된 것이 다른 상황에도 어느 정도 어울릴 수 있느냐(match)의 문제로 적합성을 높이기 위해서는 연구에 대한 충분한 정보가 제공되어야 한다.

❷ 비교가능성(comparability), 해석성(translatability)

비교가능성은 다른 연구자가 자신의 연구와 비교하기 위하여 연구의 분석단위, 생성된 개념, 연구 대상의 특성, 상황 등과 관련하여 그 연구의 결과를 사용할 수 있는 정도을 말하고, 해석성이란 연구방법과 이론적 입장을 분명히 하는 정도를 말한다.

❸ 자연주의적 일반화(naturalistic generalization)

인간을 경험의 산물로 생각하고, 문화기술적 연구의 과정에서 개인적 지식(personal knowledge)이 형성되며 이를 통하여 비슷한 상황을 예측할 수 있는 것을 말한다.

05 담론분석

1 개요

1 내러티브 탐구(Narrative Inquiry)의 정의

인간은 자신들의 경험을 다른 사람에게 전할 때 대부분의 경우 이야기의 형식을 빌어 전달하게 된다. 이야기를 통해 말하는 사람(화자; 話者, informant)과 말하는 사람이 전달하고자 하는 사건과 그 사건에 관련된 사람 등이 의미있는 내용으로 구성되게 된다. 이러한 재구성의 과정에서 말하는 사람은 자아발견과정을 경험하게 되며 이러한 자아발견과정을 살펴봄으로써 질적연구가 이루어지게 된다. 이러한 내러티브의 탐구에 대해 김대현(2006)은 삶의 풍부한 이야기를 풀어내면서 인간에 대한 이해를 모색하는 연구방법이라고 정의했다. 내러티브 탐구에서는 말하는 사람이 자신의 시각에 맞게 이야기를 구성해나가고, 묘사할 수 있도록 자율성을 보장하는 것이 연구의 중요한 요소가 된다.

내러티브 탐구(Narrative Inquiry)와 관련된 용어의 정의를 정리하면 다음과 같다.

〈표 3-8〉 내러티브 탐구 관련 용어

관련용어	정의
내러티브 (narrative)	일관성 있는 사건을 조직적으로 이야기하는 것을 의미하며, 개인적(자서전적) 내러티브란 말하는 사람이 자신의 인생의 특정 경험에 대하여 이야기 하는 것을 의미한다. 내러티브는 연구의 대상인 동시에 연구방법으로 연구의 대상인 '경험' 뿐만 아니라 연구를 위한 탐구 패턴까지를 의미한다(염지숙, 1999) 질적 인터뷰의 경우, 대부분의 이야기는 내러티브가 아닌 질의 응답, 찬반 논쟁 혹은 기타 담화의 형태를 나타내고 있어 이 점이 이야기와 내러티브의 차이점이다.
내러티브 이전단계 (prenarrative)	이야기가 전개되지 않으며 화자의 감정이나 해석도 전달되지 않은 상태로 강간, 학대 등의 정신적 쇼크가 있을 경우에 주로 나타나며 말하는 사람이 사건을 인식한 상태에서 내러티브로 구성하기 전 단계를 말한다.
내러티브 탐구 (narrative inquiry)	인간의 경험을 이해하기 위한 질적 연구 방법의 하나로 인간의 경험을 내러티브를 통해 해석하고 재해석하는 방법까지를 포함하는 개념이다. 내러티브 탐구는 말하는 사람이 상황을 어떻게 분석하는가와 관련이 있으며, 말하는사람의 해석을 체계적으로 해석하는 데에 목적이 있으며 자료 수집 방법에는 현장노트, 인터뷰, 연구자 일기, 피험자의 스토리텔링, 편지글 등 여러 가지가 있다.

2 내러티브 탐구(Narrative Inquiry)의 역사적 배경

내러티브 탐구는 알버타 대학의 진 클랜디닌(Jean Clandinin) 교수와 토론토 대학 OISE(Ontario Institute for Studies in Education) 의 마이클 코넬리(Machael Connelly) 교수가 지난 20여 년간 교사 연구를 수행하면서 개발하고 발전시킨 연구방법(염지숙, 2003)이다. 역사적인 배경을 찾아 거슬러 올라가면 아리스토텔레스와 아우구스티누스의 사상에 까지 닿아 있으나 가장 직접적으로

"인간의 삶, 교육, 그리고 경험이 불가피하게 서로 밀접히 연관되어 있으며, 무엇인가를 연구한다는 것은 곧 인간의 경험을 연구하는 것이며 삶을 연구하는 것이다" 라는 존 듀이(John Dewey, 1938)관점의 영향을 받았다고 말하고 있다. Clandinin과 Connelly는 '이야기하기(telling)'와 '다시 이야기하기(retelling)' 즉, 내러티브를 통해 자신의 경험에 대한 의미를 만들어 간다고 주장하고, 지식을 구체적이고 내러티브적이며 관계적인 것으로 개념화하였다. (염지숙, 2003)

한편, Riessmann(2005)은 내러티브 연구가 단일 학문에 속한 영역이 아니라고 말하면서 미국의 저명한 학자(Bruner, Cronon, Rosaldo, Sarbin, Schafer)들이 자연과학에서 사용하는 실제론적 가정만으로는 사회활동을 이해하는 데 한계가 있다고 인식하고 그들을 중심으로 내러티브를 인간행동의 조직원리로 도입하려는 움직임이 나타났고, 이후 유럽에서 유래된 이론이 발전하면서 새로운 학문 대상으로서의 입지를 확고하게 하였다고 역사적인 배경을 설명하고 있다.

3 내러티브 탐구(Narrative Inquiry)의 특징

① 내러티브 탐구는 인간의 경험에 초점을 두고 있으며, 총체적인 질(holistic quality)을 가지고 있다기 때문에많은 학문분야(문학, 역사, 사회학, 인류학, 미술, 신학, 철학, 심리학, 언어학, 교육학, 의학, 간호학 등)에서 중요한 위치를 차지한다.

② 내러티브 탐구는 능동적 대상으로서의 행위자 특성이 불명확한 이론이나 주제인 경우에는 적합하지 않지만, 상징적 상호작용이나 페미니스트 연구의 경우에는 적합한 연구방법이다.

③ 시간과 공간과 개인의 체험을 근거로 하고 있으므로 개인의 관점, 특성과 관련이 있다. 즉, 맥락과 관계없는 보편적인 결과와 일반화된 설명을 추구하는 사회과학의 주류에서는 이러한 개인적 관점을 경계하는 반면, 내러티브 분석에서는 주관성을 높이 평가하는 특징을 가진다.

④ 내러티브 탐구는 사회 현상에 대한 설명을 제공하는데 유용한 연구방법이다.

그러므로 말하는 사람이 이야기를 하면서 사용하는 단어나 용어를 통하여 이러한 용어가 역사적이고 문화적인 상황에서 어떻게 나타나는 지를 분석하는 것이 중요하다.

4 내러티브 탐구(Narrative Inquiry)의 필요성

관련 학자들은 내러티브 탐구의 필요성을 다음과 같이 정리하고 있다.

❶ Connelly & Clandinin(2000)

인간은 개인적으로 사회적으로 이야기되는 삶을 살아가는 이야기하는 유기체라고 하면서 우리가 우리 자신에게 또는 다른 사람들에게 이야기를 하고 '다시이야기' 할 때, 그러한 이야기들은 우리가 누구였으며, 현재 누구이며, 어디로 가고 있는지에 대한 의미 있는 정보를 제공한다고 주장한다고 하였다.

또한, 우리 모두는 우리의 삶을 내러티브로 살아가며, 내러티브의 입장에서 우리 삶을 이해하기 때문에 내러티브가 인간의 경험을 이해하는 데 중심이 된다고 지적하였다.

❷ Barthes(1966)

내러티브가 어느 장소, 어느 사회에서나 항상 있어왔기 때문에 내러티브 없이 인간은 결코 존재할 수 없다고 주장하면서 내러티브 탐구의 필요성의 역설하였다.

❸ Bruner(1990)

인간이 하는 의사 소통에서 가장 보편적이고 강력한 담화의 형태가 내러티브라고 주장하고, 내러티브 양식은 인간의 상황과 경험에 최대의 관심이 있으며, 경험에 의미를 부여하는 가장 좋은 방법이므로 인간과 인간의 세계를 이해하는 데 관심을 두는 연구에 가장 적합한 방법이라고 주장하였다.

❹ Witherell & Noddings(1991)

내러티브는 우리들의 삶이 무엇과 같고 우리들이 어디로 가는지를 이해하는 방법으로 기능할 뿐 아니라 공유된 신념과 문화 가치를 구성하고 전하며 변형시킬 수 있는 것이라고 하며 내러티브 탐구의 필요성을 강조하였다.

2 연구 절차

내러티브 탐구(Narrative Inquiry)의 연구 절차에 대하여 Riessmann(2005)은 경험의 재현과정으로 설명하면서 5단계로 정리하였고 Connelly&Clandinin(2000)은 내러티브 탐구의 연구 전 과정을 5단계로 나누어 설명하였지만 각 단계와 단계가 중복 설명되는 경우가 있어 3단계로 간략하게 설명되기도 한다. Riessmann과 Connelly & Clandinin 이 제시한 내러티브 탐구의 절차는 다음과 같다.

1 Riessmann(2005)의 경험의 재현(representation) 과정

연구자는 타인의 경험을 직접 접근할 수 없으므로 이야기, 텍스트, 상호작용, 해석 등의 애매한 재현들을 다루게 되므로, 중립적이고 객관적인 태도를 취하면서 단지 현상만을 재현한다는 것은 불가능하다고 하면서 연구과정 상 존재하는 다음의 5단계로 재현이 이루어진다고 하였다.

❶ 경험에 주목하기

화자가 경험한 전체 중 공통적이고 일상적인 이미지를 제외한 특정 현상, 경험에 관심을 집중하는 단계로 화자가 생각을 하면서 스스로 새로운 방식으로 경험을 재구성하는 과정이 첫번째 단계이다.

❷ 경험에 대하여 이야기 하기

청중에게 자신의 개인적 경험을 내러티브의 형식으로 이야기하는 단계로 화자가 전달하고 싶은 의미와 상황을 재구성하여 언어로서 전달하는 과정이며, 이 과정에서 화자 자신이 보여지고 싶은 모습을 만들어 낸다. 즉, 화자 자신의 경험에 대한 평가나 관점이 은연중에 혹은 노골적으로 드러내게 된다.

❸ 경험을 기록하기

화상기록, 음성기록, 언어기록 등이 대표적인 기록 방법이지만 대화 내용을 완벽하게 기록할 수는 없으며 언어기록의 경우 내러티브를 기록하는 다양한 방법을 사용할 수 있다. 실재(현실)를 사진을 찍는 것처럼 담화를 기록한다는 것 역시 해석적인 작업이다. 다양한 기록 방법은 각기 다른 해석과 사상적 입장을 취하며, 궁극적으로는 각기 다른 세계를 만들어내게 된다. 즉, 의미는 같은 흐름의 이야기에 대한 선택적 기록으로 매우 다양하게 구성될 수 있다.

❹ 경험을 분석하기

수집된 기록들을 상세하게 분석하여 연구자에게 의미 있는 내용을 찾아 통합, 요약하는 단계로 수집된 기록들을 어떤 식으로 수록할 것인지와 형식, 순서, 프리젠테이션 스타일 등을 결정하는 과정이다. 이 단계에서 연구자의 가치와 정치적, 이론적 입장이 개입하게 된다.

❺ 경험을 읽기

마지막 단계는 경험을 읽는 단계로 독자가 서면 상의 원고를 만나는 단계를 의미한다.

Riessmann(2005)이 설명하고 있는 연구과정에서의 경험의 재현 단계를 도식화하면 다음 그림과 같다.

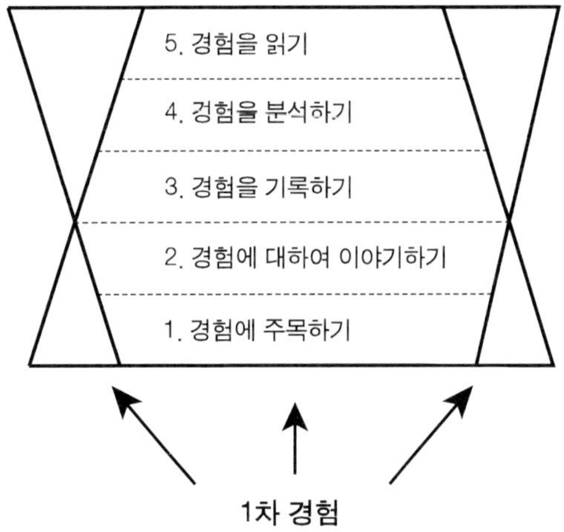

[그림 3-5] Riessmann (2005)의 연구과정에서의 재현 단계

2 Connelly & Clandinin(2000)의 내러티브 탐구의 5단계

Connelly & Clandinin(2000)는 내러티브 탐구의 절차를 현장에 들어가기 – 현장에서 현장 텍스트로 – 현장 텍스트 구성하기 – 현장 텍스트로부터 연구 텍스트로 – 연구 텍스트 구성하기의 5단계로 보았다. 내러티브 탐구의 5단계는 간략화하여 현장에 들어가기 – 현장텍스트 쓰기 – 현장텍스트로부터 연구텍스트 쓰기의 3단계로 사용하기도 한다. 이러한 단계들은 명확하게 구분되는 것은 아니며, 단계와 단계가 서로 겹치고 중복되기도 한다(염지숙, 2003).

❶ 현장(field)에 들어가기 : 이야기 속으로 걸어 들어가기

연구자가 자신의 연구의 동기를 생각하고, 연구의 목적에 부합하는 현장을 물색하고, 자료 수집에 들어가기 전, 현장을 방문하여 연구 관련자와 참여자들과 만남을 통해 현장에 익숙해지는 단계이다. 내러티브 탐구의 경우, 연구의 동기가 연구자의 개인적인 관심과 개인적인 경험에서 출발하는 경우가 대부분이므로 연구 현장에 들어가기에 앞서 연구자 자신의 내러티브를 쓰는 것이 연구의 출발점이 될 수 있다. 현장에 들어가기 전에 연구 주제와 관련된 자신의 경험에 관한 내러티브를 씀으로써 앞으로 진행될 자료 수집 및 해석에 도움이 될 수 있기 때문이다.
연구를 위해 연구의 목적에 부합하는 현장을 찾은 후, 현장에 들어가기 전 해야 할 일은 첫째, 참여자와 어떤 관계를 유지할 것인가에 대한 협의, 둘째, 참여자들과 만나 무엇을 하려고 하는지, 즉 연구 목적에 대한 협의, 셋째, 언제 현장을 떠날 것인가에 대한 협의, 넷째, 연구자가 연구 현장과 연구 참여자에게 도움을 줄 수 있는 방법에 대한 협의 등이다.

❷ 현장에서 현장텍스트(Field Text)로 : 이야기의 장소에 머무르기

내러티브 탐구자가 현장에 들어가서 자료를 수집하며 현장 텍스트를 쓰는 일을 생각하는 단계로 이 단계에서 연구자의 개입 정도 결정한다.
내러티브 탐구자는 현장에 완전히 몰입하여 참여자들과 "사랑에 빠져야 한다"고 Connelly & Clandinin(2000)은 말했다. 그러나 다른 한편, 현장 텍스트를 쓰고 읽을 때는 한 발자국 뒤로 물러나 연구자와 참여자의 이야기를 그들의 삶이라는 더 큰 맥락 안에서 볼 수 있어야 한다(염지숙, 2006).

❸ 현장텍스트 구성하기

현장에 들어가서 자료를 수집하면서 현장텍스트를 쓰는 단계이다.

내러티브 탐구의 과정에서 수집된 자료는 현장에서의 경험을 대표하는 것으로서, 참여자와 연구자에 의해 창조되었다는 의미에서 '현장 텍스트'라고 한다. 현장 텍스트는 연구자가 참여자들과 함께 한 친숙한 일들을 반성적 입장에서 옮겨가고자 할 때 필요하므로 일상적으로 정확하게 기록되어야 한다(김대현, 박경미, 2006). 이 단계에서는 단순히 기억에 의존하기 보다는 보다 더 풍부하고 더 복잡한 현장을 반영하도록 하기 위해 다양한 자료를 수집하는 것이 좋은데 내러티브 탐구에는 현장노트(field note), 인터뷰, 연구자의 일기(journal), 개인이 살아온 스토리로서의 스토리텔링, 연구자와 참여자 간의 편지 쓰기, 구술사, 연대기, 사진, 메모 외에도 각종 문서 등 매우 다양한 자료들이 자료원으로 활용된다. 특히 Connelly & Clandinin(2000)은 기억상자(memory box)도 자료원에 포함시켰는데 기억상자란 중요한 인물이나 사건에 대한 기억을 불러일으키게 해주는 물건을 의미한다. 현장텍스트에는 주관적인 해석이 개입하기 쉬우므로 연구자는 스스로 객관적으로 관찰하도록 노력하는 것이 필요하다.

❹ 현장텍스트로 부터 연구텍스트(Research Text)로 : 경험에 대한 의미 만들기

분석 단계에서 다양하게 수집된 현장텍스트에 근거하여 글쓰기가 이루어지는 단계로, 연구 텍스트는 다양하게 수집된 현장 텍스트에 근거하여 강의, 논문, 책, 혹은 학위논문과 같은 공식적인 형대를 가진 형식의 연구물로 만들어가는 과정을 의미한다. 이 단계에서 연구자는 현장 텍스트의 의미, 사회적 중요성, 목적 등을 고려하면서 현장 텍스트를 분류하고, 내러티브적으로 코딩하며, 텍스트를 읽고, 해석하고 분석하게 된다(김대현, 박경미, 2006).

이 단계에서 내러티브 탐구자는 다음의 세가지 면을 고려해야 한다.

첫째, 정당화(Justification)에 대한 고려가 필요하다. 내러티브 탐구는 연구의 동기가 연구자 가신의 경험에 근거하기 때문에 자서전적인 경향을 보이게 된다. 그러므로 개인의 관심과 중요성에 대한 인식이 사회적으로 혹은 공적으로 어떤 의미를 지니는지 정당화 시켜야 하며, 다양한 연구방법 중 왜 내러티브 탐구를 통해 연구를 수행하였는지에 대한 정당성을 고려해야 한다.

둘째, 현상(Phenomena)에 대한 고려가 필요하다. 내러티브 탐구는 문제에 대한 정의나 해결책이기 보다는 계속적으로 탐구하는 과정이다. 그러므로 현상에 대해 이야기 하면서 연구자는 자신의 내러티브 탐구가 무엇에 관한 것인지, 내러티브 탐구자로서 관심이 있는 경험은 무엇인지에 대한 질문에 답을 찾을 수 있어야 한다. 현상이란 계속 이동하고 변하는 것이므로 연구를 시작 할 때 중요한 사건들이 시간의 경과에 따라 중요성의 정도에 변동이 있을 수 있기 때문이다.

셋째, 방법(Method)에 대한 고려가 필요하다. 연구자가 현장 텍스트로 부터 연구 텍스트를 구성할 때, 방법적인 문제에 대해 고려해야 할 것은 이론적 고려와 실제적 현장 텍스트에 대한 고려, 해석과 분석에 대한 고려 등이다. 다시 말해서 내러티브 탐구자는 내러티브 탐구가 살아온 경험에 대해 말하는 것으로부터 탐구를 시작한다는 점과 연구 텍스트의 구성을 위해서 이전까지 연구 참여자와 친밀했던 관계에서 벗어나 텍스트를 읽고 또 읽는 과정을 반복하며 연구 텍스트 작성에 몰입해야 한다는 점, 현장 텍스트를 반복적으로 읽으면서 개인의 경험과 사회적 상황을 연결시키면서 현장 텍스트의 의미를 탐색하는 것이 필요하다는 것이다.

❺ 연구텍스트 쓰기

연구자는 광범위한 현장텍스트 중에서 선별하여 의미 있는 구조로 연구텍스트를 구성해야 한다. 연구텍스트를 쓸 때는 목소리, 서명, 독자의 세가지 측면을 고려해야 한다.

첫째, 목소리(voice)를 고려해야 한다. 이것은 연구텍스트에는 참여자와 연구자의 목소리가 모두 포함되어야 한다는 의미로 참여자의 목소리와 연구자의 목소리 사이의 균형이 중요하다.

두번째 고려해야 할 사항은 서명(signature)이다. 이것은 연구자의 독특한 글쓰기 스타일을 의미하며, 연구자 자신의 서명을 얼마나 강하게 드러내느냐는 것이 딜레마이다. 너무 강하면 현장과 참여자가 잘 보이지 않게 되는 위험이 있고, 너무 약하면 참여자의 견해만이 나타나는 위험이 있기 때문이다.

세번째 고려해야 할 사항은 독자(audience)이다. 연구텍스트를 쓸 때에는 독자의 특징을 알고 독자에게 이 연구가 어떤 가치가 있을지를 고려하면서 구성해야 한다는 의미이다.

[그림 3-6]은 Connelly & Clandinin의 내러티브 탐구의 절차를 도식화한 것이다.

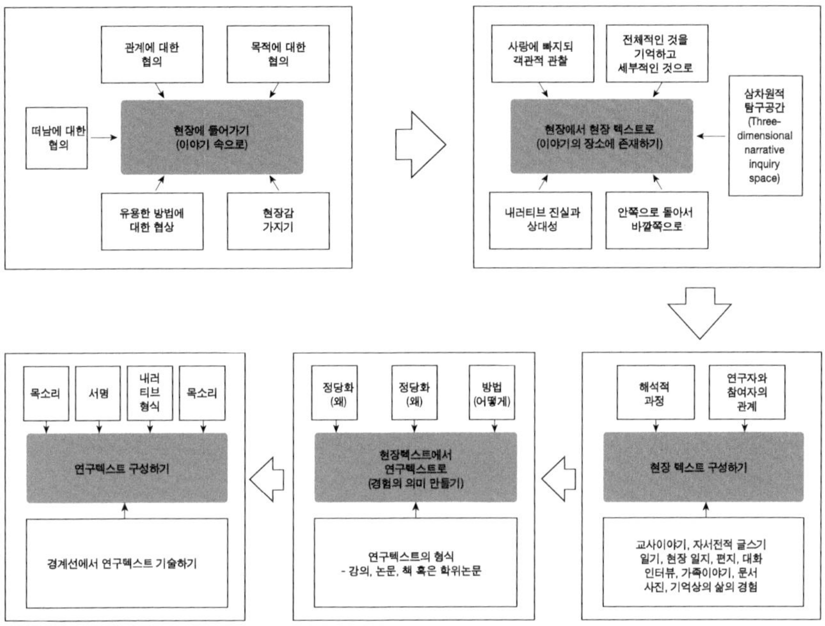

[그림 3-6] Connelly & Clandinin의 내러티브 탐구의 절차(김대현, 박경미, 2006)

3 내러티브 탐구의 평가

내러티브 탐구의 타당성은 진실성(truth)이 아닌 신빙성(trustworthiness)이 더 큰 영향을 미치는데, 진실성은 객관적 진실을 전제로 하는 반면, 신빙성은 연구 절차와 결과를 사회세계로 끌어내는 것이기 때문이다. 내러티브 탐구의 결과물을 적용하는 것보다 독자에게 납득, 공감시키는 것이 중요하다.

내러티브 탐구의 평가 영역은 다음과 같다(Riessman, 2005).

❶ 설득성(persuasiveness)

설득성이란 그럴듯함(plausibility)으로 설명될 수 있는데 연구자의 작문 능력,

시대에 따라 독자의 반응이 달라질 수 있으므로 당시 세계의 독자의 반응에 좌우된다. 또한 내러티브 탐구의 성공여부는 정확성의 기준에 있는 것이 아니라 연구자가 청중을 초대하여 압도하고 자극하여 즐겁게 만드는 능력에 달려있다고 할 수 있다.

❷ 대응성(correspondence)

대응성은 연구자의 재구성(결과물)이 연구에 참여한 개인 혹은 집단으로부터 적합하나 재현으로 인정받았는가의 문제와 관련이 있다. 내러티브 탐구는 연구자와 참여자와의 상호작용을 통한 공동집필이라는 견해가 지배적이므로, 분석의 결과물을 참여자에게 확인하는 작업이 중요하다. 그러나 연구자의 해석에 대한 타당성이 과연 구성원의 검토로 입증될 수 있는가의 문제는 의문으로 남는데 최종 분석에서의 원고는 바로 연구자의 작품이므로 이에 대한 책임은 연구자에게 있다.

❸ 일관성(coherence)

일관성은 다음 3가지 측면에서 확인되어져야 한다.

첫째, 총체적 일관성(global coherence), 즉 참여자가 이야기하고자 하는 전반적인 목표와 일관성이 있어야 한다. 둘째, 국지적 일관성(local coherence), 즉 내러티브 안에서의 사건들의 일관성이 있어야 한다. 예를 들면 대조법을 사용한 경우에는 대조의 대상이 명확해야 한다는 것이다. 셋째, 주제의 일관성(themal coherence)이 있어야 한다. 주제의 일관성은 참여자가 이야기하는 동안 특정 주제가 반복적으로 나타나는가의 문제로 이점이 확인되어져야 한다.

❹ 실용성(pragmatic use)

실용성은 본 연구가 다른 연구의 토대가 되는가의 문제로 다른 기준에 비하여 미래지향적이며, 집단적이고, 학문의 사회적인 측면의 특성을 가진다고 할 수 있다. 내러티브 탐구의 평가와 관련하여 Connelly & Clandinin(2000)은 '좋은 내러티브란 어떤 것인가?'라는 질문보다는 '좋은 내러티브 탐구란 어떤 것인가?'라는 질문에 관심을 가져야 한다고 이야기 하고 있다. 이것은 우리가 연구 텍스트만을 가지고 좋은 연구인지를 판단하기보다는 탐구의 전반적인 과정에 관심을 갖는 것이 중요하다는 것을 의미한다(염지숙, 2003).

06 사례연구

사례연구(Case Study)는 실제에 대한 비판적 문제를 탐구하거나, 현상의 다양한 측면에 대한 기초지식을 늘리는데 적합한 방법으로 많은 표본을 수집하여 제한된 변인을 통계적으로 분석하면서 일반적 경향을 밝히려는 표본연구나 통계적 연구와는 달리 한 대상의 여러 변인을 동시에 심층적으로 연구한다는 특징을 가진다. 사례연구는 한 대상을 깊이 있게 연구하고 변인들이 어떻게 작용하는지 그 과정을 생생하게 그려낼 수 있는 장점이 있으나 사례가 제한되어 있기 때문에 결론을 일반화하는 데 한계가 있는 단점이 있다(네이버 백과사전).

1 개요

1 사례연구(Case Study)의 정의

사례연구(Case Study)는 특정 한 개인, 가족, 집단, 지역사회 또는 조직, 문화, 사건 등의 대상에 대한 철저하고 체계적인 조사를 의미하는 것으로 사람과 사회적 환경, 사건, 집단 등이 어떻게 기능하는지에 대한 이해를 위해 충분한 정보를 체계적으로 수집하여 대상의 특징이나 문제를 종합적이고 심층적으로 기술, 분석하는 연구를 말한다.

사례연구(Case Study)에 대한 많은 학자들의 정의를 정리하면 다음과 같다.

학자	정의
Schuramm (1971)	사례연구의 본질은 일련의 의사결정을 조명하고자 시도하는데 있으며 왜 그러한 결정이 행해졌으며, 어떻게 실행되었는지, 그리고 결과가 어떠했는지에 대한 것을 밝히고자 하는 것
Bromley (1986)	주위 상황의 맥락 내에서 존재하고 기능하지만 대개 한정할 수 있는 자연적인 사건인 특정 실재의 묘사 및 분석을 나타내는 것
Tesch (1990)	관찰, 자가보고, 또는 다른 방법을 통해 한 개인이나 집단을 하나의 실재로 간주하고 이에 대해 상세하고 집중적으로 연구하는 것
Stoecker (1991)	단지 자료 수집을 위한 전술이나 연구설계 방식만을 의미하는 것이 아니라 총체적인 하나의 연구전략
Creswell (1998)	하나의 사례나 그 사례를 예증하는 하나의 문제점을 중심으로 제한된 경계 하에서 진행되는 연구방법

2 사례연구(Case Study)의 역사적 배경

사례연구(Case Study)의 역사적 배경을 살펴보면 사회사업의 이념을 실천하고자 하는 1920년대 문화인류학으로 터 영향 받은 연구방법론으로, 문화인류학자들에 의해 비통계적 방법으로 미개 민족을 연구하는데 사례연구를 널리 사용하였다. 사례연구를 사회과학에 최초로 적용한 학자는 Frederic Le Play로 노동자 가족을 대상으로 20년간 연구하여, 가족의 수입원, 지출항목 및 이의 상호관련성이 이들 가족의 사회적 행위뿐만 아니라 국가의 사회정책과 깊이 관련된 사실을 밝혀냈다. 또한 William I. Thomas와 F. Znaniecki는 폴란드 출신 농민에 대한 연구를 수행하여 사례연구가 현지 연구의 유용한 기술로 인정받게 된 계기가 되었다. 1930년대 이후, 특별한 관심의 대상이 되는 사회문제, 즉 자살, 소년비행, 범죄 등의 분야에 널리 사용되었다(신경림, 조명옥, 양진향 외, 2004)

3 사례연구(Case Study)의 특징

사례연구(Case Study)의 특징을 Merim(1998)은 사례연구의 특징을 다음과 같이 4가지로 정리하였다.

① **사례연구는 특정적(particularistic)이다.** 이는 특정한 문제나 사태, 탐구대상을 선정한다는 특징으로 조사, 검토, 분석의 초점이 특정한 상황, 사태, 현상이 된다는 점이다.

② **사례연구는 기술적(descriptive)이다.** 즉, 사례연구의 최종 산물은 연구의 초점이 되는 현상이나 사태를 밀도 있게 기술한 결과라는 것이다.

③ **사례연구는 발견적(heuristic)이다.** 즉, 연구의 초점이 되는 현상이나 사태를 독자가 이해할 수 있도록 촉진시켜 줌으로써 새로운 의미를 개발하고 독자의 경험을 촉진하고 기존의 지식을 더욱 확고하게 정돈시켜주는 특징을 갖는다.

④ **사례연구는 귀납적(inductive)이다.** 사례연구의 일반화 개념과 가설 등은 현상에서 수집하는 증거자료에 의하여 기술되고 해석되고 논의되는 특징을 갖는다.

4 사례연구(Case Study)의 종류

사례연구의 종류는 설계방법에 따라, 연구목적에 따라, 연구 대상에 따라 구분할 수 있다.

(1) 설계방법에 따른 분류

❶ 단일사례(single-case)

단일사례란 보편적인 사례연구설계 방식으로 하나의 사례를 포함하는 경우를 말한다. 단일사례는 기존 이론을 검증하거나 전형적인 사례, 희귀하고 독특한 환경의 사례, 과학적 관찰이 불가능했던 현상에 새롭게 접근하는 경우, 또는 연구목적이 종단적인 경우에 적용된다.

단일사례는 분석단위에 따라 단일분석단위와 복합분석단위로 나뉘어지는데 예를 들어 학교를 대상으로 수행되는 사례연구라면 분석의 단위는 교육내용 또는 학습자가 각각 단일 분석단위로 분석될 수 있고 이 두 가지를 함께 분석 대상으로 설정한다면 복합 분석단위가 되는 것이다.

❷ 다중사례(multiple-case)

다중사례란 동일한 연구 내에 두 개 이상의 사례를 포함하는 것으로 기업의 혁신을 조사하기 위해 여러 기업을 연구 대상으로 설정하는 경우이다. 다중사례는 실질적인 반복연구와 이론적인 반복연구가 필요할 때 적용된다(Robert K. Yin, 2005).

(2) 연구목적에 따른 분류(Stake, 1995)

❶ 본질적(intrinsic) 사례연구

사례 자체가 하나의 문제가 되며, 연구자는 특정 사례에 대해 더 많이 알기 위해 이루어지는 사례연구로 개인적 관심에서 출발한다. 본질적 사례연구의 목적은 추상적인 이론을 테스트하거나 새로운 이론적 해석을 개발하려는 것이 아니라 특정 아동이나 환자, 범죄, 조직, 또는 사례가 될 수 있는 모든 대상에 대해 질적인 측면에서 이해를 증진하기 위한 연구이다.

❷ 도구적(instrumental) 사례연구

해당 사례의 이슈를 예증하기 위해 도구적으로 사용하는 경우로 전반적인 문제의식이 관심을 유발하고, 설명을 위해 특정한 사례가 하나의 가능한 정보원으로 선정하는 것이다. 도구적 사례연구는 실제로 이루어질 관심 연구에 대한 배경을 지지하는 역할을 수행하는 2차적 가치를 가진다.

❸ 집합적(collective) 사례연구

여러 case를 동시에 연구함으로써 현상이나 인구 또는 일반적 상황에 대해 조사하기 위해 수행되는 사례연구이다.

(3) 대상에 따른 분류

❶ 개별(individual) 사례연구

개별사례연구는 어느 정도까지 폭넓게 사회적 삶의 영역을 다룰 것인가를 결정하는 것이 중요한데, 단일 인터뷰인 경우는 길고 심도 있게 다루고, 다수의 인터뷰인 경우는 인터뷰 외에 현장노트, 저널이나 일기, 다른 형태의 보충자료가 필요하다.

❷ 조직(organizational) 사례연구

조직사례연구는 특정 조직에 관해 충분한 정보를 체계적으로 모으기 위해 수행되는데 이러한 연구의 유형은 그 범위가 적절해야 하며 조직의 모든 측면에 대해 동일하게 가치를 두어야 한다. 조직 내부의 의사결정, 커뮤니케이션 방법 등 조직에 나타나는 특수한 분야나 상황을 강조 할 수도 있다.

❸ 공동체(community) 사례연구

공동체 사례연구는 문화적 동일성을 허용하고, 구성원 간의 상호작용과 관계가 확산되며 구성원에 의해 사회적 일체성을 제공해 줄 수 있을 만큼 소단위에 적용된다. 공동체 사례연구는 공동체의 발생요인, 구성원의 활동, 결속력 등을 확인할 수 있는데 데이터의 수집은 인간 생태학적 목적 뿐 아니라, 공동체에 나타나는 물리적, 사회적 이야기, 거리들을 나타내기 위해 연구자에 의해 만들어진 map을 사용한다. 공동체 사례연구는 대규모로 진행되므로 많은 시간과 비용이 소요된다는 단점이 있다.

2 연구 절차

Yin(2005)은 사례연구의 절차를 다음의 5단계로 구분하여 설명하였다.

연구 설계 — 자료수집 준비 — 자료 수집 — 자료 분석 — 보고서 쓰기

1 연구의 설계

연구의 설계란 실증적으로 수집한 자료를 초기에 설정한 연구 문제와 연결시키고 궁극적으로는 연구의 결론으로 연결시키는 논리적 과정이다(Yin, 2005). 연구

설계의 단계는 연구 문제 설정, 연구명제, 즉 연구목적의 설정, 분석의 단위를 규명하는 활동으로 구성된다.

(1) 연구 문제 설정

연구 문제의 설정 단계는 연구가 어떤 개체나 단체를 대상으로 할 것인지, 그 개체나 단체의 어떤 특성이나 문제를 기술할 것인지를 결정하는 단계이다. 연구 문제의 형태는 '누가', '어디서', '어떻게', '왜' 중에서 어디에 초점이 있는지를 파악하는 것이 중요한데, 이점이 잘 파악되면 거장 적절한 연구방법을 선택할 수 있기 때문이다.

(2) 연구명제(연구목적) 설정

연구명제란 이론의 개념적 틀로 연구 범위 내에서 조사해야 하는 대상에 집중하도록 유도하는 역할을 한다.

연구자가 일정한 명제를 분명히 정립함으로써 연구가 정확한 방향으로 진행할 수 있다. 이 때, 연구명제는 그 사례연구의 목적과 뚜렷하게 관련되어 있어야 한다.

예를 들면, 조직은 왜, 어떻게 다른 조직과 협력하여 공동의 서비스를 제공하는가(제조업체와 유통업체가 컴퓨터 제품을 팔기 위해 서로 협력한다면)라는 연구 문제를 설정했다면 "조직은 서로의 공동이익이 존재하는 한 상호 협력한다."는 명제를 설정할 수 있다. 이 명제는 중요한 이슈(조직을 협업으로 이끄는 중요한 동기들)를 반영할 뿐 아니라 협업으로 인한 구체적 이접이 무엇이고 그것을 뒷받침할 수 있는 적절한 증거들을 알려주고 있다(Yin, 2005).

(3) 분석의 단위 규명

분석의 단위는 사례(개인, 사건, 개념이나 대상)가 무엇인가에 관한 근본적인 정의에 해당하는데 적절한 자료의 수집을 위한 필수적인 단계이다. 분석의 단위를 올바르게 선택하기 위해서는 연구 문제를 정확히 구체화 시켜야 한다. 예를 들어 유치원 수업에서 ICT교육의 도입의 사례에서 '교사의 역할', '유아들의 적응 형태'와 같이 연구 문제가 구체화되면 분석의 단위가 뚜렷해지게 된다. 구체적인 명제를 가지면 자료 수집과 분석의 범위가 명확하게 되고 결과적으로 연구의 실현가능성은 높아진다.

2 자료 수집의 준비

본격적인 자료의 수집에 들어가기 전, 연구원의 자질에 대한 검토와 교육이 있어야 하며, 사례연구의 프로토콜을 개발해야 한다.

(1) 연구원의 자질 검토

성공적인 사례연구의 첫 단계는 연구원의 사례연구자로서의 자질을 갖추고 있는지의 여부에서부터 시작된다고 해도 과언이 아니다. Yin(2005)은 연구원이 갖추어야 할 기본 조건으로 다음 사항을 제시하였다.

① 적당한 질문을 잘 해야 하며 대답을 잘 해석 할 수 있어야 한다.

② 연구 대상자의 말을 경청해야 하며 자신의 이데올로기나 선입관에 집착하지 않아야 한다.

③ 새로운 상황에 부딪혔을 때, 그것을 위협이 아닌 기회로 받아들일 수 있는 대처능력과 유연한 사고방식을 가져야 한다.

④ 조사내용 및 연구이슈에 대해 분명히 파악하고 있어야 한다. 이를 위해서는 연구의 근본적인 목적을 제대로 이해하고, 그에 따른 이론적, 정책적 이슈가 무엇인지 파악할 수 있어야 한다. 그러한 사람만이 방대한 사건과 정보 속에서 중요한 사실만을 선별할 수 있기 때문이다.

⑤ 선입견이나 미리 알고 있는 이론 때문에 사고가 한쪽 방향으로 기울어져서는 안 된다. 편향적 판단을 배제하기 위해서 연구원은 서로 상반되는 증거를 찾는데 주의를 기울여야 한다.

(2) 사전교육

사례연구는 하나의 사례라 하더라도 집중적으로 자료를 수집하게 되기 때문에 팀으로 진행되는 경우가 많고 이 경우, 적절한 자료의 수집은 각 연구원의 역량과 직결된다. 자료 수집의 현장에서 각각의 연구원은 단순히 정해진 형식에 따라 자료를 수집하는 것이 아니라 자신이 수집하는 자료에 대한 결정권과 책임을 지니게 되므로 연구원에 대한 사전교육은 필수적이라 하겠다. 사전교육을 통하여 연구원들은 연구가 수행되는 목적, 수집해야 할 증거들, 발생할 수 있는 변동사항, 연구명제를 지지하는 증거와 그와 상반된 증거들에 대해 숙지하도록 한다.

(3) 사례연구 프로토콜 개발

사례연구 프로토콜은 연구자가 사례연구를 수행하는데 있어 안내, 지침의 역할을 한다. 프로토콜은 설문지나 측정도구 이상의 의미를 지니며 프로토콜을 사용할 때의 일반적인 규칙과 절차를 포함한다. 특히 다중사례연구로 진행될 때 프로토콜의 개발은 매우 중요하다. Yin(2005)에 의하면 사례연구 프로토콜에 포함되어야 할 내용으로는 연구개요(프로젝트의 목적과 후원자, 연구의 이슈, 연구주제와 관련된 문헌들), 현장조사의 절차(신분증 및 허가서 제시, 연구현장 접근 승인, 정보원 확보, 진행상의 유의사항), 연구 문제(자료 수집 시 연구자가 염두에 두어야 할 구체적인 질문들, 자리 배치, 질문에 대답할 대상자), 보고서 작성을 위한 지침(전체적 윤곽, 자료 형식, 참고자료 사용방법, 참고문헌 목록)등이 있다. 프로토콜은 사례조사를 위한 안내서로, 연구의 중간에 변동이 있을 때 필요하며 연구자가 항상 연구의 목적을 유지하도록 도와준다(김귀분 외, 2005).

3 자료의 수집

(1)사례연구의 자료 수집 방법

사례연구를 수행하기 위한 자료의 수집을 위해서는 다양한 방법이 사용된다. Yin(2005)은 다양한 방법을 6가지 자료원으로 구분하고 각각의 장・단점을 표로 정리하였다.

자료원	장점	단점
문서정보 1차적 기록물 (미분류 기록물)	• 안정성 : 반복해서 검토할 수 있음 • 중립성 : 연구 대상에게 어떠한 영향도 미치지 않음 • 정확성 : 정확한 이름, 출처, 그리고 사건의 상세 부분을 알 수 있음 • 포괄성 : 긴 시간에 걸쳐 많은 사건들과 다양한 환경을 포괄함	• 검색 용이성 : 너무 광범위하므로 원하는 자료를 정확히 검색하는 것이 어려울 수 있음 • 편향적 선택성 : 자료 수집이 불완전할 경우 • 객관성의 결여 : 저자의 선입견이 반영될 수 있음 • 접근성 : 접근이 제한되는 경우도 있음
기록정보 2차적 기록물 (분류, 보관된 공식적 기록물)	• [문서정보와 동일] • 정확성과 정량적 정보	• [문서정보와 동일] • 사적인 이유로 인해 접근이 제한될 수 있음
인터뷰	• 목적 적합성 : 사례연구의 주제에 직접적으로 집중할 수 있음 • 직관성 : 인지된 인과적 추론을 제공함	• 잘못 구성된 질문으로 인한 오류 • 응답자의 반응: 연구의도를 미리 파악하거나 응답자가 원하는 대로 대답할 수 있음 • 잘못된 기억으로 인한 부정확한 답변
직접관찰	• 현실성 : 사건을 실시간으로 다룸 • 정황요인 반영 : 사건의 정황을 다룸	• 시간 : 시간이 많이 걸림 • 선택성 : 많은 범위를 포괄하기 어려움 • 응답자의 반응 : 연구의도를 미리 파악하거나 응답자가 원하는 대로 대답할 수 있음 • 비용 : 인간에 의한 관찰로 비용이 많이 듦

참여관찰	•[직접관찰과 동일] •인간관계를 통해 행동과 동기에 대한 통찰력을 제공	•[직접관찰과 동일] •조사자가 사건을 조작(manipulate)하는 경우 발생하는 오류
물리적 인공물	•문화적 특징에 대한 통찰력 •기술적 작동 원리에 대한 통찰력	•선택성(selectivity) •이용 가능성(availability)

(2) 사례연구의 자료 수집 원칙(Yin, 2005).

위에서 분류한 자료 수집 방법이 다음의 3가지 원칙에 따라 수집될 때, 가장 효과적인 사례연구를 수행할 수 있다. 또한 이 원칙에 따라 사례연구가 수행되면 그 연구의 타당성과 신뢰성 확보에 도움이 된다. 3가지 원칙은 다음과 같다.

❶ 두 개 이상의 자료를 사용할 것

두 개 이상의 자료를 사용하는 원칙은 질적 연구의 타당성을 보장하는 삼각측정법(Triangulation)의 원칙과 연결된 원칙이다. 복수의 자료원을 사용하는 것은 그 연구가 더욱 설득력 있고 정확한 연구로 평가 받게 한다.

❷ 사례연구 데이터베이스를 만들 것

현장에서 얻은 모든 자료들을 체계적으로 저장하는 것은 사례연구 전체의 신뢰성을 높일 수 있을 수 있을 뿐 아니라 향후의 새로운 연구를 위해서도 큰 도움이 된다.

❸ 증거의 연결 고리를 만들 것

증거의 연결고리의 의미는 독자가 사례연구 보고서를 읽었을 때, 초기 연구 문제부터 최종 보고서에 이르는 모든 증거들이 어떻게 연결되었는지를 알 수 있도록 해야 한다는 것이다. 즉, 연구의 결론에서 초기 연구 문제와 어떻게 연결되었는지, 양 방향으로 모든 과정을 추적할 수 있어야 한다는 의미이다. 이를 위해서 첫째,

보고서가 사례연구 데이터베이스를 적절하게 사용하였고, 증거들이 어떤 자료원으로부터 수집되었는지 구체적으로 명시되어 있어야 하며, 둘째, 데이터베이스에 실직적인 정보와 증거의 수집 시의 상황(시간, 장소)이 체계적으로 저장되어 있어야 하며. 셋째, 증거의 수집에 프로토콜에서 규정한 연구절차, 연구 문제와 일관성이 있어야 한다.

4 자료의 분석

자료의 분석은 연구자가 자신의 자료들로부터 의미를 만들어 가는 과정이며, 자료를 분석하는 궁극적 목표는 해당 자료들의 두드러진 점에 기초하여 합리적인 결론들을 산출하는 것이다. 이 때, 증거를 공평하게 다루고, 설득력 있는 분석적 결론을 제시하며 대안적 해석을 배제하여야 한다.

Stake(1995)는 자료분석과 해석의 유형을 다음 4가지로 설명하였다.

① **범주 별 집합 :** 연구자는 이슈와 관련된 의미가 나타나기를 희망하며, 자료로부터 실례를 찾는 것

② **직접적 해석 :** 단 하나의 예를 보고 다른 예들을 찾아보지 않은 채 의미를 추출하는 것

③ **패턴 :** 두 개 이상의 범주들 사이에 일치되는 것을 찾는 것

④ **자연주의적 일반화 :** 자료 분석으로부터 그 사례에서 배울 수 있는 것 또는 사례 모집단에도 그것을 적용할 수 있도록 일반화하는 것

5 보고서 쓰기

사례연구의 보고서는 사례연구의 결과를 공식적으로 발표하는 단계이다. 보고서 쓰기는 먼저 주 독자층을 결정하여야 하는데 독자가 누구인가에 따라 강조할 사항과 구체적인 내용, 문체, 길이 등이 달라지기 때문이다 → 다음 단계로 보고서의 구성 체계 및 전개방식을 결정 하고→ 보고서를 작성한 후→ 정보제공자에게 보고서를 검토하도록 하는 과정을 거쳐 완성된다. 보고서 초안은 동료 뿐 아니라

사례의 정보원이나 관찰대상자들에게로부터 검토를 받는 것이 중요하다.

Lincoln & Guba(1985)는 사례 연구 보고의 구성요소로 다음 4가지를 제시하였다.

① 문제 또는 이슈에 대한 설명

② 현상이 일어난 현장/상황에 대한 구체적 설명

③ 연구 초점과 관련된 현장/상황 내의 과정 및 상호작용에 대한 완벽한 서술

④ 결과(배워야 될 교훈)에 대한 논의를 통한 관심 현상에 대한 이해

Stake(2000)는 보고서는 독자의 사례에 대한 이해를 도울 수 있다면 어떠한 방식으로도 구성할 수 있다고 말하면서 자신이 주로 사용하는 사례보고서의 구성의 예를 다음과 같이 제시하였다.

들어가는 짧은 이야기	나는 독자들이 보고서를 읽기 시작하면서 즉각적으로 대리 경험, 즉 장소와 시간 등에 관한 느낌을 경험하기를 바란다.
쟁점 제시, 연구 목적과 연구 방법론 제시	비록 내 사례 연구의 독자 대부분이 방법론에 거의 신경 쓰지 않는다 하더라도, 나는 그들에게 이 사례 연구가 어떻게 이루어졌고, 나는 누구이며, 이 사례를 이해하는 데 도움이 된다고 생각되는 쟁점들을 제시하기를 원한다.
사례와 맥락을 정의하기 위한 확장적 이야기체의 묘사	나는 상대적으로 논쟁의 여지가 없는 자료를 이 부분에서 제시하고 싶다. 물론 해석이 전혀 배제될 수는 없겠지만, 그곳에 있었다면 누구라도 보았을 만한 맥락에 대한 묘사를 하는 것이다. 그리고 만약 의견이 분분하다면, 가능한 한 목격자(witness) 혹은 논쟁의 어느 한 편의 입장에서 묘사를 하는 방법을 택할 것이다.

쟁점 발전시키기	보고서의 중간 부분 정도에 신중하게 선택한 몇 가지 주요 쟁점을 제시하기를 원한다. 이는 사례를 일반화시키려는 것이 아니라, 이 사례의 복잡성에 대한 이해를 돕는 데에 그 목적이 있다. 그리고 바로 이 부분에서 다른 연구 결과나 다른 사례들에 대한 나의 이해를 제시하곤 한다.
세부 사항 묘사, 관련 문서, 인용문, 삼각측정 자료	쟁점들 중에는 추가 탐색이 필요한 것이 있다. 이 부분에서 대부분의 확인된 경험적 자료를 제시한다. 이때, 관찰(나의 삼각측정)을 확증하기 위해 들인 노력과 더불어 관찰을 반증하기 위해 거쳤던 과정도 함께 제시한다.
주장(들)	나는 근본적으로 독자들 스스로 사례에 대한 자신들의 지식을 재고하거나, 이와 비슷한 경우의 사례들에 대한 기존의 일반화를 수정할 수 있는 정보를 제공하고자 하는 의도를 가지고 보고서를 작성한다. 그러나 윗부분에서 상대적으로 해석이 배제된 관찰을 제공했으므로, 이 부분에서는 이 사례에 대한 나의 이해와 이 사례에 대한 나의 일반적인 생각이 개념적인 면에서나 확신의 정도에 있어서 어떻게 변화되었는지를 보여줄 것이다.
마무리하는 짧은 이야기	나는 끝마무리에 경험에 근거한 묘사를 제공함으로써, 독자들에게 이 보고서는 단지 복잡한 사례에 대한 한 개인이 우연적으로 마주친 것임을 상기시키고자 한다.

3 연구의 평가

사례연구를 평가하기 위해서는 다양한 기준이 적용될 수 있으나 여러 가지 표현으로 제시된 기준들은 결국 신뢰도와 타당도로 귀결된다.

1 신뢰도

신뢰도는 객관성의 문제로 사례연구에서는 연구자가 조사한 분야가 무엇인지, 무엇을 의미하는지에 대해 분명하게 해야 한다. 또한 신뢰도는 반복성과 관련된 것으로 가능한 많은 절차를 조작화하여 다른 이가 연구수행 할 수 있게 해줄 수 있어야 한다. 어떠한 과학적 연구든, 단일 연구로부터의 발견점은 질문이나 추가적인 연구 없이 즉시 받아들여지기는 힘들기 때문에 이런 의미에서 후속연구가 필요하며 신뢰도가 보장된 있는 논문이 후속연구를 가능하게 한다.

신뢰도를 보증하기 위한 기법으로 다음과 같은 방법이 있다.

① 조사자의 위치에 대한 것으로 연구에 대한 가정, 이론 집단에 견주어 자신의 위치, 편견 그리고 자료들이 수집되어진 사회적 맥락을 설명함으로써 신뢰도를 확보할 수 있다(Goetz & LeCompte, 1984).

② 삼각측정법을 시도함으로써 자료 수집과 분석의 복합적 방법들의 사용에 있어서 내적 타당도와 마찬가지로 신뢰도를 강화시킬 수 있다.

③ 감사추적, 즉 독립적인 판정원들이 연구자의 행적을 쫓음으로써 한 연구 발견점들의 진정성을 밝힐 수 있으며(Guba & Lincoln, 1981) 이를 위해서 연구자는 자료 수집 방법, 범주의 도출 등 결정들이 내려진 배경을 상세히 기술해야 한다.

2 타당도

타당도는 일반화 가능성과 관련된 문제로 내적 타당도와 외적 타당도로 구별된다. Stake(2000)는 내적 타당도와 외적 타당도를 다음과 같이 설명하고 있다.

① 내적 타당도는 한 연구의 발견점들이 얼마나 실재와 맞아 떨어지는가를 의미하며, 특히 현상에 대한 인과적 관계 규명이 목적인 설명적 사례연구에서 내적 타당도는 더욱 중요하다. 내적 타당도를 보증하기 위한 기법으로는 삼각측정법, 구성원들의 검토, 장기적/반복적 관찰, 동료검토, 연구자의 편견 명시 등이 있다.

② 외적 타당도는 한 연구의 발견점들이 다른 상황들에 적용될 수 있는 정도와 관련된 것으로 외적 타당도의 확보는 사례연구의 수행에서 가장 어려운 점이라 할 수 있다. 그러므로 연구 결과를 다른 사례에 일반화시키는 대신, '이론'에 일반화를 시키도록 시도해야 한다.

07 역사연구

1 개요

역사연구(historical research)를 질적 연구에 포함시키기는 하지만, 현재 또는 진행중인 사건에 중점을 두는 질적 연구와 달리, 역사연구는 '과거의 사건에 대한 해석과 설명(narration)'에 중점을 두는 연구이다(김귀분 외, 2005; 신경림, 조명옥, 양진향, 2004; 이좌용, 1997; Morse & field, 1997). 그러므로 역사연구는 다양한 학문 분야에서 연구를 통해 도출된 성과를 종합하는 학문으로서의 역할도 수행한다.

1 목적

역사연구는 철학과 같이 인간 존재의 사고에 관심을 가지기 때문에, 역사상 중요한 인물이나 상황을 생생하고 상세하고 기술한다. 따라서 역사연구는 과거 사건에 대한 통찰력 있는 해석과 설명을 통해, 인간의 사고와 이해를 재정립하고, 미래의 의사결정에 유용한 정보를 제공하는데 그 의의가 있다.

2 역사연구 전통

Morse & Field(1995)에 의하면, 역사연구에는 크게 2가지 전통 즉, 실증주의 학파와 관념론적 학파가 있다

〈표 3-7〉 역사연구의 전통

구분	실증주의 학파	관념론적 학파
공통점	• 관심사 : 과거 사건의 해석과 서술	
특징	• 역사를 보편적인 법칙(인과 관계 등)으로 축소하려고 시도함 • 객관적인 증거를 중시하고, 역사적 설명에서의 엄격함을 강조함 • 양적 연구에 치중하고, 시간 경과에 따라, 사건이 나타내는 패턴을 묘사하려고 함	• 직관과 경험을 역사 해석의 주요 요소로 간주함 • 사건을 독특하고 다양한 것으로 간주하고, 이에 대해 현실적, 사회적 맥락 안에서 적절한 해석을 시도함 • 질적 연구에 더 가치를 두고, 특정한 시공간, 상황과 관련된 사건에 포함된 개인의 사고를 이해하려고 함

실증주의 학파와 관념론적 학파 모두 주요 관심사는 과거 사건에 대한 해석과 서술이다. 그러나, 실증주의 학파는 매우 객관적, 엄격한 방법을 통해, 역사를 보편적인 법칙에 따라 패턴화하려고 하는 반면, 관념론적 학파는 과거의 사건에 대해 현실적, 사회적 맥락 안에서 적절하게 해석을 한다. 이러한 점에서 독자들은 관념론적 학파의 역사연구가 질적 연구와 유사하다고 생각할 수 있지만, 질적 연구는 현재 혹은 진행중인 사건이나 경험에 중점을 두는 반면, 역사연구는 과거의 사건에 초점을 둔다는 것이 구별되는 점이다.

3 역사연구의 분석적인 틀

역사연구를 수행하고 해석할 때, 아래와 같은 분석적인 틀이 사용된다(김귀분 외, 2005; 신경림, 조명옥, 양진향, 2004).

첫째, 역사연구의 분석적인 틀로 '위대한 인물'을 활용할 수 있다. 연구자가 사회적 맥락 안에서 특정 인물이나 인물의 파워에 관심을 갖는 전기적 연구를 할 때, 이러한 인물이 역사 형성에 어떠한 역할을 했으며, 이들의 행위에 영향을 미치는 환경 요인을 고려한다면 유용한 역사연구가 될 수 있다.

둘째, 역사연구의 분석적인 틀로 '역사 결정론'이 있다. 이러한 견해는 과거의 사건들이 단순히 현재의 상황을 만들어 내기 위한 목적으로 발생되었다는 것이다. 이러한 접근법은 역사를 공유하는 사람의 중요성이나 파워를 최소화한다.

셋째 역사연구의 분석적인 틀로 '사회적 경향'이 있다. 이 접근법은 사회적인 힘의 중요성과 역사적 사건의 결정자로서 사람과 집단의 영향력을 강조한다.

넷째, 역사연구의 분석적인 틀로 '정치, 경제적 동기'가 있다. 이 접근법은 역사적 사건의 해석을 위한 구성으로서 이데올로기를 이용하고 '위대한 인물' 접근법과 조합하여 자주 사용된다. 역사적 사건을 설명하기 위한 구조로서 마르크스 주의나 다른 이데올로기를 사용하는 것이 이러한 접근법의 한 예이다.

다섯째, 역사연구의 분석적인 틀로 '심리적 접근'이 있다. 이 접근법은 심리학을 역사의 분석, 설명을 위한 도구로 활용하고, 개인이 역사적 의미 안에서 사고, 동기, 행동을 설명하도록 요구한다.

2 연구 절차

역사연구를 효과적으로 수행하기 위한 연구절차 즉, 연구의 초점화, 자료 수집 및 분석, 결과 보고의 단계에 따라 살펴보면 다음과 같다(김귀분 외, 2005; 신경림, 조명옥, 양진향, 2004).

1 연구의 초점화

역사연구는 연구 주제에 대한 충분하고 철저한 자료 조사가 파악되지 않는다면 도전하기 힘든 연구이다. 따라서 방대한 자료에 접근이 불가능하다면 엄두를 내기 힘든 것이 역사연구이지만, 역사연구는 다양한 학문분야에서 전문적으로 연구해 낸 성과를 종합하는 학문으로서 매우 가치가 있는 연구이다. 따라서 연구자는 자신이 해당 주제에 대해 충분한 자료에 접근할 수 있으면서, 연구 주제에 사회적, 문화적, 경제적, 정치적 상황이 어떻게 영향을 미치는지 확인할 수 있는 통찰력을 지녀야 한다.

2 자료 수집 및 분석

역사연구를 위해서는 다양한 일차적 자료(인터뷰 자료 등) 뿐 아니라, 이차적 자료(과거의 사건에 대한 기사나 기록 등)도 수집하는 것이 필요하다. 이 때 자료는 진실성과 확실성이 보증되어야 한다. 수집된 자료를 기초로, 연구자는 연구 문제에 따라 분석의 틀을 구성하고 통찰력을 동원하여, 자료에 대해 시대적 맥락에 따라 해석을 한다. 구체적인 자료 수집 및 분석 방법에 대해서는 뒤에서 다시 언급될 것이다.

3 결과의 보고

연구자는 결과에 포함되어야 할 내용과 강조점이 결정되면, 과거의 사건이 어떻게 왜 일어났는지 설명하고, 이러한 사건과 사람, 제도, 조직, 관념들 사이의 관련성을 서술하고 연구된 시대적 맥락에 따라 해석을 한다.

3 자료 수집 및 분석 방법

1 자료 수집 방법 : 일차적 자료와 이차적 자료

보통 연구자는 역사연구를 수행하기 위해 자료 수집에 가장 많은 시간을 투자하게 된다. 아무래도 역사연구가 연대기나 특정 토픽, 사건 혹은 인물을 중심으로 이루어지므로, 연구자는 객관적이면서 방대한 자료를 수집하기 위해서는 개인 인터뷰를 통한 일차적 자료 뿐 아니라, 신문 기사나 기록 등과 같은 다양한 이차적 자료에도 접근해야 한다. 특히, 일차적 자료를 수집할 때에는 먼저 자료의 진실성과 신빙성을 명확히 확인해야 하고, 일차적 자료와 이차적 자료의 진실이 일치하는지도 대조하는 것이 필요하다. 연구자는 자료 수집을 통해 드러나는 반복적인 객관적 사실을 인식하게 되고, 이러한 과정을 통해 얻게 되는 확신이나 통찰력을 기초로 자료를 분석하게 된다.

2 자료 분석 방법

연구자는 연구 목적, 문제, 개념적 틀(예: 시간적 틀)을 기초로 자료를 분석한다. 이 때, 자료 분석과 해석에 영향을 미칠 수 있는 연구자의 주제에 대한 편견을 먼저 인식하는 것이 필요하다. 이것은 연구자가 역사연구를 통해 진실을 발견하게 하고, 자료해석에 대한 편견의 영향을 감소시킬 수 있다.

〈표 3-8〉 질적연구방법 비교

구분	생애사	현상학	근거이론	문화기술지	사례연구
초점	· 개인의 삶을 탐구	· 현상에 대한 경험의 본질을 이해	· 현장에서 수집한 자료에 근거하여 이론을 개발	· 문화적, 사회적 집단을 기술, 해석	· 단일사례 혹은 복합 사례에 대한 심층 분석
학문적 기원	· 인류학 · 문학 · 역사학 · 심리학 · 사회학	· 철학 · 사회학 · 심리학	· 사회학	· 문화인류학 · 사회학	· 정치학 · 사회학 · 도시연구 · 기타 사회과학
자료 수집	· 면접 · 문서	· 10명까지 심층면접	· 범주가 포화되고 이론을 상술할 때까지 면접	· 현장에서 상당 기간 머물면서 주로 관찰, 면접, 부수적 인공을 활용	· 자료 수집원이 다양 : 문서, 문서기록, 면접, 관찰 등
자료 분석	· 이야기 · 발현 · 역사적 내용	· 진술 · 의미 · 의미주제 · 경험에 대한 일반적 기술	· 개발코딩 · 축코딩 · 선택코딩 · 조건 매트릭스	· 기술 · 분석 · 해석	· 기술 · 주제 · 주장
내러티브 형식	· 개인의 삶에 대한 자세한 묘사	· 경험의 '본질'을 기술	· 이론 혹은 이론적 모델	· 집단 혹은 개인의 문화적 행동 기술	· 사례 혹은 사례들에 대한 심층연구

출처 : John W. Creswell (2005), 조흥식 외 옮김, 『질적연구방법론』.

08 일상재구성법

1 개요

미국의 과학저널인 〈사이언스 Science〉 2004년 12월호에 발표된 논문 〈일상생활 경험을 특징짓는 조사방법 : 일일 재구성방법 A Survey Method for Characterizing Daily Life Experience : The Day Reconstruction Method〉은 개인과 사회의 '행복 지수'를 측정하기 위한 최초의 시도이다. 심리학과 경제학을 융합한 연구로 2002년 노벨 경제학상을 수상한 프린스턴대 심리학과 다니엘 카너먼 교수 연구팀(Daniel Kahneman)은 '하루의 재구성(DRM · Day Reconstruction Method)'이라는 방법을 사용하여, 사람들이 시간을 보내는 유형과 각각의 경험에 대해 어떤 느낌을 갖는지를 추적했다. 이 연구의 목적은 참여자들로부터 그들이 사는 사회문화적 배경과 그들이 일상생활에서 추구하는 최우선 활동과 프로젝트 및 목표를 알아내는 것이다. 그리하여 이 특별한 조사는 참여자들에게 그들이 두려움, 좌절, 근심, 행복 및 은총을 경험하는 삶의 중요한 순간들, 특히 보험 상품의 구매 및 소비와 관련될 수 있는 특정한 일이나 순간들과 관련된 감정 및 정서의 모든 것에 관해서 깊고 명확하게 생각하도록 시도했다(Kahneman et al., 2004).

2 학문적 기원

사람들이 일상적으로 어떤 활동을 하고 어떤 정서를 경험하는 지에 대해 많은 연구자들이 관심을 가져왔다. 특히 사람들이 전반적으로 자신의 삶에 대해 행복하다고 생각하는지, 그리고 삶의 어떠한 측면에 만족하는지에 대해 연구자마다 적절한 측정방법들을 동원하여 자료를 수집하고 분석하는 작업들이 진행되어 왔다. 전체적인 경험을 합쳐서 통합적으로 평가하는 것은 그 속에 포함된 개별적인 경험과 정서에 대한 평가를 할 수 없게 하므로 한 개인의 일상을 실질적으로 나타내고 있다고 하기 어렵다. 이에 대해 최근 개발된 일상재구성법(DRM : Day Reconstruction Method)은 일상에서 사람들이 실질적으로 경험하는 다양한 활동들에 대한 정서 패턴이 어떻게 나타나며 이러한 것들이 사람들마다 어떻게 다르게 나타나는지, 그리고 이러한 특징이 전체적인 삶의 만족과 어떠한 관련이 있는지 살펴보는데 적절하다고 할 수 있다.

그동안 삶의 질 연구에서 많이 사용되는 인간개발지수(HDI : Human Development Index) [1]등과 같은 객관적인 지표를 통해 우리나라 국민의 삶의 질의 지수를 측정한 연구가 있어왔지만(이현송, 1997; 정철희, 1995; 조명한, 김정오, 1993; 조명한, 차경호, 1998; 중앙일보, 1997), 실제로 우리나라에서 실시된 삶의 질 연구에서는 특정 상황에서 개인이 겪는 주관적 경험이나 사람들이 많이 경험하는 활동 등에 대한 것을 찾아보기 어렵다. 삶의 질과 관련해서 많은 연구들이 이루어졌으나, 사람들이 일상생활 속에서 과연 어떤 상황에서 어떤 활동을 경험하고 살아가는 것인지, 또는 사람들은 시간을 어떻게 활용하고 있는지를 알아내는 방법은 그리 많지 않았던 것이 사실이다.

1) 파키스탄의 경제학자인 Mahbub ul Haq에 의해 개발되었으며, 1990년부터 UNDP(유엔개발계획)의 연간 인간개발보고를 위한 지수로 사용되어왔다. HDI 지수는 기대수명, 교육 및 지적수준, 생활수준 등의 3가지 지수를 반영한다.

시간의 사용, 스트레스의 강도와 빈도, 감정 상태에 대한 양적인 자료는 개인의 삶의 질에 대한 정보를 제공하지만 사회적으로 전체적인 안녕감(well-being)을 측정하는데 많은 도움을 준다. 또한 일상생활에서 사람들이 하루의 일과 중 시간 할당을 어떻게 하는가에 대한 정보는 한나라의 경제적 지표 또는 사회적 지표에 대한 중요한 정보로서 일부 국가에서는 국가 통계자료에도 포함시키고 있으나, 이러한 조사에서도 응답자 자신이 하고 있는 활동에 대한 만족도를 측정하는 연구는 찾아보기 힘들다. 이와 유사하게, 주관적 안녕감(subjective well-being)에 대한 연구 중, 시간 사용과 특정 상황에서의 개인적인 경험에 대한 질문들이 포함된 것도 찾아보기 어렵다(장재윤 외, 2007). 다시 말해 전통적으로 삶의 만족도나 삶의 질에 대한 연구에서는 응답자의 직장(일)이나 가족 영역 또는 전체적인 삶에 대한 행복 또는 만족도에 대한 전반적인 자기 보고에 의존해 왔다(Kahneman et al., 2004).

하지만, 이러한 측정 방식은 응답자로 하여금 자신의 삶을 여러 측면에서 살펴보고 판단하여 응답을 해야 하는 인지적 부담을 주는 방법이며, 자기보고식 질문지에서 유발될 수 있는 왜곡과 측정 오류의 문제가 나타날 수 있다. 특히 전반적으로 자기에 대해 보고하는 방식(global self-report)은 특정 일화들을 회상해 내야 하는 기억 과정(memory process)과 응답자가 특정 방식으로 일상에서 다양하게 경험하는 순간의 경험들을 조합해서 응답하는 집합 과정(aggregation process)이 포함된다. 이러한 정신 과정(mental process)은 오랜 시간에 걸쳐 경험한 정서의 역동적 변화를 모호하게 만들거나 잘못 해석하도록 할 가능성이 있다. 따라서 전반적인 삶의 만족에 대한 설문조사 방식은 각 개인들의 실질적인 삶의 만족도나 정서 상태 등을 정확하게 측정하기 어렵다는 비판을 받아왔다(Fredrickso & Kahneman, 1993; Kahneman, Fredrickson, Schreibe & Redelmeier, 1993; Thomas & Diener, 1990).

이후 몇몇 연구자들은 자기-보고식 (self-reporting) 질문지의 한계를 벗어나서 실질적인 자료를 얻기 위한 연구 방법들을 개발하기 시작했다. 경험표집법

(ESM : Experience Sampling Method)과 생태학적 순간 평가(EMA : Ecological Momentary Assessment) 방법은 생리적 사건(physiological events)을 포함하는 일상의 순간적인 현상들을 모두 통합해서 평가하는 방법으로, 이 같은 방법의 발달로 인해 사람들의 삶에 대한 측정이 놀랄 만큼 중요한 발전을 이루게 되었다(최인수, 김순옥, 황선진, 이수진, 2003; Csikszentmihalyi & Larsen, 1987; Stone, Shiffman, & DeVries, 1999).

예컨대, 경험표집법을 사용한 연구에 참여한 사람들은 무선호출기가 울릴 때마다 어디에 있고, 무엇을 하고 있으며, 기분이 어떤지 하루 중 수차례에 걸쳐 기록하도록 되어 있다. 이러한 방법은 일상적인 삶에 있어서 순간순간의 상황에 대한 풍부한 자료를 얻을 수 있고, 연구 참가자들이 실제로 경험하고 있는 것을 보고하므로 정서를 왜곡하거나 먼 과거를 회상하기 위한 수고를 하지 않아도 된다. 따라서 시간이 흐른 후 회상을 하거나 과거 경험에 대한 평가를 함으로써 야기되는 부정적 영향을 피할 수 있는 장점이 있다. 그리고 하루 동안에도 여러 번에 걸쳐 경험을 표집 하기 때문에 한 개인이 일상에서 경험하는 현상에 대해 어느 정도 타당성을 확보할 수 있으며, 연구자가 이를 통해 연구 참여자의 시간에 따른 변화를 확인할 수 있다(Stone, Shiffman, & DeVries, 1999).

그러나 경험표집법은 비용이 많이 들뿐만 아니라, 연구 참가자에게 부담이 많이 되며, 표집이 되지 않는 흔하지 않은 사건에 대해서는 거의 정보가 없다는 점이 한계로 지적된다. 무엇보다도 경험표집법의 가장 큰 문제점은 자료 수집이 일상생활을 지속하는 중간에 실행되므로 연구 참여자는 하루에도 몇 번씩 자신이 하던 일을 중단하고 응답해야 하기 때문에 많은 부담과 불편을 느낄 수 있다는 것이다. 또한 이런 문제로 인해 많은 비용과 시간을 들인 연구가 연구 참여자의 높은 중도 탈락률로 인해 제대로 분석되기 어렵다는 점도 문제로 제기되어왔다. 최근에 Kahneman, Krueger, Schkade, Schwarz와 Stone(2004)은 이러한 문제점을 극복하고자 '일상재구성법(DRM)'이라는 새로운 기법을 제안하였다(장재윤 외, 2007).

3 주요 개념과 특징

'일상재구성법(DRM)'은 연구 참여자가 일상생활 중 특정한 하루 동안 일어난 일들, 즉 누구를 만났고, 무엇을 했고, 어떠한 정서를 경험했는지에 대해 체계적인 재구성을 하도록 하고, 이를 통해 일상의 삶에서 일어나는 일들을 자세하게 살펴볼 수 있도록 설계된 연구 방법이다. 구체적으로 연구 참여자들에게 연구에 참여하기 바로 전날, 즉 '어제'에 대해 생각해보도록 한 후, 하루 종일 있었던 에피소드들을 기록하도록 하기 때문에 구체적이며, 최근에 대한 기억을 회상하도록 하므로 회상과정에서 초래되는 오류나 편향성을 최소화 할 수 있다(Robinson & Clore, 2002). 이러한 에피소드를 바탕으로 연구 참여자들이 보고한 결과를 분석함으로써 일상생활에서 시간에 따라 경험하는 활동과 정서적 경험에 대해 알아볼 수 있다.

경험표집법에 비해 일상재구성법은 연구 참여자들이 응답하기에 부담을 주지 않고, 일상적인 활동을 방해하지 않으며, 단순히 하루 중 짧은 시간만을 표집해서 보는 것이 아니라 하루 종일 일어난 일들을 연속적으로 평가할 수 있다는 점에서 매우 유용하다. 또한, 경험표집법에 의해 측정된 결과와 일상재구성법으로 측정된 결과 간에는 상당한 유사성이 있음이 입증되면서(Kahneman & Krueger, 2006; Kahneman et al., 2004), 일상재구성법이 연구 참여자가 응답하기에 더 실용적인 방법이라고 볼 수 있다.

경험 표집법과 일상재구성법을 구체적으로 비교하여 살펴보면 〈표 3-9〉와 같다.

〈표 3-9〉 일상재구성법(DRM)과 경험 표집법(ESM)의 비교

	일상 재구성법(DRM)	경험 표집법 (ESM)
장점	1. 구체적인 경험에 기반하여 사실적인 자료 구축에 용이. 2. 하루 전날 일상에 대해 응답. 회상의 오류를 최소화. 3. 연구 참여 부담이 적음. 4. 경험표집법과 시간대별 일기의 장점을 모두 갖고 있음. 5. 하루 일상에 대한 전체적인 그림 파악에 용이.	1. 구체적인 경험에 기반하여 사실적인 자료 구축에 용이. 2. 연구 참여자들의 활동과 정서경험을 실시간 확인가능. 3. 특정 시간대에 일어나는 활동과 정서 경험 파악에 용이.
단점	1. 하루 전 일이라도 기억에 남지 않은 사건은 누락될 수 있음.	1. 연구 참여의 부담이 큼(일상을 방해). 2. 시간과 비용이 많이 듦. 3. 표집되지 않은 시간의 중요한 사건이 누락될 가능성 높음.

출처 : 장재윤, 유경, 서은국, 최인철 (2007). "일상재구성법(DRM)을 통해 살펴본 남녀직장인과 주부의 삶의 질," 「한국심리학회지 : 사회 및 성격」, 21(2):126.)

4 연구절차

(1) 먼저, 연구 참여자들은 연구에 참여하기 바로 전날에 대한 짧은 일기를 작성하도록 지시 받는다. 영화처럼 하루 중 있었던 일들을 일련의 장면이나 일화들로 이어서 생각하도록 지시하고 잠시 시간을 준다. 그리고 각 장면들은 나중에 기억하기 쉽게 하기 위해 예를 들어 '업무 중'. '친구와 점심식사'와 같이 짧은 제목을 붙이고 기록지에 적도록 한다.

이 때, 각 일화가 시작되고 종료된 시간을 기록해야 하며, 각 일화는 적어도 15분에서 2시간 사이에 일어난 것으로 구분해야 한다. 각 일화의 마지막에는 장소를 이동하거나 하던 일을 마치고 다른 일을 시작하거나, 상호작용하고 있던 대상이 바뀌는 것을 나타내야 한다. 이렇게 기록하다보면, 개인에 따라서는 10개가 넘는 일화를 기록할 수도 있고, 6-7개의 일화를 기록할 수도 있다. 참가자들은 일기를 제출하지 않아도 되므로 다른 사람을 의식하지 않고 편하게 작성할 수 있다.

이 때, 일상재구성법(DRM)은 각 참여자의 하루 전체 에피소드를 기록하기 때문에, 연구 참여자들 마다 에피소드의 개수와 시간대가 다르다는 특성이 있다. 때문에 데이터 분석을 위해 DRM 에피소드(에피소드의 시작과 끝으로 정의됨)의 시간을 어떻게 나타낼 것인가 하는 이슈가 생겨난다. 기존의 DRM 연구(Schwarz et al., 2006)에서는 다중 분석을 위해 각 에피소드의 중간점(시작과 끝 시간의 평균)을 사용하되, 각 에피소드마다 15분 단위로 데이터를 다시 구성한 경우도 있었다. 구체적인 예로, 오전 7시에서 9시 사이의 에피소드 경우 7시, 7시 15분, 7시 30분 등, 각 에피소드에 경험한 정서를 15분 단위로 할당하는 것이다. 이 방법은 에피소드의 기간은 무시하지만 더 자세한 프로파일을 제공할 수 있다는 장점이 있다.

(2) 일기를 작성한 후, 참가자들은 각 일화마다 구조화된 질문에 답해야 한다. 일화가 시작되었을 때 어디에 있었고, 누구(배우자/연인, 직장동료, 자녀, 고객/학생, 부모, 다른 친척, 친구, 기타)와 있었으며, 무엇을 했는지(출근 중, 일, 쇼핑, 집안일, 식사준비, 자녀돌보기, 이야기/대화, 놀이, TV시청, 음악 감상, 라디오/뉴스, 컴퓨터, 독서, 휴식, 몸단장, 먹기, 운 동, 걷기, 수면, 기도 등)에 대해 답해야 하며, 또한 그 때 경험한 정서에 대해서도 보고해야 한다. 10 가지의 상이한 정서 상태를 나타내는 단어(상황이 끝나기만을 기다린, 유능한/자신 있는, 긴장한/스트레스를 받은, 행복한, 우울한/울적한, 흥미로운/열중하는, 애정이 있는/우호적인, 편안한/이완된, 짜증나는/화가 나는, 피곤한) 중 자신이 경험한 정서를 7점 척도상(전혀 못 느꼈다 0점 - 매우 강하게 느꼈다 6점)에 나타내면 된다.

(3) 자신이 처음에 일기에 기록한 만큼 각각의 일화에 대한 질문지에 답을 작성하고 나서, 일기를 제외한 나머지 질문지 묶음을 제출하면 된다.

(4) 일상재구성법을 마친 후, 삶의 만족과 인구통계학적 질문이 포함된 설문지를 실시하면 본 연구의 절차가 끝나게 된다.

5 일상재구성 질문지 예시

〈제1부〉

첫 번째 아침 에피소드

제1부에서 작성한 에피소드들의 목록을 살펴보시기 바랍니다. 일어나자마자 바로 한 일을 적은 첫 번째(두 번째, 세 번째...) 에피소드를 선택하십시오. 이 00번째 에피소드는 몇 시(예를 들어, 7:30)에 시작되었습니까? 가능한 정확한 시간을 적어주시 바랍니다.

1. 에피소드시간

이 에피소드는 ________시________분에 시작되어 ________시________분에 종료되었다.

아래 질문에 답하기 전에, 이 에피소드를 자세히 떠올려 보기 위한 시간을 가지십시오. 귀하는 무엇을 하고 있었습니까? 누구와 함께 있었습니까? 느낌은 어떠했습니까?

2. 어디에 있었습니까?

1. 집　　2. 일터　　3. 차 안　　4. 다른 곳 : ____________

3. 귀하는 혼자였습니까?

1. 예　　2. 아니오

4. 누군가와 이야기하거나 무엇인가를 함께 하고 있었습니까?

1. 아니오 2. 한 사람 3. 두 사람 이상

5. 귀하가 누군가와 이야기 하고 있었거나 무엇인가를 함께 하고 있었다면 누구였습니까(해당되는 모든 곳에 표시하세요)

1. 배우자/ 연인
2. 직장동료
3. 자녀
4. 고객, 학생
5. 부모
6. 직장상사
7. 다른 친척
8. 친구
9. 없다
10. 위 외의 다른 사람인 경우 구체적으로 적기____________________

6. 무엇을 하고 있었습니까? (전체 목록을 모두 주의 깊게 읽고 나서 해당되는 모든 곳에 표시하시기 바랍니다)

1. 출근 중이었다/ 여행 중이었다
2. 집에서 컴퓨터를 하고 있었다.
3. 일하고 있었다
4. 독서하고 있었다.
5. 쇼핑/ 장보는 중이었다
6. 일을 하던 중 잠시 휴식을 취하고 있었다 / 특별한 일을 하지 않고 있었다.
7. 집안일을 하고 있었다
8. 몸단장을 하고 있었다
9. 식사준비를 하고 있었다
10. 먹고 있었다.
11. 자녀를 돌보고 있었다.
12. 운동 중이었다.
13. 이야기/ 대화중이었다.
14. 걷고 있었다/ 산책 중이었다
15. 놀고 있었다
16. 성 관계 중이었다.
17. TV를 보고 있었다.
18. 쉬고 있었다/ 수면 중이었다
19. 음악을 듣고 있었다
20. 기도/ 참선/ 명상 중이었다.
21. 라디오, 뉴스를 듣고 있었다.
22. 목록 외 기타 : 구체적으로 적기

7. 만약 귀하가 동시에 여러 가지 일을 한꺼번에 하고 있었던 것으로 표시했다면, 그 시간에 귀하에게 가장 중요했던 것으로 보이는 활동 하나를 골라 번호를 기입 해 주시기 바랍니다.

8. 이 에피소드 동안 귀하의 느낌은 어떠했습니까?
아래 제시된 척도에 각각 동그라미 해주시기 바랍니다. 0은 해당 정서를 전혀 경험하지 않았다는 의미입니다. 6 은 해당 정서를 매우 강하게 경험했다는 것을 의미합니다. 0 에서부터 6 사이 숫자 중 귀하가 경험한 바를 가장 잘 기술해주는 숫자에 동그라미 해주시기 바랍니다.

해당 정서를 전혀 경험하지 않았거나 에피소드와 정서가 전혀 관계없는 경우 '0'으로 표시하시고 경험하신정서에 대해서만 강도를 표시하시면 됩니다.

전혀 못 느꼈다. 매우 강하게 느꼈다.

상황이 끝나기만을 기다린	0	1	2	3	4	5	6
유능한/자신있는	0	1	2	3	4	5	6
긴장한/스트레스를 받은	0	1	2	3	4	5	6
행복한	0	1	2	3	4	5	6
우울한/울적한	0	1	2	3	4	5	6
흥미로운/열중하는	0	1	2	3	4	5	6
애정이 있는/우호적인	0	1	2	3	4	5	6
편안한/이완된	0	1	2	3	4	5	6
짜증나는/화가 나는	0	1	2	3	4	5	6
피곤한	0	1	2	3	4	5	6

(출처 : 유지수(2010). 「직장에서 가정으로의 정서 파급(spillover) : 성격과 직무만족의 조절효과」, 성신여자대학교 대학원 석사학위 논문 부록)

제 4 장

질적 자료의 분석과 글쓰기

01 질적 자료의 분석과 글쓰기

1 질적 자료 분석과 글쓰기의 시작

처음 질적 연구를 수행하는 연구자들은 질적 자료 분석과 글쓰기를 앞둔 단계에서 어떻게 시작해야 할 지 매우 막막함을 느낀다. 질적 자료의 분석과 글쓰기는 매우 종합적인 과정이며, 어느 정도의 경험과 기본적인 기술을 요구하기 때문이다. 하지만 이러한 고민들은 대부분 연구자 스스로 다음과 같은 질문들을 던지고 답하면서 해결의 실마리를 찾아나갈 수 있다.

- 내가 자료를 수집하면서 가슴 속으로 느꼈던 점은 무엇인가?
- 이 연구를 통해서 내가 독자에게 꼭 하고 싶은 말은 무엇인가?
- 어떻게 하면 내가 이해하고 발견한 내용을 왜곡되지 않게 독자들에게 잘 전달할 수 있을 것인가?
- 어떠한 제시 방법이 내가 하고 싶은 말을 가장 설득력 있게 전달하겠는가?

자세히 살펴보면, 위의 질문들은 연구자의 연구 동기, 연구 주제 및 목적과 매우 밀접하게 연관되어 있음을 알 수 있다. 자료 분석의 시작에 있어 가장 중요한 질문은 바로 첫 번째이다. “연구와 관련하여 나는 자료를 수집하면서 무엇을 느꼈는가”, “나는 그 사람으로부터 어떠한 느낌을 받았는가”, 또 “특정 장소를 방문했을 때 나는 어떠한 느낌을 받았는가"에 대해 조용히 생각해보는 시간을 갖는 것이다. 다시 말해서, 녹음한 오디오 테이프에 담긴 말 하나하나, 녹화한 비디오 테이프에 들어있는 행동 하나하나에 얽매이지 않고, 그 사람과 또 그 장소를 가만히 머릿속에 떠올리면서 자신이 받은 전체적인 느낌을 상기해보는 것이다. 그리고,"내가 왜 그러한 느낌을 받았을까" 에 대해 스스로 근거를 찾아가 보는 것이다. 또 연구 참여자 모두를 만나고 난 뒤에도 다시 한 번, "내가 자료 수집을 하면서 전체적으로 무엇을 느꼈는가"를 생각해보고, 다시 그 근거를 되짚어 나가야 한다. 숲을 보려고 하지 않고, 그 안에 빼곡히 들어선 나무 하나하나만 바라보면, 책상 위에 높이 쌓여있는 자료들이 내가 알아야 될 정보들로만 다가오게 되고, 자칫 본인이 하는 연구에 대한 전체적인 의미를 놓치게 된다.

두 번째 질문도 역시 연구자의 연구 동기와 연구 목적과 매우 밀접한 관련이 있다. 자료를 보면서 항상 "내가 왜 이 연구를 시작하게 되었는가" 그리고 "나는 이 연구를 통해 무엇을 말하고 싶은가"라는 질문을 던짐으로써, 전체적인 연구의 의도, 방향, 맥락을 놓치지 않도록 노력해야 한다. 연구자가 독자에게 하고 싶은 말은 자료 안에 있는 연구 참여자의 단편적인 말이나 행동 하나하나가 아니다. 또한 단순하게 연구 참여자들이 지닌 공통점이나 차이점만을 찾아 지적하고 싶은 것도 아니다. 자신이 너무 자료의 세세한 부분에 집착해서 찾아가야 하는 길을 못 찾고 있다는 느낌이 들면 한 발짝 물러서서 자신의 연구 동기와 연구 목적에 대해 스스로 물어봐야 한다.

세 번째와 네 번째 질문은 연구자가 발견하고 이해한 내용들을 제시하는 방법에 대해 고민할 때 꼭 필요하다. 대부분의 초보 연구자들은 아마도 이 단계에서 해답을 찾기 위해 질적 연구 방법에 관한 책을 다시 뒤적거릴 것이다. 하지만, 가장 근본적인 방법은 "어떤 방법으로 전달하는 것이 가장 효과적일까", "내가 독자라면 어떤 결과를 보고 싶을까" 등을 스스로 생각해보는 것이다. "내 연구에 참여한 4명 모두 특색이 있으니까, 각각에 대해 세세하게 보여주는 것이 좋지 않을까", "사례들이 너무 많아서 하나하나 보여주기는 것은 너무 낭비인 것 같고, 그룹으로 묶어서 보여주고, 필요하다면 그 중 한 예를 뽑아 보여주면 어떨까", 아니면 "독자들은 사례 하나하나를 자세히 알기 보다는 사례들로부터 드러나는 전체적인 주제나 패턴을 더 알고 싶지 않을까" 등을 곰곰이 생각해봐야 한다는 것이다.

질적 연구를 처음 수행하는 대부분의 초보 연구자들은 인터뷰나 참관을 통해 자료를 수집하고 분석까지 마친 후에야 어떻게 글을 쓸 것인가에 대해 고민하기 시작한다. 하지만, 연구 결과를 어떻게 제시해야 할 것인가하는 고민은 연구를 설계하는 순간부터 자료 수집과 분석의 과정을 거칠 때까지, 그리고 실제로 글쓰기를 진행하면서도 계속되는 경우가 많다. 물론, 연구 수행 과정에서 연구자가 처음에 계획했던 글쓰기 방식이 바뀌어 나갈 수 있다. 하지만, 이러한 고민이 연구자가 자신의 연구 결과를 가장 효과적으로 전달하기 위한 것이라면 극히 자연스러운 과정이며, 또한 칭찬할 만하다. 그만큼 앞에서 언급한 질문들은 연구가 마무리될 때까지 중요한 의미를 갖는다.

연구자는 자신이 이해한 것을 자신의 연구를 읽는 독자들을 위해 가장 효과적인 방법으로 제시해야 할 의무가 있다. 다시 말해서, 연구자가 글을 쓰는 것은 연구자 자신을 위한 것이 아니라 연구자의 글을 읽게 될 독자들을 위한 과정이다. 너무나 당연한 말처럼 여겨지지만 그만큼 쉽게 잊어버린다. 연구자는 연구 대상과 직접적인 만남을 통해서 대상에 대한 어느 정도 깊이의 이해를 할 수 있으나, 독자들은 연구자의 글을 통해 연구 대상을 이해한다. 인간의 본성이나 사회적 현상 등은 너무나 복잡 미묘하기 때문에 직접적인 만남이나 경험을 통해서도 이해하기가 쉽지 않다. 따라서 글로 표현된 것으로부터 사람을 이해한다는 것은 더 어려울 수 밖에 없다. 연구자는 이러한 독자의 고충을 헤아려 가능한 한 자신의 이해한 바를 상세히 전달해야 한다.

연구자마다 자신이 선호하는 방식의 글쓰기가 있다. 표현방식은 자유롭다. 창의성을 맘껏 발휘해보는 것이 좋다. 어떤 사람은 대화 형식의 드라마, 장편시, 또는 예술작품(그림, 사진, 비디오) 등의 파격적인 방식을 선택하기도 한다. 질적 연구가 인간과 인간 사회의 다양성을 받아들이고 복잡미묘한 성질을 표출해내는 과정이라고 한다면, 이러한 파격적인 방법들도 받아들여질 필요가 있다.

이 장에서는 질적 연구의 초보자로서 해볼 수 있는 자료 분석 방법과 몇 가지 제시 방식을 실례와 함께 소개하고자 한다. 연구자가 연구 결과를 제시하고자 하는 방식에 따라 분석 방식도 다소 차이가 나기도 한다. 따라서, 이 장에서는 제시 방법과 그에 따른 자료 분석 방법을 함께 살펴보고자 한다.

2 질적 자료의 분석

질적 자료의 분석은 자료의 수집과 함께 동시에 시작하는 것이 좋다. 그 이유는 우선, 연구자는 자료를 분석한 결과가 어떻게 나올지, 그리고 어디에 집중해서 자료를 분석해야 할 지 시작 단계에서는 알기 어렵기 때문이다. 연구를 진행함과 동시에 자료 분석을 시작하면 연구자는 수집한 자료에서 새롭게 드러나는 현상이 무엇인지 서서히 알게 되고 구체화시킬 수 있다. 그래서 연구의 방향을 좀 더 명확히 세울 수 있다. 둘째, 연구자는 엄청난 양의 자료에 압도당하는 느낌을 피할 수 있다. 자료 수집이 끝난 후 녹음된 테이프를 전사하여 책상 위에 쌓아 놓은 자료들은 적게는 수 십, 수 백장에서 많게는 수 천장에 이른다. 초보 연구자들은 이 쌓여진 전사본을 보는 것만으로도 분석할 의욕을 잃기도 한다. 셋째, 많은 초보 연구자들은 자료 수집과 동시에 분석이 이루어져야 됨을 알면서도 어떻게 해야 하는지 몰라 "일단 자료 수집부터 하고 보자" 라는 심정으로 자료 수집에만 몰두하는 경향이 있다. 자료 수집과 분석이 동시에 진행되면 연구자는 어떤 자료가 더 필요한지 파악할 수 있고, 이에 맞추어 적절한 다음 인터뷰 질문을 구상하고 필요한 현장 자료를 수집할 수 있다. 이것은 효율적으로 필요한 자료를 수집하는 데 매우 도움이 된다. 넷째, 자료를 분석하는 과정에서 연구 참여자에 대한 애착을 느낄 수 있다. 연구 참여자와의 관계 형성은 좋은 자료를 수집하고 정확하게 분석해 내는

데 필요한 기본적인 요건이다.

질적 자료 분석의 과정에 대해서는 질적 연구 전통에 따라 다소 차이를 보인다. 예를 들어, Creswell(2007)은 질적 연구 방법을 크게 다섯 가지 접근법(즉, 내러티브, 현상학, 근거이론, 문화기술지, 사례연구)으로 나누고, 각각의 접근법에 따른 분석 방법의 특성을 기술하였다. 내러티브 연구의 경우에는 연구 참여자가 이야기한 내용들로부터 사건의 연대기를 그린 다음, 연대기에서 드러나는 발현(epiphany)을 중심으로 분석해나갈 수 있다. 현상학적 연구의 경우에는 참여자의 면담으로부터 특정 현상이나 경험과 관련된 의미 있는 진술들을 뽑아내고, 이 진술들을 의미의 단위로 묶으면서 조직하는 과정을 거친다. 근거이론을 활용한 연구의 경우에는 참여자들의 면담 내용을 여러 가지 속성에 따라 하위범주와 차원을 발견하는 개방코딩(open coding)으로부터 시작한다. 그리고 자료에서 드러나는 중심현상을 축에 두고 중심현상을 둘러싼 인과적 조건, 맥락적 조건, 중재적 조건 등을 연결 지어 보는 축코딩(axial coding), 그리고 발견한 중심현상을 넓은 관점에서 다시 한 번 들여다보면서 이야기나 도식으로 제시하는 선택코딩의 과정(selective coding)을 거쳐 자료를 분석한다. 문화기술지 연구의 경우 특정 집단의 문화를 기술하는 것부터 분석을 시작한다. 마지막으로 사례연구의 경우에는 사례의 독특한 특성을 드러내기 위해 사례에서 핵심 이슈들을 도출하고, 그 이슈가 드러날 수 있는 장면을 선택하여 생생한 기술(vivid or thick description)을 시도한다. 물론 각 연구 전통 내에서도 학자에 따라 자료 분석의 과정은 다소 차이가 있다.

연구 전통에 따라 분석 방법에 있어 차이가 있긴 하나, 자료를 코딩하고 범주나 주제로 묶어 도식화하고, 이를 중심으로 현상을 설명해 내는 과정은 모든 연구 전통에 포함되어 있는 공통적인 요소들이라 할 수 있다. 예를 들어, Miles와 Huberman(1994)은 자료 분석의 과정을 크게 세 단계로 요약하고 있다. 첫째, 전사된 관찰일지나 인터뷰 전사본 자료 등을 살펴 본 후 그 중에서 초점을 정해 필요한 부분을 선택하는 자료 축소의 과정, 둘째, 자료를 축소시키는 것을 넘어 도식,

차트, 매트릭스(표) 등으로 재조직하는 과정, 그리고 셋째, 도식화 한 자료로부터 한 걸음 물러서서 전체적으로 살펴보면서 연구 문제에 답하기 위한 결론을 도출하는 단계이다. Miles와 Huberman은 이러한 일반적인 과정을 Carney(1990)의 "분석적 단계(The ladder of analytical abstraction)"([그림 4-1])참조를 참고하여 설명하였다.

❶ 자료의 축소(data reduction)

이 단계는 전사된 관찰 일지나 인터뷰 전사본 자료 등을 살펴 본 후 그 중에서 선택하고(selecting), 초점을 정하고(focusing), 내용을 단순화하고(simplifying), 변환하는(transforming) 과정을 포함한다. 이는 단순히 자료를 연구자가 다루기 쉽도록 줄이는 차원을 넘어, 연구자가 드러내고자 하는 주제를 중심으로 자료를 변환시키는 과정이라고 할 수 있다. 다시 말해서, 기존 문헌 등을 바탕으로 연구 문제를 설정하고, 그 연구 문제에 답하기 위해 필요한 요소들을 중심으로 코딩지를 구성한다. 그리고 자료를 읽으면서 주어진 코딩지에 해당하는 내용들을 찾아 범주화하는 것이다. 물론, 자료를 살펴보면서 예상하지 못했던 요소들이 나올 수 있고, 귀납적으로 새로운 범주를 코딩지에 포함시킬 수 있다.

❷ 자료의 효과적 제시(data display)

이 단계는 자료를 단순히 축소시키는 것을 넘어 도식, 차트, 매트릭스(표) 등으로 재조직하는 과정으로서 결론을 도출해내기 위한 준비단계라고 할 수 있다. 이러한 과정을 통해서 어떠한 것이 상위범주 및 하위범주에 해당하는지를 쉽게 알 수 있게 된다.

❸ 결론의 도출 및 검증(conclusion drawing and verification)

도식화 한 자료로부터 한 걸음 물러서서 전체적으로 살펴보면서 연구 문제에 답하기 위한 결론을 도출하는 과정이다. 결론이 도출되면 다시 자료와 도식들로 되돌아가서 다양한 각도로 살펴봄으로써 결론에 대한 확인을 할 수 있다.

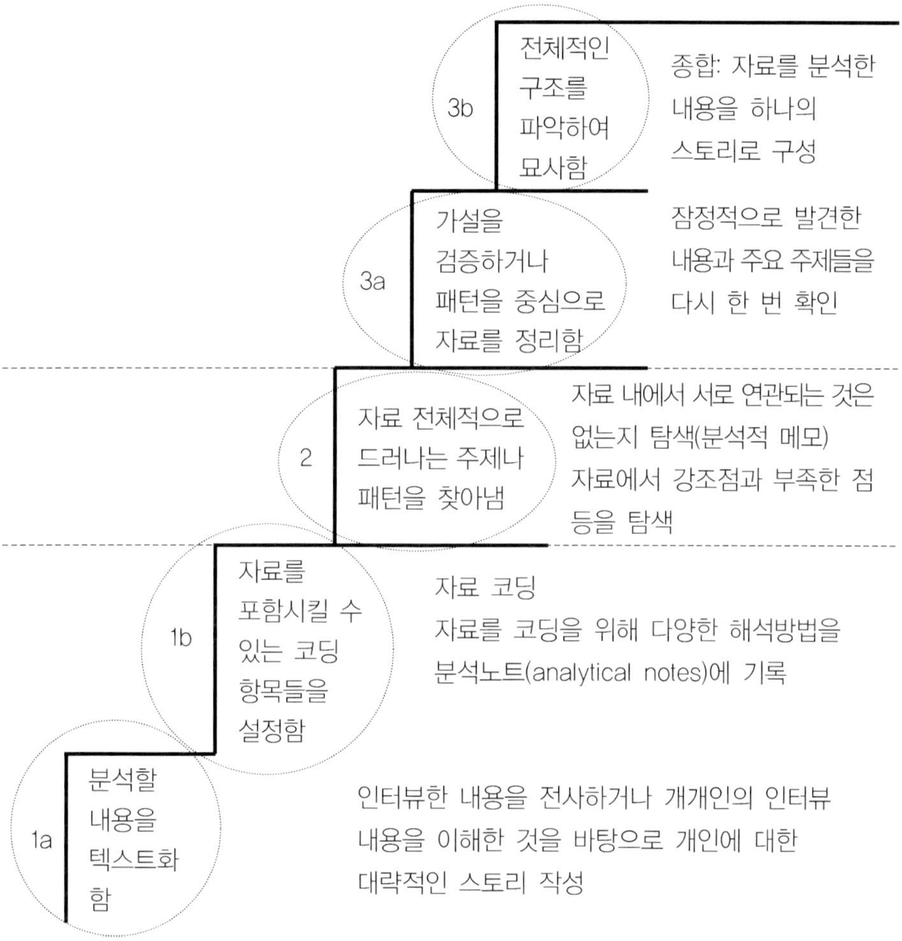

[그림 4-1] 질적 자료 분석의 단계(Carney, 1990)

이 책에서도 각 연구 전통에 따라 자료 분석 방법을 나누어 설명하기 보다 좀 더 일반적인 용어로 자료 분석의 과정을 [그림 4-2]와 같이 세 단계로 설명하고자 한다. 첫 단계는 자료를 들여다 보면서 자료가 주는 전체적인 느낌, 이미지를 파악하는 과정이다. 이는 마치 서점에서 책을 살 때 책 앞에서부터 마지막 페이지까지 한 번 살펴보면서 책에 담긴 내용들을 대략적으로 파악해서 마음 속에 그림을 그려보는 행위와 유사하다. 두 번째는 마음 속에 담긴 느낌이나 이미지를 기억하면서 자료를 자세히 하나하나 분석해보는 단계로, "내가 받은 느낌, 이미지는 무엇 때문일까", "과연 어디에서 내가 그런 느낌을 받았을까"에 대한 답을 찾는 과정이다. 이 단계는 책의 내용을 대충 훑어보고 난 후 한 장 한 장 자세히 읽기 시작하면 부분 부분을 전체적인 맥락 안에서 이해할 수 있게 되는 것과 유사하다. 이 단계에서 필요하다면 코딩이나 메모를 할 수 있고, 그림이나 표로 도식화하면서 자신이 이해한 내용을 정리해나갈 수 있다. 마지막 세 번째 단계는 다시 한 걸음 물러서서 자료를 되돌아 보는 과정이다.

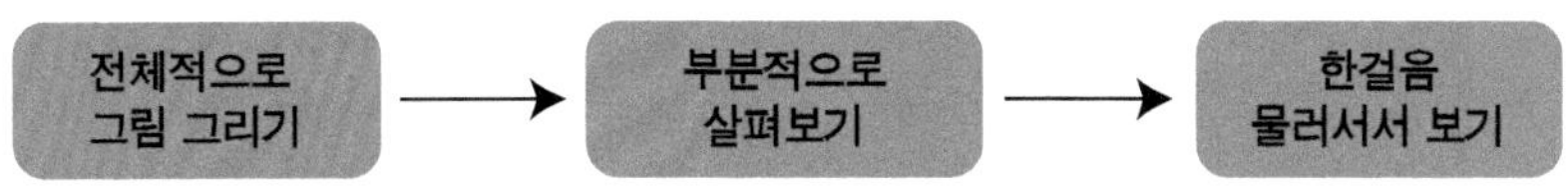

[그림 4-2] 자료 분석의 세 단계

내가 이해한 것은 맞는지, 사례들 간의 공통점이나 차이점은 무엇인지, 그리고 전체적으로 드러나는 패턴이나 결론은 없는지 살펴보는 과정이다. 다시 말해서, 책을 읽고 나서 이 책이 주는 메시지를 자신의 언어로 표현해보는 단계라고 할 수 있다.

많은 초보 연구자들은 자료 분석을 시작할 때 자료의 전체적인 그림을 그리는 첫 단계를 건너 뛰고 바로 두 번째 단계를 시작하기 위해 연필을 들고 전사본 위에 코딩이나 메모를 할 준비를 한다. 그리고 한 걸음 물러서서 다시 전체적으로 파악하는 단계로 넘어가지 못하고 코딩한 자료에만 집착하는 경향을 보이기도 한다. 이는 앞에서도 언급했듯이 숲을 보지 않고 나무만 바라보는 격이다.

1 자료에 대한 전체적 그림 그리기

인터뷰와 같은 질적 자료 분석을 시작할 때 가장 중요한 것은 자료를 계속해서 들여다 보고 또 들여다 보는 것이다. 그리고 자료에서 느껴지는 이미지를 전체적으로 파악하는 것이 가장 중요하다(Agar, 1980). 예를 들어, 인터뷰를 통해 자료를 수집했다면 시간이 다소 걸리더라도 녹음된 내용을 계속해서 들으면서 직접 전사본을 만들어 보는 것이 좋다. 그리고 전사본이 완성된 이후에도 전사본만 들여다 보는 것이 아니라 계속해서 녹음된 음성과 전사본을 함께 보는 것이 효과적이다. 목소리가 담겨있지 않은 전사본만 읽게 되면 연구 참여자가 말할 때의 심리적 상태나 뉘앙스 등 주관적인 요소들을 놓칠 수 있다. 실제로 자료를 분석할 때에는 주관적인 요소들이 중요한 메시지를 주는 경우가 많다. 녹음된 음성을 듣지 못하는 상황이라면 마치 그 연구 참여자가 된 것처럼, 마치 연극을 하듯이 전사본을 소리 내어 읽어보면 좋다. 눈으로만 보는 것과 달리 소리 내어 읽어 내려가다 보면 그 사람의 마음의 상태를 간접적으로나마 느낄 수 있다.

Dey(1995)는 질적 연구자들이 자료 분석을 할 때 세 가지 “I”, 즉 통찰력(Insight), 직관(Intuition), 인상(Impression)에 의존하는 경향이 있다고 하였다. 일부 연구자들은 질적 연구의 이러한 특성을 지적하면서 질적 연구의 타당성에 대해 비판하기도 한다. 그러나 이 세 가지 “I”는 인간이 지닌 기본적인 능력들이며, 인간이 서로 다른 사람들과 의사소통할 때 또는 사물을 바라볼 때 자연스럽게 개입된다. 따라서 질적 연구와 같이 인간과 사회현상의 복잡 미묘함을 이해하고 기술하고자 할 때에는 이를 활용한 전체적인 이해가 중요하다.

다음 [표 4-1]은 오랫동안 과학교사 모임에 참여해온 한 고등학교 과학교사(최교사)를 인터뷰한 내용의 일부를 예로 든 것이다(김효정, 2000). 최교사는 과학교사 모임에서 회장 역할을 맡아오면서 과학교사 모임의 의의에 대해 곰곰이 생각해 왔다. 연구자는 이와 같은 교사들을 통해 교사 모임의 참여 경험이 과학교사의 전문성 향상에 어떠한 역할을 할 수 있는지, 그리고 각 개별 교사가 교사 모임을 통해 어떻게 교사로서의 가치관을 형성해나가는지 알아보고자 하였다.

우선, 이 전사본을 소리 내어 읽어보자. 물론 제시된 짧은 전사본만으로 최교사에 대해 이해하는 데에는 한계가 있다. 그러나 최교사가 어떤 교사라고 생각되는지 마음 속에 이미지를 그려보자. 그리고 왜 그러한 이미지가 그려지는지 그 이유에 대해 생각해보자.

[표 4-1] 최교사 인터뷰 전사본의 일부

연구자: 이 과학교사 모임은 어떤 목표를 갖고 있으세요?

최교사: 우리 모임이 가치롭게 생각하는 게 세 가지가 있는데, 하나는 잘 배우는 것. 그래야 애들을 잘 가르칠 수가 있잖아요. 예를 들면 학생들이 잘 이해를 못했어. 그러면 이해를 해야 할 학생의 잘못이 아니라 이해를 못 시킨 교사 잘못인 거에요. 교사가 다섯 번 설명을 해도 애들이 이해를 못하면 일차적인 책임은 교사의 책임이거든요. 교사가 정확하게 이해하지 아니하면 애들을 이해시킬 수 없기 때문에 교사가 잘 배워야 잘 가르친다 (그래서) 잘 배우자. 두 번째는 우리가 배우고 개발한 자료들을 우리 인근 지역이나 우리나라 다른 지역에 있는 다른 선생님들한테 보급하자, 나누어 주자. 세 번째는 그리고 우리 인근 제 3국에 우리가 필요하면 그 나라에 가서 자료들도 나누어주는 봉사하자. … 도와줄 수 있는 실험 보조 자료 또는 새롭게 개발된 실험. 교사가 잘 가르치기 위해서는 다양한 거리들을 가지고 있어야 되는데 (제 3국에는) 그게 좀 부족하잖아요.

연구자: 회원 교사 분들과 함께 외국으로 실험 자료도 모으고, 보기도 하러 나가시기도 하겠어요.

최교사: 그렇죠, 희망하면. 2006년도에는 미국, 아마 알 거에요 NSTA. 거기에 가면 미국 50개 주에서 다양한 거리들을 가지고 온 선생님들이 주로 30분 단위로 수십 개의 방에서 실험을 발표하거든요. 거기 13명이 같이 갔다 왔었어요. 그 다음에 일본, 7월 말부터 8월 초까지 일본 동경에 동경학생과학대제전이 있어요. 일본에서는 거기서 인제 일본 선생님들이 개발한 실험들을 보면서 아이디어들을 얻죠. 그 다음에 인제 영국의 에든버러 사이언스 페스티벌, 이런 것도 있죠. 프로젝트가 있으면 지원하고, 없으면 자기 부담으로 가요. 또는 봉사하러도 가고. 동티모르로 봉사하러 가요. 우리가 잘 배우고 우리 내에서만 가르치는 것도 중요하지만, 동등한 비율로 나라 밖 과학교사들을 돕는 것도 무지무지 어려운 것들이더라고요. (이런 활동들을 하면서) 우리가 훨씬 성장하는 거 있죠. 일종의 과학교사로서의 어떤 자기 발전, 자기 성취, 이런 부분과도 과학교사 모임은 직결되어 있다는 생각이 들어요. … 팀워크가 중요하다고 하는 걸 모임 활동하면서 깨닫는 거 있죠. 한 사람의 똑똑한 사람보다 조금 못하더라도 그룹으로 움직이다 보면 집단 지성이 (훨씬 효과적으로) 작용한다는 거에요. 그래서 선생님들한테 맨날 이야기 해요. 우리는 모자이크 모임이다. 특별나게 뛰어난, 특별한 리더나 전문가는 없지만, (다시 말해서) 전체가 한 부분 한 부분 보면은 아름다워 보이지 않는데 그림 전체로 보면은 괜찮아 보이는 작품 좀 되는, 그러한 그 모임이 저희 모임의 특징 중에 하나가 아닌가 싶어요. 한 가닥 줄은 잘 끊어지지만 삼겹줄은 잘 안 끊어지잖아요.

연구자: 네.

최교사: 내가 이 모임을 하면서 깨달은 것 중 하나는 교사들은 진짜 전문가라고 하는 거에요. 진짜 전문가인데, 교사는 진짜 전문가인데, 그 전문성을 발휘할 수 있는 기회가 많이 주어지지 않는다라고 하는 거. 선생님들 마다 포텐셜 에너지, 포텐셜은 무지무지하게 높은데 이걸 활용할 수 있는 여건은 없다는 거죠. 이런 활동들이 없으면, 어떤 형태이든지 교사들의 전문성을 좀 더 나타내고 쓸 수 있는 기회가 주어지지 않으면, 교사는 전문가가 아니에요. 예를 들면 대학 또는 대학원 교육을 받았다 해서, 고학력자라고 해서 전문가는 아니라고 생각이 들어요. 우리가 만나는 아이들이 해마다 바뀌고 교육내용도 교육과정이 바뀌면서 달라지지만, 그것을 아이들한테 그냥 별 변화 없이 가르치는 것은 비전공자들도 할 수 있거든요. 수준의 차이는 나겠지만 비전공자들도 상치과목을 가르치는 교사들도 충분히 할 수 있는 부분이에요. 그래서 교사들이 교사가 과연 전문성이 있나 고민을 좀 많이 했어요. 교육학을 공부 했기 때문에 학생의 심리와 학생, 발달 심리학을 배웠기 때문에 일반인들보다 학생들의 이해, 심리에 대한 이해를 더 잘 할 수 있어서 전문직이라고 할 수 있을까? 아니면 그 교과에 대해서 전공자이기 때문에 전문직이라 할 수 있을까? 그런데 자기 발전이 이루어지지 않으면 그것만 가지고는 전문가라고, 전문직이라고 할 수 없다고 저는 생각해요. 애들을 가르칠 때, 이 개념을 작년에는 이렇게 가르쳤는데 알고 보니까 훨씬 쉬운 방법이 있는 거 있죠. 내가 20년이 지난 뒤에 깨닫는 것들이 있어요. "아이고, 왜 그 동안 내가 몰랐을까" 그런 부분이 있어요. 예를 들면, 변화가 내 속에서 일어나지 않는다면 않는다면 교사는 전문가라고 학교 밖에 대해서 이야기 할 수는 없겠다라는 생각이 들었어요. 전문성 향상을 위해서는 어떤 형태의 소모임이 필요하다는 거에요.

어떠한 이미지가 머릿속에 그려지는가? 한 마디로 표현하기는 힘들지만, 그래도 마음 속에 최교사의 뭔가 생생한 열정, 땀 흘림, 성장, 함께함 등의 느낌이 떠오른다. 최교사가 얼마나 교사 모임에 열심히 참여하고 있는지, 최교사에게 교사 모임은 어떠한 의미가 있는지, 그리고 최교사가 그 안에서 교사로서의 전문성을 어떻게 형성해 나가고 있는지 상상해볼 수 있다. 최교사에게 교사 모임은 부족하지만 잠재성을 지닌 서로 다른 교사들이 모여서 자료를 개발하고, 보급하고 서로 나누는 장소이다. 그러한 교사들의 모습이 최교사에게는 매우 의미 있고 아름답게 비춰진다. 그런 의미에서 최교사는 본인이 참여하고 있는 모임을 "모자이크 모임"이라고 표현하고 있다. 하나 하나의 조각도 의미가 있고 중요하지만 그것이 한 폭의 그림으로 나타날 때 아름다움을 느끼고 조각의 의미가 더욱 중요해지는 것처럼, 교사 개개인 보다는 함께 모일 때 보다 의미 있는 교수 활동이 창조될 수 있으며, 개개인의 잠재성도 더욱 부각되기 때문이다. 그는 경험으로부터 집단의 힘을 믿는다. 그리고, 그는 교사 모임이 자료를 개발하는 것을 넘어 그것을 다른 사람들, 심지어 다른 나라에 있는 교사들과 함께 나눌 때 더 큰 가치를 창조한다고 믿고 있다. 이 점에서 최교사는 여느 다른 교사들과 차이를 보인다. 대부분의 교사들이 자신이 개발한 것을 동티모르와 같은 후진국의 교사들에게 나누어줘야 한다는 생각을 쉽게 하지 못한다. 그렇지만, 최교사는 다른 교사들과 함께 동티모르로 가서 봉사를 한다. 그리고 그 활동을 통해 자신이 성장하는 것을 느낀다. 이것이 바로 연구자가 최교사에 대해 마음에 그려볼 수 있는 이미지이다. 이러한 이미지는 일반적으로 전사본의 다른 부분을 읽는 동안에도 일관되게 나타난다.

2 부분적으로 자세히 살펴보기

질적 연구를 시작하는 연구자들이 가장 많이 들어보고 사용하는 용어 중 하나가 바로 코딩(또는 부호화)이다. 마치 양적 연구에서 설문지에 응답한 내용들을 코딩하여 컴퓨터에 입력한 후 통계적 분석을 시작할 준비를 하듯이, 질적 연구에서도 인터뷰에 응답한 연구 참여자들의 응답에서 지속적으로 나타나는 단어나 어구, 주제, 개념 등을 파악해서 자료의 부분 부분에 단어, 어구, 문자, 기호 등을 조합하여 이름을 붙여나가는 과정이 필요한데, 이 과정을 코딩(coding)이라고 한다. 이 과정에서 많은 양의 자료는 분석이 가능한 상태로 줄어들게 된다. 그리고 이름들을 붙여나가다 보면 비슷한 성질을 가진 자료끼리 묶이는 것을 알 수 있다. 이러한 과정을 범주화(categaization)라고 한다.

(1) 인터뷰 자료의 분석

연구 참여자 개별 또는 참여자 전체에 대한 대략적인 이미지가 그려졌다면, 다음 단계는 "내가 이러한 이미지와 느낌을 받은 이유는 무엇일까" 그 원인을 하나하나 되짚어나가는 과정이 필요하다. 그 과정이 코딩이다. 코딩은 연역적 방법과 귀납적 방법으로 할 수 있다. 연역적 방법은 이론적 배경이 튼튼하거나 알고자 하는 연구 문제가 명확할 때, 미리 문헌이나 연구 문제를 바탕으로 대략적인 코딩의 기초를 마련하고 그 코딩 내용에 따라 본격적인 분석에 들어가는 방법이다. 반대로 귀납적 방법은 자료를 직접 살펴보면서 필요한 코딩 요소를 정하면서 분석을 해나가는 방법이다.

연역적 방법의 경우 기존 문헌들이나 연구 문제 등으로부터 미리 코딩 할 내용을 정해서 많은 양의 자료를 정리하기 시작한다. 물론 실제로 자료를 코딩 해 나가면서 코딩 항목들이 추가·삭제되거나 수정되는 경우도 많다. 위에서 제시한 최교사의 인터뷰를 예로 들어보자. 기존 연구들을 살펴보면 교사 모임 참여의 목적과 관련하여 과학 교과지식의 향상, 교수방법의 교환, 교수자료 수집, 교사간의 네트워크 형성 등의 요소를 언급하고 있다. 또한 교사 모임 참여의 어려움과 관련하여 시간의 부족, 교사 모임에 대한 정보 부족, 소속감 부족 등을 밝히고 있다. 이 경우 교사는 [표 4-2]와 같이 분석 전에 코딩 형식을 미리 준비할 수 있다. 필요하다면 더 간편한 축약된 코드를 만들 수도 있다. 연구자는 전사본을 읽으면서 관련된 어구가 나올 때마다 옆에 코드를 적어나가면 된다.

[표 4-2] 코딩 형식의 예시

코딩 영역 및 코드	축약된 코드
교사 모임 참여의 목적	PUR
과학 교과지식의 향상	PUR-SMK
교수 방법의 교환	PUR-Strategies
교수 자료 수집	PUR-Resource
교사간의 네트워크 형성	PUR-Network
교사 모임 참여의 어려움	DIF
시간 부족	DIF-Time
교사 모임에 대한 정보 부족	DIF-Info
소속감 부족	DIF-Team

귀납적 방법은 이론적 틀에 의존하지 않고, 순수하게 자료로부터 코드를 끄집어 내는 방식이다. 코딩은 연구 참여자로부터 얻은 전체적 이미지를 마음에 담고, 그들의 대화를 한 줄 한 줄 읽어 내려가는 것으로부터 시작된다. 즉, 자료를 읽으면서 새롭게 발견된 내용에 대해 인터뷰 전사본이나 현장일지, 각종 문서 등에 명확히 표기하는 것이다. Charmaz(2000)는 코딩의 초기단계인 행간코딩(line-by line coding)을 통해 연구 대상이 의도하는 바를 꼼꼼히 살펴보고, 선택 또는 초점 코딩(selective or focused coding)으로 초기 코딩한 내용들을 종합해보면서 주제를 도출해 낸다고 설명하였다. 사실, 이론적 틀 없이 자료를 코딩하는 작업은 질적 연구 초보 연구자에게 그리 쉬운 작업은 아니어서 많은 연습과 노력이 필요하다. 이를 위해 Charmaz는 분석적 메모(analytical memo)의 중요성을 강조하였다. 자료를 코딩하고 분석하는 과정에서 떠오르는 생각 등을 적어놓으면 도움이 된다는 것이다. 최교사의 전사본을 다음과 같이 코딩해 볼 수 있다.

[표 4-3] 코딩과 메모의 예시

전사본	코딩과 메모의 예시
연구자: 이 과학교사 모임은 어떤 목표를 갖고 있으세요? 최교사: 우리 모임이 가치롭게 생각하는 게 세 가지가 있는데, 하나는 잘 배우는 것. 그래야 애들을 잘 가르칠 수가 있잖아요. 예를 들면 학생들이 잘 이해를 못했어. 그러면 이해를 해야 할 학생의 잘못이 아니라 이해를 못 시킨 교사 잘못인 거에요. 교사가 다섯 번 설명을 해도 애들이 이해를 못하면 일차적인 책임은 교사의 책임이거든요. 교사가 정확하게 이해하지 아니하면 애들을 이해시킬 수 없기 때문에 교사가 잘 배워야 잘 가르친다 (그래서) 잘 배우자. 두 번째는 우리가 배우고 개발한 자료들을 우리 인근 지역이나 우리나라 다른 지역 에 있는 다른 선생님들한테 보급하자. 나누어 주자. 세 번 째는 그리고 우리 인근 제 3국에 우리가 필요하면 그 나라에 가서 자료들도 나누어주는 봉사하자. … 도와줄 수 있는 실험 보조 자료 또는 새롭게 개발된 실험.	이 교사 모임의 목적 1: 배우는 것 교사의 지식은 학생들을 가르칠 때 갖추어야 할 기본적 요소라 생각함 이 교사 모임의 목적 2: 나누는 것 이 교사 모임의 목적 3: 봉사하는 것

전사본	코딩과 메모의 예시
교사가 잘 가르치기 위해서는 다양한 거리들을 가지고 있어야 되는데 (제 3국에는) 그게 좀 부족하잖아요.	다른 교사 모임에 비해 큰 가치를 추구함
연구자: 회원 교사 분들과 함께 외국으로 실험 자료도 모으고, 보기도 하러 나가시기도 하겠어요.	
최교사: 그렇죠, 희망하면. 2006년도에는 미국, 아마 알 거에요 NSTA. 거기에 가면 미국 50개 주에서 다양한 거리들을 가지고 온 선생님들이 주로 30분 단위로 수십 개의 방에서 실험을 발표하거든요. 거기 13명이 같이 갔다 왔었어요. 그 다음에 일본, 7월 말부터 8월 초까지 일본 동경에 동경학생과학대제전이 있어요. 일본에서는 거기서 인제 일본 선생님들이 개발한 실험들을 보면서 아이디어들을 얻죠. 그 다음에 인제 영국의 에든버러 사이언스 페스티벌, 이런 것도 있죠. 프로젝트가 있으면 지원하고, 없으면 자기 부담으로 가요. 또는 봉사하러도 가고, 동티모르로 봉사하러 가요. 우리가 잘 배우고 우리 내에서만 가르치는 것도 중요하지만, 동등한 비율로 나라 밖 과학교사들을 돕는 것도 무지무지 어려운 것들이더라고요. (이런 활동들을 하면서) 우리가 훨씬 성장하는 거 있죠. 일종의 과학교사로서의 이떤 자기 발전, 자기 성취, 이런 부분과도 과학교사 모임은 직결되어 있다는 생각이 들어요. … 팀워크가 중요하다고 하는 걸 모임 활동하면서 깨닫는 거 있죠. 한 사람의 똑똑한 사람보다 조금 못하더라도 그룹으로 움직이다 보면 집단 지성이 (훨씬 효과적으로) 작용한다는 거에요. 그래서 선생님들한테 맨날 이야기 해요. 우리는 모자이크 모임이다. 특별나게 뛰어난, 특별한 리더나 전문가는 없지만, (다시 말해서) 전체가 한 부분 한 부분 보면은 아름다워 보이지 않는데 그림 전체로 보면은 괜찮아 보이는 작품 좀 되는, 그러한 그 모임이 저희 모임의 특징 중에 하나가 아닌가 싶어요. 한 가닥 줄은 잘 끊어지지만 삼 겹 줄은 잘 안 끊어지잖아요.	나누기 위해서는 자료를 개발하는 것이 필요하고 그래서 외국 과학 관련 행사 참석 등을 통해 적극적으로 자료를 수집함 (매우 역동적인 느낌…) 활동을 통해 성장함을 느낌 – 교사 모임 활동의 의의 집단의 힘을 느낌 – 모임의 성격 모자이크 – 모임의 성격 '모자이크'는 이 모임의 성격을 잘 나타내주는 이미지이다.
연구자: 네.	

전사본	코딩과 메모의 예시
최교사: 내가 이 모임을 하면서 깨달은 것 중 하나는 교사들은 진짜 전문가라고 하는 거예요. 진짜 전문가인데, 교사는 진짜 전문가인데, 그 전문성을 발휘할 수 있는 기회가 많이 주어지지 않는다라고 하는 거. 선생님들 마다 포텐셜 에너지, 포텐셜은 무지무지하게 높은데 이걸 활용할 수 있는 여건은 없다는 거죠. 이런 활동들이 없으면, 어떤 형태이든지 교사들의 전문성을 좀 더 나타내고 쓸 수 있는 기회가 주어지지 않으면, 교사는 전문가가 아니에요. 예를 들면 대학 또는 대학원교육을 받았다 해서, 고학력자라고 해서 전문가는 아니라고 생각이 들어요. 우리가 만나는 아이들이 해마다 바뀌고 교육내용도 교육과정이 바뀌면서 달라지지만, 그것을 아이들한테 그냥 별 변화 없이 가르치는 것은 비전공자들도 할 수 있거든요. 수준의 차이는 나겠지만 비전공자들도 상치과목을 가르치는 교사들도 충분히 할 수 있는 부분이에요. 그래서 교사들이 교사가 과연 전문성이 있나 고민을 좀 많이 했어요. 교육학을 공부 했기 때문에 학생의 심리와 학생, 발달 심리학을 배웠기 때문에 일반인들보다 학생들의 이해, 심리에 대한 이해를 더 잘 할 수 있어서 전문직이라고 할 수 있을까? 아니면 그 교과에 대해서 전공자이기 때문에 전문직이라 할 수 있을까? 그런데 자기 발전이 이루어지지 않으면 그것만 가지고는 전문가라고, 전문직이라고 할 수 없다고 저는 생각해요. 애들을 가르칠 때, 이 개념을 작년에는 이렇게 가르쳤는데 알고 보니까 훨씬 쉬운 방법이 있는 거 있죠. 내가 20년이 지난 뒤에 깨닫는 것들이 있어요. "아이고, 왜 그 동안 내가 몰랐을까" 그런 부분이 있어요. 예를 들면, 변화가 내 속에서 일어나지 않는다면 않는다면 교사는 전문가라고 학교 밖에 대해서 이야기 할 수는 없겠다라는 생각이 들었어요. 전문성 향상을 위해서는 어떤 형태의 소모임 이 필요하다는 거예요.	교사 모임을 통해 전문성을 발휘함 - 의의 교사에 대한 관점 - 전문가, 포텐셜 교사 개개인의 포텐셜을 매우 높게 평가하고 있고, 교사 모임이 이들에게 포텐셜을 높일 수 있는 여건을 마련해준다고 생각함

이 전사본을 읽으면서 몇 개의 코드가 귀납적으로 도출될 수 있다. 예를 들어, 배우는 것, 나누는 것, 모자이크, 전문성, 성장함, 포텐셜 등이 그것이다. 그리고 읽으면서 느껴지는 내용들을 메모할 수 있다.

Creswell(2007)은 코딩 과정에서 살펴봐야 할 몇 가지 이슈들에 대해 언급하였다. 첫째는 코딩한 코드의 출현 빈도수를 수치화하는 작업에 대한 것이다. 즉, 전사본에서 특정 코드가 몇 번 나타났는지를 세어야 하는가에 대한 이슈이다. 예를 들어, 교사 모임에 참여하고 있는 과학교사 30명 중에 교사 모임의 참여의 목적으로 '과학 교과지식의 향상'(PUR-SMK)을 언급한 교사는 18명, '교수방법의 교환'은 20명으로 나타났다고 논문에 기록할 수 있다. 양적 연구에 익숙한 연구자들은 각각의 코드의 숫자를 세어 제시할 때 더 편하게 느낀다. 물론, 이와 같은 정보는 독자들이 전반적인 응답 패턴을 이해하는 데 도움을 줄 수 있다. 하지만, 자칫 코딩된 응답들의 비중을 똑같이 처리해버림으로써 그 안에 숨겨진 깊이에 대해 소홀히 여기게 되는 결과를 낳을 수도 있다. 둘째는, 앞에서 언급한 바와 같이 연역적 방법과 귀납적 방법 중에 어떤 방법을 사용할 것이냐에 관한 것이다. Creswell은 연역적 방법을 쓰더라도 새롭게 나타날 수 있는 코드에 민감할 수 있도록 항상 개방적인 태도를 갖기를 권한다. 셋째는 코드의 이름을 연구자가 따로 명명할 것인가, 아니면 연구 참여자가 사용한 단어를 그대로 사용할 것인가에 대한 것이다. 연구자가 따로 명명할 경우, 연구 참여자가 의미한 바를 단순화하여 다소 왜곡시킬 수 있는 위험성이 생긴다. 연구 참여자들마다 떠올리는 교사 모임에서 '교사간의 네트워크 형성(PUR-Network)"의 의미는 다르다. 그러나 같은 코드를 사용하면 그 의미가 획일적으로 변할 수 있다. 연구 참여자가 사용한 단어를 이용한 코드(in vivo codes)는 연구 참여자가 의미한 바를 더욱 생생하게 보여줄 수는 있으나 코드의 수가 자칫 너무 많아질 수 있다.

코딩 작업이 끝나면 비슷한 의미를 지닌 코드끼리 범주화 해볼 수 있다. 예를 들어, 배우는 것, 나누는 것, 성장함, 포텐셜의 개발, 전문성 등은 최교사가 생각하는 교사 모임의 의의라는 범주로 묶을 수 있다. 모자이크, 팀워크 등은 교사 모임의 성격으로 범주화 될 수 있다. Taylor와 Bogdan(1984)은 범주화가 자료 자체가 아니라 자료 속에서 지속적으로 반복해서 드러나는 패턴을 포함하도록 하는 과정이라고 하였다. Merriam(1998)은 범주의 성질을 다음과 같이 요약하고 있다.

첫째, 범주들은 연구자가 의도하는 연구의 목적에 부합해야 한다.

둘째, 범주들은 서로 배타적이며, 모든 자료를 포함할 수 있어야 한다.

셋째, 범주를 명명할 때에는 범주가 자료의 속성을 잘 나타낼 있도록 하는 것이 바람직하다.

넷째, 범주들의 수준을 동일하게 조정해야 한다.

대형 마트에 갔다고 생각하자. 물건들은 '소비자가 쇼핑하기 쉽게 배치해서 물건을 많이 구입하도록 한다'는 마트 주인의 목적에 부합하도록 비슷한 성질을 지닌 물건들을 모아 채소 및 과일 영역, 주방용품 영역, 육류 영역, 가공 식품 영역 등으로 영역을 구분해 놓았다. 이것이 범주이다. 이 영역들의 수준은 유사하며, 그 아래 또 세부 하위범주들로 나누어질 수 있다.

(2) 관찰 자료의 분석

관찰 자료가 많이 활용되는 문화기술지나 사례연구에서는 비디오 테이프나 현장 일지를 분석하는 과정이 필요하다. 관찰 자료의 분석은 현장 일지를 비롯한 다양한 자료를 활용해서 문화 공유 집단, 사건, 사례나 현장을 있는 그대로 꼼꼼히 기술하는 것부터 시작된다. 연구자는 독자들에게 흥미 있는 이야기를 들려주는 이야기꾼이 되어 관찰한 바를 자신의 해석을 붙이면서 상세하게 풀어내는 것이다(Wolcott, 1990). 그 과정에서 연구자는 패턴화된 규칙이나 이슈를 찾아낼 수 있다.

좀 더 미세한 분석을 위해서 연구자는 초점을 두고 있는 상황을 담은 비디오 테이프나 대화 상황을 녹음한 오디오 테이프 등을 매우 세밀하게 전사하여, 그 안에 어떠한 언어적·비언어적 행동들이 일어나고 있는지, 또 그 안에 어떠한 사회적 의미가 녹아져 있는지를 분석할 수 있다. 즉, 일상적으로 관찰되는 인간의 행동이나 언어뿐만 아니라 그 내면에 숨겨져 있는 의미를 얻어내고자 하는 것이다. 따라서 매 순간 일어나는 언어적 상호작용뿐만 아니라 비언어적 행동, 특히 뉘앙스, 목소리 톤, 머뭇거림, 제스처 등 포착하기 어려운 미세한 변화에도 민감하게 반응해야 한다. 실제로 다른 분석 방법에 비해 미세분석을 하기 위해 전사본을 만드는 경우 훨씬 더 많은 시간과 노력을 요한다. 그래서 미세분석을 노동집약적(labor-intensive)이라고 표현하기도 한다.

이와 같은 분석은 주로 상황분석(context analysis)이나 대화분석(conversational analysis) 혹은 담화분석(discourse analysis)의 형태로 진행된다. 상황분석은 1950년대 초반 Bateson과 Mead에 의해 기초가 마련되었으며, 이는 자연스러운 상황 내에서 어떻게 인간의 상호작용이 일어나며, 또한 그 자연스러운 상호관계 내에서 언어적·비언어적 행동이 어떻게 이루어지는지를 살펴보고자 노력한다. 대화(담화)분석도 상황분석과 마찬가지로 인간의 언어적 상호작용에 초점을 둔다. 하지만 상황분석은 보다 자연스러운 상황 내에서의 언어적·비언어적 행동에 대한 고찰인 반면, 대화(담화)분석은 연구 대상들이 주어진 상황 내에서 능동적으로 의미를 만들어가는(sensemaking) 주체라고 생각하고 그 이야기의 구조를 검토하는 데 중점을 둔다. 다시 말해서 대화는 단순히 텍스트가 아니라 상황과 맥락을 포함함으로써 행위적 의미를 형성한다고 생각한다.

Erickson(1992)은 다음과 같이 관찰 자료를 분석하는 과정을 제시하였다.

❶ 상황에 대한 전체적 이해

연구자는 우선 주어진 연구 상황 내에서 일어나고 있는 현상들을 전체적으로 이해 할 필요가 있다. 어떠한 행동들이 전형적(typical), 비전형적(atypical)으로 나타나고 있는 행동인지에 대해 구별할 수 있는 눈이 필요하다. 초보 연구자의 대부분이 자신이 원하는 연구 주제를 머릿속에 담고 현상을 바라보기 때문에, 행동 하나하나에 지나치게 집중한 나머지 모든 행동과 언어에 부여하고 특이한 현상으로 해석해버리는 실수를 하게 된다. 예를 들어, 우리나라 중학교에서 오랫동안 교사

생활을 하다가 미국의 작은 도시에 위치하고 있는 백인 중심의 한 중학교를 참관하게 되었다고 가정해보자. 이 교사는 우리나라 교실 환경과 다른 미국 교실 상황에 매우 놀라게 된다. 우선, 교사마다 자신의 교실이 있어서 자신이 원하는 대로 교실을 꾸며 놓았고, 많은 책이 꽂힌 책장들로 둘러싸여 있어 학생들은 자신이 원하는 책을 꺼내어 본다. 교사가 질문을 하면 학생들은 손을 들고 자신의 의견을 거리낌없이 이야기한다. 미국의 교실을 처음 방문한 우리나라 교사는 이러한 환경이 정말 학생중심의 교실 환경이라 여기며, 자신이 관찰한 것에 큰 의미를 부여한다. 그러나 참관이 계속 진행될수록 이러한 교실 환경은 미국 백인 중심 교실 환경의 전형적인 모습일 수 있음을 깨닫게 된다. 따라서, 연구자가 제일 먼저 해야 하는 것은 나무 하나하나를 보는 게 아니라 한 걸음 떨어져서 전체적인 숲을 이해하려고 노력하는 것이다.

❷ 상황을 구성하는 주요 요소들에 대한 파악

전체적인 숲을 이해한 후에는 그 안에서 일어나고 있는 언어적·비언어적 행동의 주요 패턴들을 유심히 살펴보는 것이다. 다시 말해서, 어떠한 언어적·비언어적인 요소들이 상황을 구성해 나가는지, 상황 내에서 빈번하게 일어나고 있는 패턴은 무엇인지, 그 패턴들이 전형적인 것인지 특이할 만한 행동인지, 또는 전형적이지는 않으나 어느 정도의 빈도를 가지고 나타나는 행동들은 없는지 등에 대해 파악하는 것이다. 예를 들어, 앞에서 언급한 교사가 미국 교실 상황을 잘 이해하기 위해서는 교사와 학생간의 상호작용 패턴, 교사의 수업 방식, 교실의 책상 및 책장의 배치, 학생들의 조 구성 등 교실 상황을 구성하는 주요 요소들을 파악할 필요가 있다. 그리고 이러한 요소들이 얼마나 빈번히 등장하며 특이한 점은 없는지 파악하는 과정이 필요하다. 아래 그림 [그림 4-3], [그림 4-4]와 같이 그림을 그려보는 것도 효과적이다. 메모나 체크리스트를 활용하는 것도 좋다.

❸ 개개인의 행동 사례에 대해 자세한 탐구

언어적·비언어적인 주요 요소들에 대해 대체적으로 파악이 된 경우, 좀 더 범위를 좁혀 각 요소 내에서 개개인의 행동에 초점을 맞추어야 한다. 예를 들어, 수업시간에 교사와 학생간의 대화에 사용되는 교사의 언어가 다소 권위적 양상을 보이고 이것이 학생들로 하여금 자신의 의견을 표현할 수 있는 기회를 충분히 주지 못한다는 패턴을 찾았다고 하자. 그렇다면 이제는 교사의 언어 하나하나, 그리고 교사가 질문을 했을 때 학생들의 반응 하나하나를 자세히 살펴볼 필요가 있다. 전사본과 함께 오디오와 비디오 테이프를 몇 초에서 몇 분 정도의 짧은 구간을 선택해서 반복해서 보고 듣는 것이 효과적이다. 필요하다면, 속도를 낮추어 자세히 살펴 보는 것도 한 방법이다.

Erickson과 Mohatt(1982)의 연구를 예로 들어보자. Erickson과 Mohatt은 문화적 배경(인종, 출신, 경험 등)이 매우 다른 두 교사들이 가르치는 교실 상황에서 교사와 학생간의 상호작용이 어떻게 이루어지고 있는지를 알아보고자 하였다. 이를 위해서 관찰과 비디오 녹화, 인터뷰 등의 자료를 수집하고, 미세분석(특히 미세-문화기술지 방법 microethnography)을 하였다. [그림 4-3]과 [그림 4-4]는 각기 다른 두 교실에서 교사의 움직임을 분석한 것이다. D는 학생을 의미하며, P는 학생과 학생간의 경로를 의미한다.

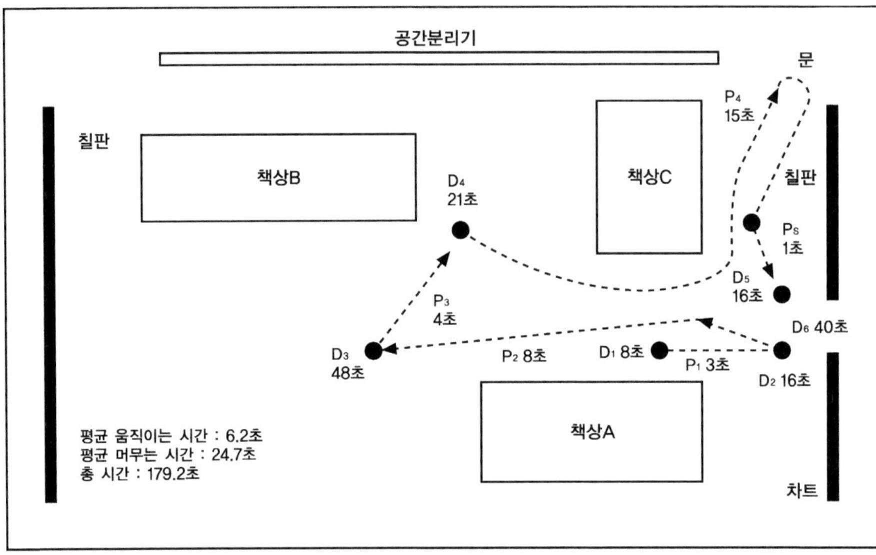

[그림 4-3] 교사 1의 움직이는 패턴(Erickson & Mohatt, 1982)

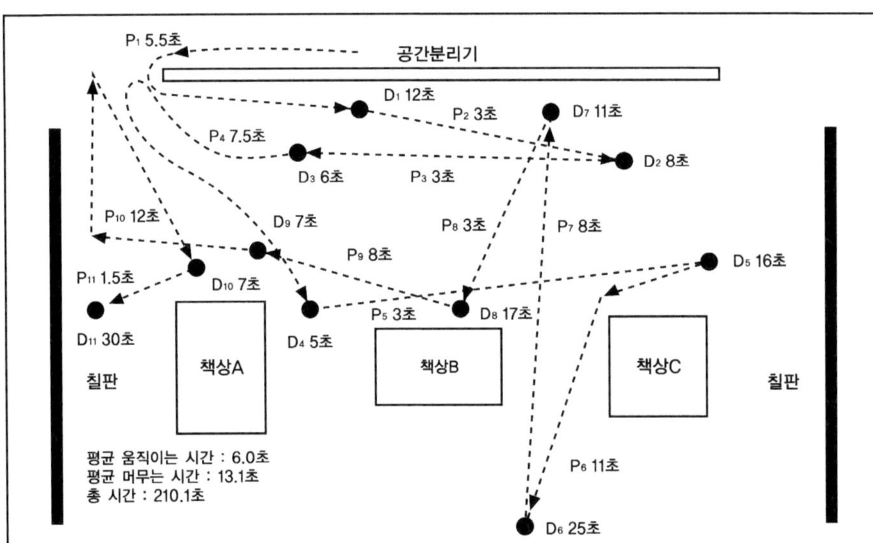

[그림 4-4] 교사 2의 움직이는 패턴(Erickson & Mohatt, 1982)

교실 1

학생들이 책상을 둘러싸고 앉아 있다. 수업이 시작되기 바로 직전이다. 교사는 교실을 나눈 분리대 옆에 서서 출석을 확인한다.

(1)	(교사는 학생들에게 다가간다.)
(2) 교사 : 이것 좀 사무실에 갖다 줄래?	(자신의 옆에 있는 한 학생에게 조용히 말한다)
(3)	(교사는 뒤돌아서 문 쪽으로 걸어간다)
(4) 교사 : 안녕?	(교실에 막 들어오고 있는 학생에게 말한다)
(5)	(교사는 문 옆에서 앞의 오른쪽에 있는 책상으로 뒤돌아 걷고 있고, 그 동안 한 여학생이 책상 위에 놓인 의자를 바닥에 내려놓는다)
(6) 교사 : (다른 학생들도) 다른 사람 다치기 전에 지금 의자를 내려놓으렴.	(의자를 내려놓던 그 학생을 보며 조용히)
(7)	(그 책상의 맞은 편에 앉아 있는 학생도 의자를 내린다)
(8) 학생A : 선생님/ 우리 오늘 점심 시간에 TV에 나오는 거 죠? 그죠?	(교사 옆에 있던 학생A가 교사에게 조용하게)
교사 : 아마도// 자기가 나오는 거 안 좋아 하는 사람들도 종종 있지.	("왜냐하면 연기 잘 못하는 자신을 보게 될 수도 있잖니")
(9)	(교사는 책상으로부터 걸어나간다)
(10)	(오른손에 돈을 쥐고 있는 학생B가 앉는다)
(11) 교사 : (한숨)// 누가 여기 앉지/ 로날드?//	(교사는 다시 테이블 쪽으로 와서 지난 밤부터 책상 위에 있던 돈이라며 달라고 한다) (학생B는 교사에게 돈을 준다)

(12) 학생B : 옙	
(13) 교사 : 그 애거 (아닐까?) / 내가 그 돈 걔한테 줄께	
(14) // //	(교사는 교실 앞 중앙으로 걸어간다)
(15) 교사 : 자, 일어나서/ 오늘의 기도를 해볼까?	(교사는 목적지에 다 달은 후 서서, 예전보다 큰 목소리로 학생들한테 말한다)
	(중략)
(18) 교사 : (한숨) // 달력 / 다음 숫자가 뭐지?//	(교사는 달력 앞-목적지-으로 갔다. 지금은 문구들이 있는 곳에 서있다)
(19) 학생C : 시-이-입 학생G: 십/	(전체 학생들이 대답한다 - 약간의 리듬을 가지고, 몇몇 학생들은 잠시 후에 답을 반복한다)
(20) 교사 : 십/	
(21) 학생D : 십/	(한 학생이 반복한다)
(22) 교사 : 그리고, 이것은/	
(23) 학생C : 사-암 월 학생G : 삼월//	
(24) 교사 : 삼월, 십일/ 누구… 학생E : 십구	(한 학생이 교사가 할 질문에 대한 답을 미리 말한다)
	(중략)

[그림 4-5] 대화분석의 예시(Erickson & Mohatt, 1982)

교사 1은 교사 2에 비해 각 학생들에 머무는 시간이 평균적으로 긴 반면, 교실의 오른쪽 칠판을 중심으로 움직이고 있다. [그림 4-4]에서 책상 배치는 교사 2가 교실 전체를 움직이도록 하지만, 학생들에게 평균적으로 머무는 시간은 작게 만든다. [그림 4-5]는 교실 1에서 교사와 학생들의 대화를 자세히 전사한 것이다. 이와 같은 방법으로 연구자는 교사와 학생이 서로 어떠한 방식으로 상호작용하는지,

또 어떤 방식으로 교사가 교실에서 학생들의 행동을 컨트롤 하는지 등을 분석할 수 있다.

(3) 자료의 도식화

코딩과 범주화는 자료를 축소시키는 단계라면, 도식화는 코딩과 범주화된 자료를 그림이나 도식, 차트, 표 등으로 재조직함으로써 자료 전체로부터 드러나는 주제나 패턴을 찾기 위한 준비과정이라 할 수 있다. 전사본을 내려놓고 빈 노트와 연필을 들고 범주들을 하나씩 빈 노트 위에 적어 내려가보자. 그리고 서로 관계가 있다고 생각하는 범주들을 선으로 연결 지어 보자. 연구자는 범주나 코딩한 내용들을 서로 연결 지으면서 범주간에 서로 어떠한 연관성이 있는지, 어떠한 것이 상위범주 및 하위범주에 해당하는지를 등을 쉽게 파악할 수 있다. 또한 [그림 4-6]과 같이 표의 가로축과 세로축을 먼저 채우고, 자신이 발견한 범주와 코딩한 내용들을 각각의 셀 안에 배치해 보자. 이러한 과정 속에서 자료가 부족하다고 여겨지는 부분을 찾아내기도 한다. 또는 어떠한 패턴이 드러나기도 한다.

Miles와 Huberman(1994)은 자료의 도식화의 중요성을 매우 강조하고, 연구자들이 활용할 수 있는 여러 가지 형태의 도식화 방법을 제시하였다. 한 예로, 그들은 Smithson 중학교에서 SCORE-ON이라는 읽기 능력 향상 프로그램을 도입하여 운영하는 과정에 일어났던 사건들을 [그림 4-6]과 같이 매트릭스를 이용하여 나타내었다. 가로축은 시간의 흐름이며, 세로축은 주차원의 거시적인 차원부터 학교 관할지역, 주변 학교들, Smithson 학교의 수준으로 구성하였다. 이 매트릭스는 주차원에서 진행되는 사건들이 시간에 따라 Smithson 학교에 까지 어떻게 영향을 미치게 되는지 잘 보여준다. [그림 4-7]은 매트릭스에 제시된 사건들을 원 안에 적어 배치한 후, 화살표로 연결하여 무엇이 무엇을 야기하였는지의 인과관계를 보여준다. Miles와 Huberman은 이와 같은 도식을 “사건-상태 네트워크”라고 명명하였다. 이밖에도 이들은 체크리스트 형태의 매트릭스, 플로우차트와 같은 모델링, 역할 중심 매트릭스 등 다양한 형태의 도식화 방법을 소개하였다.

시간 / 수준	상황적 요구 1976-78	문제의 발생 1978. 10.	해결책의 인식과 제시 1978.11.	승인과 준비 1979.1.-1979.2.	책임자 훈련과 시작 1979.3.-1979.4.	확장과 새로운 시작 1979. 9.	예산 삭감 1980. 5.
주 (state)	주차원으로 평가방법이 도입되어 학교들에게 최소한의 학력 수준을 요구함			주차원에서 제안서가 논의되고 승인됨	Smithson 교사와 관리자들이 4일간 연수를 받음		예산이 줄어듦
학교관할 지역 (district)	읽기와 수학에서 보충 프로그램을 도입함	실패에 대한 경고와 함께 내부적인 해결책이 제시됨. 그러나 받아들이기 어려운 것으로 판단함	행정가들이 SCORE-ON에 대해 적절하다고 판단함. IV-C 제안서를 신속히 작성함	Smithson 학생들이 선별되고, 교사와 보조교사 임명이 진행됨	30명의 4학년 학생들이 Smithson 랩에 선발됨. 교재와 보조자료가 보강됨	Smithson이 랩을 개설하는 데 노력함. 기금을 마련함.	지역 예산이 줄어듦.
주변 학교들	최소 역량을 높이기 위한 움직임이 시작됨			두 중학교에서 5학년을 위해 실시하기로 결정함. 교사가 지명됨	중학교에서 공간과 스텝들이 준비됨. 2개의 초등학교에서도 승인받음	캐링턴과 베인스타운에 랩이 개설됨.	중학교는 예산 삭감의 영향을 받지 않으나 베인스타운 학교에서는 프로그램 중단의 위기에 놓임
Smithson 학교	학습부진아를 위한 반이 편성됨	교사들은 4학년 중 40명의 학생들이 학력 수준이 떨어짐을 인식함. 주정책에 대한 반감이 생김.	교사들이 새로운 형태의 랩(lab)을 찬성함	랩의 교사와 보조교사가 교체되면서 다소 불만이 표출됨. 랩이 만들어지고 최소한의 장비가 갖춰짐	Smithson 랩이 시작됨. 준비가 미흡하여 일정에 다소 차질이 있음	Smithson 정원을 45명으로 확장함. 교사를 증원하고 아침반을 개설함	Smithson 내의 조직 개편이 일어남. 프로그램이 축소됨

[그림 4-6] 매트릭스의 예 (Miles & Huberman, 1994)

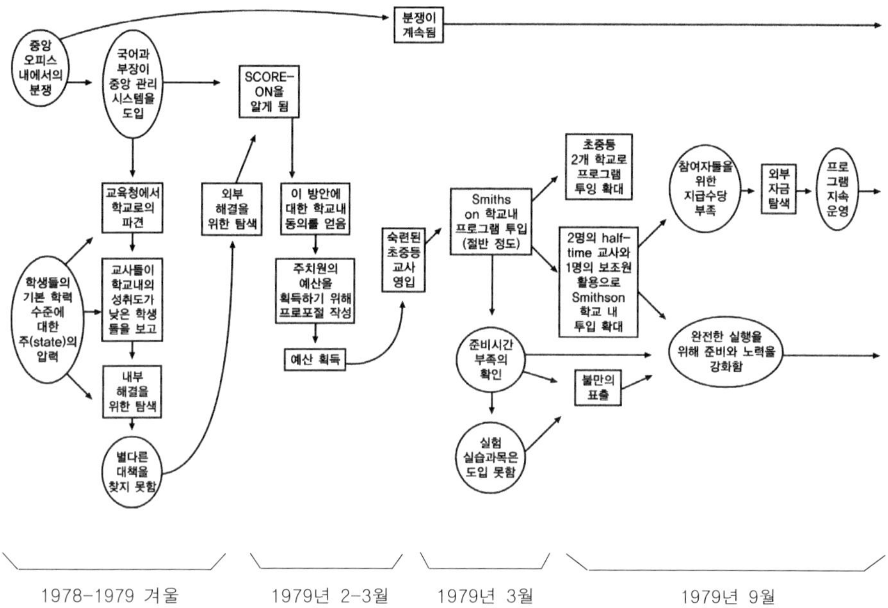

[그림 4-7] 사건-상태 네트워크의 예 (Miles & Huberman, 1994)

생애사적 연구에서는 시간 흐름표(timeline)를 활용하여 자료를 도식화할 수 있다. 이것은 연구자가 연구 참여자에 대한 이해를 높이는 데 많은 도움을 준다. 1차 혹은 2차 인터뷰가 진행된 후에 연구 대상의 과거에서 현재에 이르기까지의 중요한 사건, 중요한 응답 내용, 특이한 반응 등을 시간 흐름표에 적어 본다. 그리고 일생에 거쳐 계속적으로 내재하여 흐르고 있는 중심현상을 찾아본다.

[그림 4-8]은 Lee(2008)의 연구에서 사용한 시간 흐름표이다. 이 저자는 과학수업에서 과학과 관련된 사회적, 윤리적 이슈들(예: 인간복제, 유전자조작식품, 환경문제 등)을 다루는 두 명의 과학교사를 섭외하여 심층 인터뷰를 실시하였다. 그 중 한 교사의 이름은 Jenna이다. 이 교사에 대해 이해하기 위해 저자는 Jenna를 인터뷰한 내용으로부터 중요한 사건들을 시간 흐름표에 배치하였다. 그 과정에서 가장 두드러지는 중심현상(민주사회건설에 대한 의지, 교육에 대한 의미)을 찾아 그 발달과정을 아래 그림으로 표현하였다. 자세한 설명은 글쓰기 중 초상화법을 참고하기 바란다.

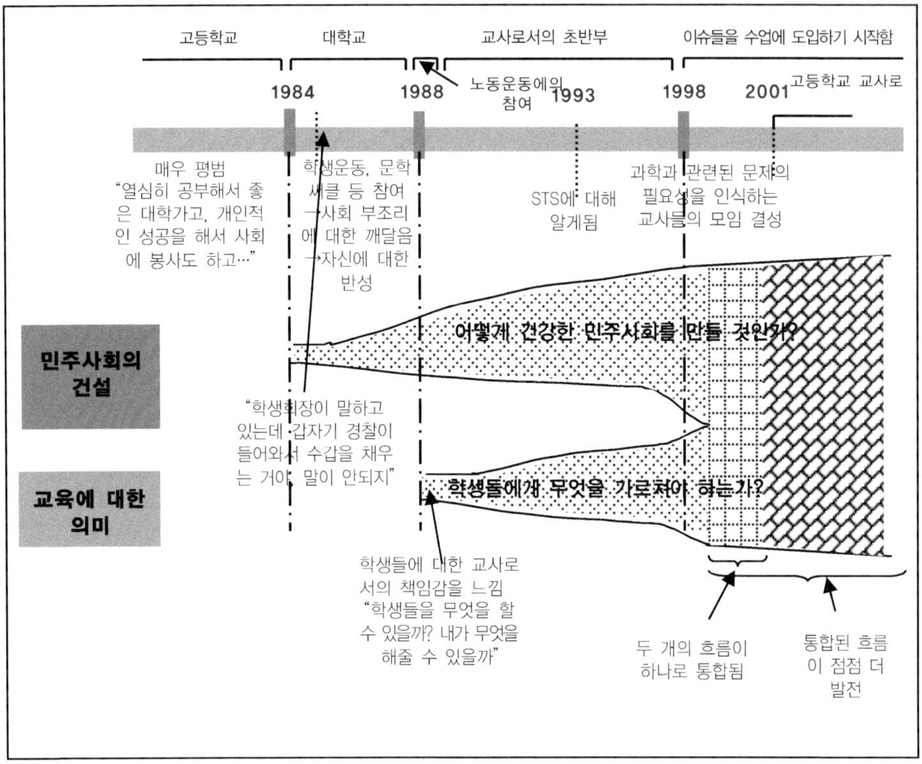

[그림 4-8] 시간 흐름표의 예 (Lee, 2008)

3 한 걸음 물러서서 보기

지금까지는 자료가 주는 전체적인 이미지를 파악하고, "과연 어디에서 내가 그런 느낌을 받았을까"에 대한 답을 전사본을 들여다 보면서 코딩하고 범주화하는 과정이었다면, 이제는 한 걸음 물러서서 분석한 내용을 되짚어 볼 때이다. 마치 책을 다 읽고 나서 잠시 책을 덮은 다음 책이 주는 메시지를 눈을 감고 자기 말로 표현해 보는 것처럼, 부분적으로 자료를 코딩하고 범주화한 다음에는 한 걸음 물러나서 발견한 내용에 대해 전체적으로 바라봐야 한다.

왜 이런 과정이 필요할까? 각 사례들에 집착하는 것이 아니라 여러 사례들로부터 나타나는 전반적인 패턴이나 주제를 찾기 위함이다. 각각의 사례는 매우 독특한 특성을 지닌다. 그래서 공통점이나 차이점만을 찾아내는 것은 큰 의미가 없을 수 있다. 예를 들어보자. 크리스마스가 다가오면 거리가 화려한 장식들로 가득 찬다. 젊은이들이 가득한 명동이나 강남을 가게 되면 건물마다 번쩍거리는 매우 화려한 장식들에 입이 딱 벌어진다. 건물 전체가 수만 개의 전등 불빛으로 장식되기도 하고, 멜로디가 여기저기서 크게 울려 퍼진다. 이제는 시골의 작은 마을을 상상해 보자. 그들의 크리스마스는 도시의 화려한 분위기와는 사뭇 다르다. 건물 전체를 휘덮는 전등보다는 촛불을 켜고 소박하게 종이로 손수 만든 장식들을 해놓기도 하고, 마당에 있는 나무에 반짝거리는 한 줄의 장식만을 살짝 걸쳐 놓기도 한다. 도시와 시골은 서로 다른 특성을 갖고 있기 때문에 서로의 표면적인 공통점만을 하나하나 짚어보는 것은 별 의미가 없다. 이것은 마치 '도시와 시골에서 같은 전등을 사서 달았다', 혹은 '공통적으로 같은 노래가 흘러나왔다' 등의 사실적 내용들을 뽑아내는 행위밖에 되지 않는다. 이보다 더 중요한 것은 도시나 시골이나 자기 나름대로 크리스마스의 분위기를 느끼고 즐기고 있다는 사실을 파악하는 것이다. 어떤 곳에서는 좀더 화려하게, 또 어떤 곳에서는 좀 더 소박하게 즐길 뿐이다.

이것이 질적 연구에서 주제나 패턴을 찾아내는 과정과 매우 유사하다. 두 명 이상의 사례를 연구한 경우, 각각의 사례에 대한 제시 후 여러 사례들을 동시에 살펴보고 비교·분석하는 과정이 필요하다. 이러한 과정을 통해서 사례들간의 공통점과 차이점뿐만 아니라, 전체적으로 드러나는 주제(themes)나 패턴 및 현상들을 찾아낼 수 있다. Witz et al.(2001)은 연구자는 사례들을 여러 각도에서 살펴봄으로써 좀 더 넓은 의미의 통찰력(insights)를 얻을 수 있다고 하였다.

여러 각도로 사례들을 살펴보는 것은 비슷한 것끼리 묶는 그룹핑을 통해 시작할 수 있다. 4개의 사례(A, B, C, D)가 있다면, 연구자는 A와 B, 그리고 C, D, 또는 A, B, C와 D 등의 두 그룹으로 또는 A와 C, B, D 세 그룹 등으로 묶어서 생각해보는 것이다. 그룹 내에서 공통점은 무엇인지, 다른 그룹과 차이점은 무엇인지, 또한 같은 공통점 혹은 차이점 내에서도 약간의 다른 점(variation)은 없는지 등을 살펴본다. 사례간의 계속적인 비교는 연구자가 한쪽으로 치우치지 않고, 좀더 정확하고 일관된 현상을 찾아내는데 도움을 줄 수 있다.

그렇지만 궁극적 목표는 사례간의 공통점을 찾는 것을 넘어, 4개의 사례를 위에서 총체적으로 바라보고 여기에서 나타나는 주제나 패턴을 찾아내는 것이다. 사실 각각의 사례는 매우 독특해서 이 사례들로부터 얻어낸 결과들을 전체 사례로 일반화 할 수 는 없지만, 사례간에서 드러나는 주제나 패턴은 사례를 설명해주는 마치 작은 이론처럼 공통점 이상의 것이다. 근거이론에서 이러한 주제 및 패턴을 실체이론(Substantive-level theory)라고 부르는 이유는 이 때문이다.

개별 사례들로부터 주제나 패턴을 찾아내는 과정은 초보 연구자들에게는 쉽지 않은 과정이다. 이 단계에서는 개별 사례 하나 하나에 집착하지 말고, 사례들로부터 한 걸음 떨어져 살펴보는 것이 중요하다. "내가 이 사례들로부터 느낀 것은 무엇인가", "이 사례들 사이에서 벌어지고 있는 현상은 무엇인가" 등을 가만히 생각해 보는 것이다.

3 질적 연구 글쓰기

"Love actually"라는 영화가 있다. 이 영화의 감독은 어떠한 메시지를 전달하고 싶어하며, 어떻게 그 메시지를 전달하고 있는가? 이 영화는 "사랑은 언제나 우리 곁에 있다"는 메시지를 전달하기 위해서 우리 주변에서 볼 수 있는 여러 형태의 사랑의 사례들을 보여준다. 예를 들어, 실연의 아픔을 달래기 위해 남부 프랑스로 떠난 작가와 언어가 달라 말은 통하지 않지만 옆에서 집필을 도와주는 여인 사이에서 싹트게 되는 사랑, 아들과 친해지기 위해 노력하는 아빠의 사랑, 같은

반 친구를 좋아하는 한 소년의 모습, 자신의 비서와 사랑에 빠진 미혼의 영국 수상 등 서로 다른 인물의 다양한 사랑의 모습이 그려진다. 영화를 보는 관객들은 이 영화를 보고 자연스럽게 영화 감독이 전해주고자 하는 메시지를 이해하게 된다 - "역시 사랑은 우리 주변 어느 곳에나 존재하는구나".

여러분이 영화 감독이라면 "사랑은 언제나 우리 곁에 있다"는 메시지를 어떻게 관객에게 전달하겠는가? 방법은 한 가지만 있는 것이 아니다. 그리고, 이 영화의 Richard Curtis 감독이 사용한 방법이 가장 효과적인 것은 아닐 수 있다. 어떤 감독은 사랑에 깊이 빠져본 경험이 있는 사람들 100명을 모아 인터뷰 하고 그들이 말하는 사랑의 의미를 종합하여 다큐멘터리 형태로 제시하면서 메시지를 전달할 수 있다. 또 다른 감독은 평범한 한 가족을 뽑아 그 가족 내에서 보여지는 사랑을 부각시키면서 사랑은 우리 곁에 있음을 보여줄 수도 있다. 이처럼 메시지를 어떻게 전달할 것이냐에 대해 고민하는 과정은 질적 연구 글쓰기에도 필요하다. 즉, 연구자가 전달하고자 하는 내용을 어떤 방식으로 구성하여 제시할 것이냐 하는 문제이다.

최근 들어, 질적 연구에서 새로운 글쓰기 기법들을 수용해야 한다는 주장들이 많이 대두되고 있다. Bazerman이나 Eisner와 같은 학자들은 양적 연구 패러다임 하에서 익숙해진 실증주의적 글쓰기에 대해 문제점을 제기하였다. 인간 내면의 복잡 미묘함, 인간 사회에 얽혀있는 여러 현상을 기술하는 데 한 가지 방법만 존재하는 것은 아니기 때문이다. 그리고 한 가지 실재(reality)만 존재하는 것도 아니다. 연구자의 문화·사회적 배경이나 선지식, 가치관 등에 따라 같은 대상을 연구하더라도 다른 결과물이 산출될 수 있으며, 여러 실재들(multiple realities)이 창출될 수 있다.

질적 연구 글쓰기에서는 점점 소설이나 기사, 학술적 연구 등의 경계가 흐려지고 있다(Glesne & Peshkin, 1992). 심지어, 시나 다큐멘터리와 같은 비디오 클립, 행위 등의 형태로 제시되기도 한다. Krieger라는 학자는 그동안 학술 논문에서 금기시되었던 "나"(1인칭 시점)의 사용에 대해 언급하였다. '나'의 사용은 연구자의 객관성을 드러내려는 노력에 대한 거부이며, 연구자의 주관성이 적극적으로 개입될 필요가 있음을 의미한다. 예를 들어, 내러티브 연구에서는 연구자와 연구 참여자와의 관계가 매우 중요하며, 이들의 관계는 이야기뿐만 아니라 이야기의 의미를 구성한다고 여겨진다(Clandinin & Connelly, 2000). 연구자는 자신의 내러티브를 구성하고 연구 참여자와 3차원 공간에서 함께 이야기를 만들어나간다. 따라서 "나"의 사용은 매우 자연스럽다.

질적 연구 전통에 따라 글쓰기의 형태가 달라지기도 한다(Creswell, 2007). 근거이론에서는 자료에서 도출된 이론의 구조를 관련된 조건이나 범주들을 이용하여 타당성 있게 제시한다. 현상학에서는 연구 참여자들의 경험에 대한 개별 진술들을 분류하고 의미를 창출해내는 과정을 거쳐 공통된 경험의 본질적 구조에 대해 기술한다. 문화기술지에서는 마치 독자가 그 장면에서 그 문화를 경험하고 있는 것처럼 느끼도록 연구되는 문화에 대해 직접적, 사실적으로 기술한다. 사례연구의 경우 다양한 형식이 존재하지만, Stake(1995)의 경우에는 삽화로 시작하여 독자가 사례 안으로 들어올 수 있도록 하고, 사례의 복잡성을 드러내기 위해 마무리도 삽화로 하는 것을 제안하였다. 또한 사례에 대해 저자가 이해한 것을 주장(assertion)의 형태로 제시하기도 한다.

이 책에서는 질적 연구 방법으로 논문을 준비하는 초보 연구자들을 위해 질적 연구의 글쓰기를 크게 사례중심으로 전개하는 방식과 주제중심으로 전개하는 방식으로 나누어 설명하고자 한다. 사례중심의 전개란 연구 대상 하나하나를 혹은 그 중 몇 개를 선택하여 자세히 묘사해 줌으로써 독자가 사례에 대해 좀 더 심도 있는 이해를 할 수 있게 도와준다. 그리고 개별 사례를 보여준 후에는 일반적으로 각 사례간의 비교·분석을 통하여 사례들로부터 드러나는 주제를 제시해 준다. 반면, 주제중심으로 전개하는 방식은 각 사례에 대해서 충분한 정보를 줄 수는 없지만, 전체적인 경향이나 현상 등에 대해 독자에게 직접적으로 제시해 줄 수 있는 효율적(경제적)인 방법이라고 할 수 있다.

1 인물 사례를 중심으로 전개하는 방법

보통 연구자가 적은 수의 사례(보통 1명-5명 정도)를 선정하여 깊이 살펴 보는 경우에는 그 사례 하나하나가 매우 특징적이거나 예로 들만한 경우가 많다. 예를 들어, 암 말기 환자 중에 병을 극복하고 건강을 회복한 사람들을 섭외해서 어떻게 그 사람들이 병을 이겨 낼 수 있었는지, 나름대로의 소신을 가지고 자신의 교수법을 개발한 몇몇 교사들을 선정해서 그 교사들이 교육철학은 무엇이고 어떤 방식으로 교수법을 개발해왔는지, 학교에서 퇴학조치를 받은 학생들 중 다른 경로를 통해 다시 학업에 뛰어든 학생들이 어떻게 다시 학문의 길에 들어서게 되었는지 등이 해당된다. 이러한 경우에는 각 사례에 대한 자세한 스토리를 제시해주는 것이 독자에게 연구자가 의도하는 바를 보여주는데 효과적이다. 일반적인 전개방식은 [그림 4-9]와 같다.

사례 1: 김○ ○

사례 1에 대한 스토리

사례 2: 박□ □

사례 2에 대한 스토리

사례 3: 이△ △

사례 3에 대한 스토리

사례 4: 최◇ ◇

사례 4에 대한 스토리

사례간 비교분석

4개의 사례들에서 드러나는 주제(themes),
패턴(patterns), 현상(phenomena)의 도출

[그림 4-9] 소수의 인물 사례를 대상으로 하는 글쓰기 전개방식의 예

앞에서 제시했던 최교사의 예와 같이([표 4-1] 참조), 과학교사 모임에서 중심적인 역할을 맡아 참여하고 있는 교사 6명을 섭외해서 그들이 어떻게 모임에서 중추적인 역할을 하게 되었으며, 그 과정에서 교사로서의 정체성을 어떻게 형성해 나가는지 그 과정을 연구한다고 하자(김효정, 2010). 각각의 교사들은 여느 다른 교사들과 달리 교사 소모임을 통해서 끊임없이 자신을 개발해나가는 흔치 않은 사례들이다. 이러한 교사들의 스토리를 하나하나 자세히 제시해주는 것은 교사나 교사 교육 연구자, 교육 정책가들에게 큰 도움이 될 수 있다. 따라서 연구자는 [그림 4-9]의 전개방식과 같이 각각의 사례를 제시하였다. 각각의 스토리는 초상화법, 내러티브, 또는 관심영역에 초점을 맞추어 연구자마다 다르게 구성할 수 있다. 원하는 사례를 모두 제시한 후, 연구자는 사례를 지속적으로 비교하여 도출된 종합적인 주제나 패턴, 현상들을 제시해줄 수 있다.

5명 이상의 연구 대상이 있더라도 사례를 제시해주는 경우가 종종 있다. 예를 들어 연구자가 30명의 고등학생들에게 자신의 진로에 대한 생각을 인터뷰를 통해 물어보았다고 하자. 그리고, 연구자는 30명으로부터 4개의 유형(범주)을 찾아내었다고 가정하자(유형 1 - 유형 4). 유형 1은 자신이 무엇을 하고 싶은지 확실히 알고 진로를 계획하는 학생들, 유형 4는 자신의 진로를 전혀 고려하지 않고 방황하는 학생들을 포함할 수 있다. 그리고 그 중간 단계에 유형 2와 3이 있을 수 있다. 연구자가 각 유형의 특징을 좀 더 자세히 묘사하고 싶다면, 각 유형별 대표되는 사례를 하나씩 골라 소개해 줄 수 있다([그림 4-10] 참조). 하지만, 이 경우 한 사례에 대해 여러 번의 인터뷰나 관찰을 해서 얻어낸 각 사례의 스토리보다 이해의 깊이에 있어 다소 제한된다는 단점이 있다.

인간의 본성이나 깊은 내면, 주관적 경험 등은 몇 단어, 몇 문장으로 요약하기 어렵고, 사실은 불가능하다고 볼 수 있다. 복잡 미묘한 인간의 본성이 연구자가 사용하는 단어나 문장으로 바뀌어 표현될 때, 자칫 왜곡되고 단순화될 수 있기 때문이다. 사실, 내면의 가치나 철학은 연구 대상 본인도 몇 단어로 표현해내기 쉽지 않다. 예를 들어, 누군가가 당신에게 "당신은 직업에 있어서의 철학이 무엇입니까"라고 묻는다면 어떻게 대답하겠는가? 쉬워 보이지만 매우 어려운 질문이다. 특히 잘 모르는 사람에게 자신의 내면의 가치 및 철학을 한마디로 설명하기란 더욱 쉽지 않다. 또한 한마디로 표현하면 자신의 설명이 뭔가 부족하다는 느낌을 받게 된다.

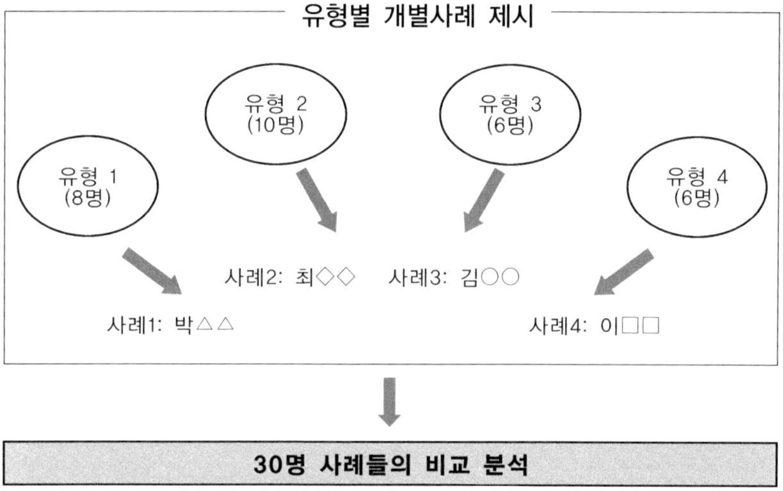

[그림 4-10] 다수의 인물 사례를 대상으로 하는 글쓰기 전개방식의 예

그리고 인간 개개인은 매우 다르다. 눈에 보이는 외모뿐만 아니라 성격, 취향, 생각 등 모든 면에서 독특하다. 따라서 쉽게 범주화될 수 없다. 예를 들어, A와 B라는 사람이 모두 다른 사람을 도와주는 것에 가치를 느끼고 자원봉사 활동에 참여한다고 하더라도, 깊이 들여다보면 A와 B가 이해하고 있는 '돌봄(caring)'의 의미와 넓이, 깊이가 충분히 다를 수 있다. 만약 두 사람이 중요시하는 내면의 가치를 '돌봄'이라는 한 단어로 범주화하여 같은 사례로 제시한다면, 각 사례가 의미하는 '돌봄'의 복잡성과 미묘함의 차이가 없어지게 된다.

심리검사를 예로 들어보자. 우리는 심리검사 문제들을 푼 뒤에 김○○는 A유형, 박□□는 B유형, 그리고 이△△는 C유형이라고 범주화 한 것을 보고 일부는 동의하기도 하고, 일부는 "아닌 것 같은데" 하는 느낌을 받기도 한다. 이것이 모든 인간을 범주화 하는 데에는 무리가 있을 수 있다는 것을 보여준다. 우리는 A유형만을 지니고 있지 않은 복잡 미묘한 존재이기 때문이다. 따라서, 각각의 사례를 제시해주는 것은 독자로 하여금 연구 대상에 대한 이해의 폭을 넓힐 수 있게 해준다. 각 사례에 대한 충분한 정보가 있으면 있을수록 그 효과는 더욱 크다고 할 수 있겠다. 각 사례를 순서대로 제시한 후에는 보통 그 사례들을 여러 각도에서 비교・분석하는 사례간 비교・분석을 실시하여, 전체적으로 드러나는 주제나 패턴, 현상 등을 찾아 제시한다.

각 사례를 기술하는 방법에는 인물의 전체적인 이미지를 부각시켜 독자들이 자연스럽게 연구 대상의 본질을 파악하게 하는 방법과, 일대기적으로 서술하여 독자가 연구 대상의 어떤 측면에서의 발달과정을 자세히 살펴볼 수 있게 하는 방법, 그리고 각 사례를 연구자가 관심 있는 영역이나 틀에 맞추어 설명해 나가는 방식 등이 있다. 연구자는 연구 목적에 따라 가장 적합한 방식을 선택할 수 있다.

(1) 인물의 전체적인 이미지를 부각시키는 방법 - 초상화법

인간의 본질적 측면에 대해 심도 있게 이해하고, 이러한 이해를 바탕으로 연구 대상의 행동이나 철학, 가치관, 태도 등을 이해하려고 하는데 적합한 기법에는 초상화법(portraiture)이 있다. 초상화법이란 마치 화가가 초상화를 그리는 것처럼, 글로써 연구 대상을 묘사하여 제시하는 방법이다. 질적 연구 방법에서 "초상화(portrait)"라는 단어는 Sara Lawrence-Lightfoot가 1997년 "초상화법의 예술과 과학(Art and science of portraiture)"이라는 책을 저술하면서 사례연구의 한 방법으로 소개되었다. 이 책에서 Lawrence-Lightfoot는 초상화법을 "인간의 경험과 사회적 활동의 복잡성, 역동성, 섬세함 등을 담기 위한 미학(aesthetics)과 경험론(empiricism)의 경계에 놓인 질적 연구의 한 방법"(p. xv)이라고 정의하였다. 다시 말해서, 관찰, 면담 등의 방법으로 알아낸 경험과 지식을 하나의 미술적 작품으로 탄생시키는 과정을 의미한다.

초상화는 그림을 그리는 대상과 그려지는 대상과의 대화의 산물이라고 할 수 있다. 대상 인물을 잘 알면 알수록 초상화의 깊이는 더욱 깊어진다. Witz(2006)는 연구자와 연구 참여자의 관계를 "연구의 의도와 목적에 대한 이해를 바탕으로 서로 같이 탐색하고 이해하면서 연구를 수행해나가는 동료(Participant as ally)"에 비유하였다. 즉, 연구 참여자는 내가 정보를 뽑아내기 위한 대상이 아님을 강조한다.

❶ 초상화법(Portraiture)과 초상화(Portraits)

우리는 Rembrandt의 초상화 또는 자화상을 보며 훌륭하다고 말한다. 그렇다면, 좋은 초상화란 어떤 초상화를 의미하는 것일까? 어떤 사람은 인물의 눈, 코, 입의 묘사가 실제와 정말 똑같을 때 잘 그린 초상화라고 평한다. 또 다른 사람은 대상 인물의 하나하나의 묘사보다는 인물의 전반적인 이미지, 인상, 심리적 상태 등이 자연스럽게 전달될 때 좋은 초상화라고 느낀다. 물론 초상화는 대상 인물의 생김새를 정확하게 묘사하는 것도 중요하겠지만, 어떻게 생각해보면 그것은 사실을 나열하는 것에 불과할 수 있다. "나는 내가 그리고자 하는 인물의 어떤 점을 강조하고 싶은가"라고 질문을 스스로 해보자. "난 눈, 코, 입을 똑같이 그릴 거야" 라는 식의 답변보다는 "나는 내가 늘 그 사람을 보며 느꼈듯이, 그 사람의 인자함이 잘 묻어나게 그릴 거야" 라는 식의 응답이 나오지 않을까? 그렇다면 그 다음의 질문은 "그럼 나는 어떻게 그 사람의 인자함을 표현할 수 있을까" 일 것이다. 글로 표현하는 초상화도 같은 방식으로 시작한다.

❷ 초상화의 작성 절차

다시 위의 예로 되돌아가서 "나는 왜 그 사람으로부터 인자함을 느꼈을까"라는 질문을 던져보자. 가능한 응답은 "그냥 전체적인 느낌이 그랬어", "그 사람의 말할 때의 어투, 눈빛 속에는 인자함이 묻어나", "그 사람과 대화를 할 때, 내 얘길 가만히 잘 들어주고 뭔가 도움이 되는 말을 해주려고 노력하는 모습에서 인자함을 느껴" 등이 될 수 있다. 정말로 그 사람이 어떤 사람인지를 파악하게 되는 것은 그 사람이 말하는 말의 내용뿐만 아니라, 그 사람의 어투, 표성, 태도, 반응, 제스처 등을 통해서다. 사실 후자에 해당하는 주관적인 요소들로부터 더 강한 느낌을 받기도 한다. 이것이 초상화법의 기본 원리이다. 다시 말해서, 주관적 요소들을 이용해서 그 사람의 이미지를 부각시키는 것이다. 그러면, 초상화를 읽는 독자의 입장에서도 "그 사람이 이러한 사람이겠구나" 하는 것을 자연스럽게 파악할 수 있게 된다. 초상화의 작성 절차는 다음과 같다.

- 인터뷰 분석

오디오 테이프와 전사한 내용을 가능한 여러번 반복해서 듣는 것이 첫 단계라 할 수 있다. 인터뷰한 지 많은 시간이 지나게 되면 인터뷰한 내용은 전사본에 있다고 하더라도, 그 때 그 연구 대상이 어떤 심리상태에서 답을 했으며, 어떠한 뉘앙스의 응답이었었는 지에 대한 기억은 흐릿해질 수 있다.

코딩은 보통 개방코딩(open coding)을 많이 사용한다. 즉, 미리 코딩 할 내용을 정하는 것이 아니라 자료로부터 얻어낸다. 형식에 얽매이지 말고 오디오 테이프와 전사본을 같이 따라가면서 순간 순간 떠오르는 느낌을 자유로운 형태로 메모하거나, 응답을 스스로 정리하는 듯한 방식으로 코딩을 한다. 연구 대상이 말할 때 특이한 반응이나 뉘앙스를 보였거나, 또는 감정적인 부분이 짙게 표현된 부분이 있다면 반드시 잘 메모해야 한다. 앞에서 언급한 대로 주관적인 요소가 많은 정보를 포함할 수 있기 때문이다. 가장 중요한 것은 표면적으로 드러난 응답 하나 하나에 신경쓰기 보다는, 응답 내면에 흐르고 있는 전체적인 분위기를 파악하도록 노력하는 것이다.

- 주요 측면(essence)에 대한 발견

응답 내면에 흐르고 있는 전체적인 분위기는 그 인물의 행동이나 가치관을 설명해 줄 수 있는 주요 측면이 될 가능성이 많다. 한 예를 들어보자. 과학 기술이 발달함에 따라 "진리 탐구"라는 전통적 의미의 과학은 점점 약화되고, 사회, 정치, 문화, 경제 등의 사회과학적 특징을 포함하는 인간 활동의 산물로서의 과학이 점점 받아들여지고 있다. 인간 복제, 환경문제, 황우석 사건 등을 비롯한 과학과 관련된 사회, 도덕, 윤리적 이슈는 이러한 변화를 대변해 준다. 이러한 시대적 변화에도 불구하고, 많은 과학교사들은 여전히 전통적인 교과 중심의 과학수업을 하고 있다. 소수의 과학교사들만이 과학의 사회적측면을 가르치는 것이 중요함을 인식하고 수업에 적극 도입하고 있다. 그렇다면, 왜 이들은 이와 같은 이슈에 대해 관심을 가지게 되었을까? 또 어떠한 교육철학이 내재되어 있을까? 이러한 궁금증을 가지고

Lee(2008)는 소수의 과학교사를 섭외하여 심층 인터뷰를 실시하였다.

그 중 한 교사의 이름은 Jenna이다. 이 교사에게서 느껴지는 가장 강렬한 인상은 자신이 옳다고 생각하는 바를 교육과 자신의 직접적인 사회참여 등을 통해 꾸준히 실천해 나가고 있다는 점이다. 386세대답게 그녀는 인간에 대한 존중, 건강한 민주 사회의 건설, 미래 시민으로서의 책임감 등을 학생들에게 가르쳐야 할 중요한 가치로 생각한다. Jenna는 과학이 인간활동의 산물이기 때문에 우리 사회와 인간 존재에 긍정적인 면뿐만 아니라 부정적인 영향을 미칠 수 있다고 생각한다. 따라서 앞으로 우리 사회를 이끌어갈 학생들이 이러한 과학의 본성을 이해하고 과학기술 사회에서 올바른 판단을 할 수 있도록 수업시간에 이러한 이슈들을 도입해야 한다고 믿는다. 그리고 개인적으로도 무분별한 간척사업, 환경오염, 인간복제 등에 대한 문제성을 인식하고 관련 사회운동에 참여하고 있다. 연구자는 이와 같은 Jenna의 비전과 끊임없이 실천하는 모습이 초상화 전체에 잘 드러나게 구성해야 한다.

사실 연구 대상 내면의 주요 측면을 찾아내는 과정은 어느 정도의 연습이 필요하다. 그렇지만 초상화를 그리는데 있어 가장 핵심적인 부분이라 할 수 있다. 일반적으로, 그 주요 측면들은 갑자기 어느 순간에 형성되는 것이 아니라 시간의 흐름에 따라 발전되기 때문에, 발달과정의 흐름(major strands)으로 나타나는 경우가 많다. 따라서 시간 흐름표(timeline)를 이용하는 것이 연구자의 이해를 도와줄 수 있다. ([그림 4-8] 참조)

• 전체적 윤곽의 구성

부각된 주요 측면들을 중심으로 연구 대상의 전체적인 윤곽을 작성한다. 글의 전개방식은 다양할 수 있다. 시간의 흐름에 따라 전개하면서 주요 측면들이 어떻게 발달되어가는지 보여줄 수 있고, 또는 주요 측면들을 중심으로 글을 구성할 수 있다. 단, 초상화 전체적으로 주요 측면들에 대한 이미지가 드러나야 한다.

이를 위해서 보통 긴 인용구가 포함된다. Witz는 이러한 인용구를 "생생한(alive)" 단락이라고 칭했다. 왜냐하면, 인용구를 선택할 때 단순히 정보를 주는 부분을 선택하는 것이 아니라, 연구 대상의 마음의 상태(흥분, 착잡, 억울, 기쁨 등)를 잘 표출할 수 있는 부분을 골라야 이미지를 효과적으로 부각시킬 수 있기 때문이다. 인용구 뒤에는 그에 대한 설명을 덧붙여 독자들이 연구자가 드러내고자 하는 바를 자연스럽게 이해할 수 있게 한다. 어투는 주로 3인칭 관찰자 시점이 된다.

생생한 인용구

> [나는] 아주 평범하게 자랐지. 아주 평범하게… 아버지가 교사였고, 오빠랑 남자동생 있고, 아주 그냥 평범하게… 그냥 남들 다 자라듯이… 평범하게 자랐구. 그래서 이전에는 이런 문제(사회적 부조리)에 대해서는 전혀, 전혀 문제 의식을 느낀다거나 할만한 기회도 없었고… 오히려 같은 세계에 살고 있으면서도 나는 갖혀진 다른 세계에서 다르게, 다른 세계만 바라보고 자라오고 있다가, 대학이라는 곳에 들어가서 내가 알고 있던 세계와 너무 다른 세계를 만나게 되면서, 그게 하나의 나에게 깊은 인상을 준 충격이었을 수 있었겠지. 그냥 이런 거지. 열심히 공부해서 좋은 대학 가고, 개인적인 성공을 해서 사회에 봉사도 하고, 착한 일, 좋은 일을 많이 하는 사람이 되어야 한다. 그 좋은 일이라고 하는 건 기부라든지, 남을 위한 봉사를 한다든지 하는 측면이었지, 사회적으로 어떤 다른 문제들이 구조적으로 있다는 생각은 전혀 못하고…(3:8)

(3:8) — 3번째 인터뷰 중 8번째 대화를 의미

부가적 설명

> 현재의 시점에서 Jenna는 자신의 중고등학교 시절을 "아주 평범"했다고 묘사하고 있다. 부모의 보호아래서 "갖혀진" 세계에서 자랐던 Jenna는 사회의 문제들은 (있다고 하더라도) 직접 해결해 나가야 할 문제라기 보다는 그저 존재하고 있는 현상에 불과했다. 그녀는 "평범"이라는 단어를 계속해서 되풀이 하면서, 대학교에 들어가서 경험했던 "자신의 세계와 너무 다른" 일들이 얼마나 충격적으로 다가왔었는지를 강조하고 있다.
>
> Lee(2008)의 일부

• 수정 및 보완

연구자가 초상화의 초본을 쓰고 나면, 연구 대상과 계속적으로 대화를 하면서 피드백을 받아야 한다. 이해한 내용을 정확하게 표현하였는지, 왜곡된 부분이나 빠진 부분, 또는 지나치게 확대된 부분은 없는지 연구 대상과의 상호작용을 통해서 수정해 나간다. 다음은 초상화의 예이다.

사례 1 : 최교사

최교사는 현재 인천 S여고에서 화학을 가르치고 있는 경력 27년의 교사이다. 그리고 약 19년 전 몇 명의 과학 선생님들과 함께 과학교사 모임을 만들었고, 현재까지 이 모임의 회장으로 활동하고 있다. 그의 오랜 시간 동안의 교사 모임 참여 경험을 들어보면, 최교사에게 교사 모임은 교육 현장에서 갖는 수많은 고민들이 의논되고, 개발되고, 충족되었던 장소였음을 알 수 있다. 최교사는 모임의 리더로서 교사 모임을 주체적으로 이끌면서 교사 모임의 방향을 설정하고 가치를 확장시켜 나갔다. 그리고 이것은 최교사가 과학교사로서 성장해나가는 발달과정과도 매우 연계된다. 다음의 최교사 사례는 이러한 모습을 잘 보여준다.

가. 교사 모임의 시작 (내용 생략)

나. 배우자, 나누자, 봉사하자 (내용 생략)

다. 우리는 "모자이크" 모임

최교사는 자신이 참여하는 교사 모임을 '모자이크'에 비유한다. 그가 비유한 모자이크의 이미지에서 그가 갖고 있는 교사 모임에 대한 생각을 엿볼 수 있다.

> [5] 팀워크가 더 중요하다고 하는 걸 모임 활동하면서 깨닫는 거 있죠. 한 사람의 똑똑한 사람보다 조금 떨어지더라도 그룹으로 움직이면 훨씬 '집단 지성'이 작용한다는 거에요. 그래서 선생님들한테 매번 이야기 해요. 우리는 모자이크 모임이다. 어떤 한 부분은 특별나게, 특별한 리더나 전문가는 없지만, 전체가 한 부분 한 부분 보면은 아름다워 보이지 않는데, 그림 전체로 보면은 괜찮아 보이는, 작품 좀 되는 그러한 그 모임이 우리 모임의 특징 중에 하나가 아닌가 싶어요. 한 가닥 줄은 잘 끊어지지만 삼겹줄은 잘 안 끊어지잖아요.

모자이크는 이질적인 조각들이 모여 하나의 그림을 만들어 낸다. 모자이크 조각은 색도 크기도 다르다. 조각이 개별적으로 표현해내는 것만 보면 무엇을 위해 있는지, 그 쓸모와 유용성조차 의심하게 된다. 하지만 일단 조각이 다른 조각을 만났을 때 의미가 있다. 조각이 다른 조각과 만나 그들이 공유하는 색과 모양이 결국 하나의 그림, 주제를 나타내게 된다. 여기서 서로 다른 것, 다양성은 결국 큰 그림을 완성하기 위한 하고 있다. 여기에는 다양한 능력과 배경, 그리고 다양한 위치와 업무를 가진 회원들이 모여 교사 모임을 구성하고 있다. 젊은 사람과 나이가 지극한 사람, 진보적인 성향과 보수적인 성향, 내향적인 사람과 외향적인 사람이 섞여 있다. 그들은 서로 다르며 개개인들이 안고 있는 문제나 생각들도 각양각색이다. 다양한 배경을 가진 각색의 사람들의 개성 속에서 서로와의 다양한 관계가 형성되며 항상 함께 일하고, 연구하며 정보와 의견을 나누는 가운데 서로에게 직접적으로 영향을 준다. 모자이크의 미세한 부분을 보면 어울리지 않는 조합이 있을 수 있다고 생각한다. 하지만 전체의 모습을 볼 때는 전체의 한 부분을 표현하기 위해서 꼭 필요한 부분이었다. 모자이크의 이미지는 이 때문에 중요한 의미를 갖는다. 교사 모임에는 과학교사라는 같은 배경에 있지만, 그 외에 각자 다른 배경과 생각으로 구성된 개별화된 한 사람들이 모여 있다. 이들은 다른 생각과 관점을 통해서 갈등을 겪을 때도 있고, 의견을 조율해 나갈 때도 있었을 것이다. 최교사의 소모임에서는 의견의 갈등과 조율이 좋고 나쁨의 의미가 아니라 갈등, 이해, 조정, 합일 등의 다양한 생각과 세계관이 존재하는 자연스러운 실천공동체의 생명력을 말한다. 또한 이것은 공동체를 유지하고 존재하게 하는 근본적인 모습임을 말해 준다. 모든 과정 자체 속에 공동체의 공동의 목적을 달성해 나가는 복잡한 미시적인 과정이 있는 것이다. (중략)

라. 교사란 누구인가? (내용 생략)

김효정(2010)의 일부.

(2) 일대기 형식(Biographical Method)으로 기술하는 방법 – 생애이야기, 자선전적 기법

연구 대상이 살아온 역사를 시대적 맥락에서 이해함으로써, 보다 넓은 관점으로 현재의 행위나 가치관 및 철학을 이해할 수 있다(Goodson, 1991). 개인의 일대기를 서술하는 방법에 대한 용어는 연구자마다 그 목적에 따라 생애 이야기(life story), 개인적 경험에 대한 이야기(personal experience narrative), 자서전(autobiography), 전기(biography) 등 다소 차이를 보이기도 한다. 그러나 이들의 공통된 요소는 첫째, 개인의 일생의 전체 또는 일부를 되돌아보며 전개해 나가는 회고적(retrospective) 방식을 택하며, 둘째 한 개인의 경험을 스토리 형식으로 표현하여 매우 개인적인 특성을 지니며, 셋째, 사회적, 역사적, 정치적, 경제적 배경과 함께 개인의 일생을 들여다보기 때문에 상황적 맥락이 강조된다는 점이다(Goodson,1991).

앞에서 다룬 초상화법도 개인의 일대기를 살펴봄으로써 연구 대상의 내면과 그에 대한 이해의 폭을 넓힌다. 하지만, 초상화법은 연구 대상의 주요 측면(essence)을 중심으로 초상화의 윤곽을 잡고 전체적인 이미지를 부각시키려고 하는 반면, 일대기적 구성은 객관적인 경험 또는 경험간의 인과관계 등에 대해 시간의 흐름에 따라 기술하는 방식을 띤다.

❶ 시간에 따른 개인의 변화 및 발달과정 묘사

개인은 시간에 따라 변화, 발달한다. 교사들은 실제 교육 현장에서 학생들을 가르치면서 교육에 대한 가치관이나 철학, 나름대로의 교수법을 만들어 나간다. 자원 봉사자들은 계속적으로 봉사를 행하면서 봉사에 대한 스스로의 의미를 형성해 나간다. 후천적으로 신체적 장애를 갖게 된 장애우들은 자신의 신체적 결함을 극복해 나가면서 자신에 대한 성찰, 삶의 의미를 발전시켜 나간다. 즉, 교사의 교수법 및 교육철학, 자원 봉사자의 봉사의 의미, 장애우의 자아개념 등은 개인의 발달과정을 살펴봄으로써 충분한 이해가 가능하다.

또한, 개인의 삶의 역사는 시대상을 잘 반영한다. 일제 강점기에 살았던 할머니 할아버지들의 삶의 이야기를 들으면 일제 강점기의 시대적 상황을 간접적으로 체험할 수 있다. 요즘 신세대들의 삶을 살펴보면 급변하는 우리나라의 문화적, 사회적 변화를 실감할 수 있다. 그리고 교사들의 지난 삶을 되돌아보면, 우리나라의 교육 현장이 시대에 따라 어떻게 변화해 왔는지 그 역사를 알아낼 수 있다. 따라서 생애사를 다루는 연구는 대부분 여러 번의 심층 인터뷰를 활용하며, 연구 대상이 과거 자신의 개인적 경험을 솔직하고 편안하게 이야기할 수 있는 분위기를 형성해 주는 것이 매우 중요하다.

❷ 일대기적 형식의 구성방법

- 시간 흐름표의 구성

자신의 삶을 되돌아보면, 누구나 어떠한 계기를 통해 크고 작은 깨달음(epiphanies)을 얻는다. 어떠한 깨달음은 갑작스러운 삶의 변화(turning or critical point of life)를 통해 이루어지며, 그 이후의 삶을 통째로 변화시키기도 한다. 교사의 경우 우연한 기회에 참여한 연수 프로그램으로부터 새로운 교수법에 대해 알게 되고, 이러한 경험이 기존에 가졌던 교육에 대한 의미를 다시 생각하게 할 만큼 큰 경험일 수 있다. 자원 봉사자의 경우, 한 고아와의 만남이 삶에 대해 감사함을 느끼게 할 만큼 의미 있었을 수도 있고, 후천적 장애우의 경우는 사고로 인한 충격, 절망 등이 자신을 되돌아 보게 하는 강력한 힘이 되었을 수 있다. 하지만, 어떠한 깨달음은 자신도 눈치채지 못할 만큼 작은 경험으로부터 조금씩 축적되어 이루어지기도 한다. 이런 경우, 얼마만큼의 시간이 지난 후 자신의 삶을 되돌아봤을 때 "그때는 몰랐지만 지금 생각해보면 ○○한 경험이 나에게 이러한 변화를 가져왔구나" 라는 식으로 느낄 수 있다.

시간 흐름표를 만드는 것은 이러한 일대기를 이해하는데 도움이 된다. 연구 대상의 과거에서 현재에 이르기까지의 중요한 사건을 시간 흐름표 위에 표시한 후, 각각의 사건들의 연결고리를 생각해본다. 중요한 사건은 개인의 경험 외에 개인에게 영향을 미친 시대상황적 배경도 포함할 수 있다.

그렇다면, 어디서부터 시간 흐름표를 작성해야 하는가? 그것은 연구 대상마다 다르다. 예를 들어 유철인(2004)은 제주 4·3사건과 관련되어 수형되었던 77세 강정순 할머니의 생애사 연구를 하였다. 제주 4·3사건은 1948년 4월 3일 남한만의 단독정부수립에 반대하여 제주도에서 일어난 무장봉기로, 진압작전에 나선 토벌대는 초토화 작전을 전개하여 무차별 공격, 집단 학살하여 수많은 인명이 학살당했다. 강정순 할머니가 25세 되는 해 4·3사건이 일어났고, 이 사건 와중에서 할머니는 영문도 모른 채 검거되어 고문을 당하고, 수형생활을 하게 되었다. 유철인은 강정순 할머니와 같은 사람들의 증언을 듣고 이들이 사건의 희생자임을 증언집을 통해 제시하고자 하였다. 저자는 논문에서 시간의 흐름표를 제시하지 않았으나, 아래와 같이 그릴 수 있겠다.

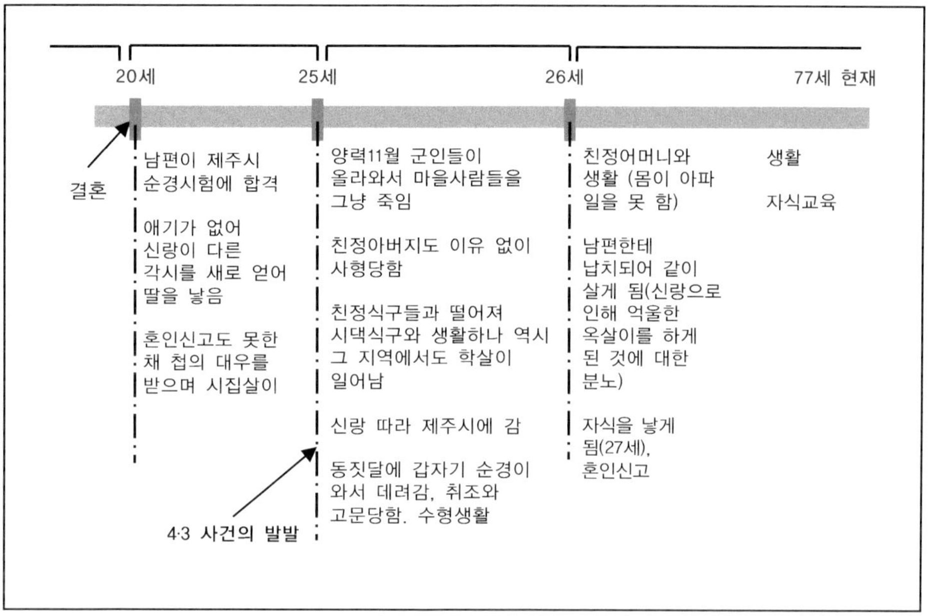

[그림 4-12] 시간 흐름표의 예시

- 전개 방식

일대기를 전개하는 방식은 첫째, 시간의 흐름대로 순차적으로 전개하여 현재에 이르기까지 개인의 발달・변화 과정을 순차적으로 자연스럽게 제시할 수 있고, 둘째, 현재의 상황으로부터 뒤로 돌아가서 관련된 중요 사건들을 제시 할 수 있다. 이외에도, 연구자가 자신의 방식대로 개인의 일대기를 전개할 수 있으나, 과거의 경험 및 사건, 상황 등 통해 현재의 행동이나 가치관 등을 이해하는데 초점을 맞춰지도록 제시되어야 된다.

위에서 예를 든 유철인(2004)의 연구에서는 [그림 4-13]와 같이 크게 5부분으로 나누어 제시하였다.

1) 스물다섯에 4·3 사건이 일어나다	4·3 사건이 발생한 시점의 상황 묘사
⇩	
2) 진짜 억울하게 감옥살이를 하다	옥살이를 하면서 취조와 고문을 당했던 시점 묘사
⇩	
3) 신랑이 각시를 새로 얻어서 살다	4·3 사건이 일어나기 전의 시점으로 되돌아가서 결혼 초기의 생활 묘사
⇩	
4) 내가 애기 낳고 살 거라고 생각도 못했지	옥살이를 한 후의 생활 묘사
⇩	
5) 그저 시집 잘못 간 탓	자신이 당한 고초에 대한 스스로의 회고

[그림 4-13] 유철인(2004) 연구에서의 전개 방법

• 글쓰기

글을 쓰는 방식은 연구자와 연구 목적에 따라 다양할 수 있다. 위에서 제시한 유철인(2004)의 경우, 우선 강정순 할머니의 인터뷰 내용(생애사 텍스트)만을 위의 순서대로 제시한 후, 그에 대한 해석을 재구성하여 뒤에 제시하였다. 제주 해녀의 생애이야기를 다룬 유철인의 다른 연구(1998)에서는 저자가 이야기를 전개하고 중간 중간에 인용구를 삽입하는 형식으로 제시되었다. 아래와 같이 3인칭 관찰자 시점으로 전개할 수 있다.

연구 결과

1. 제주 해녀의 양녀로 자란 김순자

파도가 너무 세어서 물질을 하지 못했던 날인 1997년 4월 21일 오후, 김순자의 집으로 찾아가 그녀를 만났다. 제주 해녀의 숫자가 계속 줄어들고 해녀들의 노령화가 계속되고 있어, 가장 젊은 해녀를 찾아왔다고 이야기하였다. 그녀는 다른 사람과 이야기 하는 것을 좋아한다면서, 매우 솔직하게 자기의 이야기를 해주었다

(중략)

1. 제주 해녀의 양녀로 자란 김순자

파도가 너무 세어서 물질을 하지 못했던 날인 1997년 4월 21일 오후, 김순자의 집으로 찾아가 그녀를 만났다. 제주 해녀의 숫자가 계속 줄어들고 해녀들의 노령화가 계속되고 있어, 가장 젊은 해녀를 찾아왔다고 이야기하였다. 그녀는 다른 사람과 이야기 하는 것을 좋아한다면서, 매우 솔직하게 자기의 이야기를 해주었다 (중략) 제주 해녀들은 보통 결혼 전에 물질을 본격적으로 시작하는데, 그녀는 결혼을 한 후에야 물질을 배웠다고 말해서, 결혼은 언제 하였느냐고 물었다. 그러자 그녀는 양녀로 제주도에 온 이야기를 털어놓기 시작한 것이다. 삶의 전환점에서 삶의 의미는 잘 드러나게 된다(Mandelbaum, 1973). 다른 한국 여성도 결혼에 관한 질문에 답하면서 자신의 생애이야기를 털어놓기 시작한(유철인 1996:399) 것을 보면, 결혼에 관한 질문이 한국인 기혼여성의 생애이야기를 끄집어내는 데 유용한 전략이라는 것을 알 수 있다.

> 86년도, 스물 한 살 때 결혼을 했죠. 검정고시 출신이거든요, 제가요. 나도 복잡한데, 원래는(고향은) 서산이었든요. 여기 엄마(양어머니)가 애기를 못 낳거든요. 그래가지고 우리 집이 거기 있을 때 아버지가 사업하다 망하시고 지금 이모가, 엄마의 동생이 거기서 해녀 일을 하셨는데, 우리 집이 딸이 넷이니까 딸 하나를 막 주라 했나 봐요. '우리 언니가 아무(자식)도 없으니까 데리고 가서 키운다'고.

물질이 매우 활발했던 1960, 70년대에는 제주도에서 '육지'지방으로 바깥물질을 나갔던 해녀들이 돌아오면서 그것에서 양녀를 데리고 오는 경우가 많았다. 1973년도에 제주대학교 국어국문학과(1990:72)가 우도에서 조사한 것을 보면, 그곳에는 당시 28명의 양녀가 있었다고 한다 (중략)

2. 결혼 후 서산 바다에서 배운 물질(내용 생략)

3. 눈치껏 배워 머리싸움으로 하는 물질작업(내용 생략)

4. 몸과 기술(내용 생략)

유철인(1998)의 일부

(3) 관심 영역에 초점을 맞추어 기술하는 방법

연구자가 소수의 연구 대상을 심도 있게 제시하고자 하나, 특정 관심 영역에 초점을 두고 개개인을 설명하려고 할 때 사용하는 방법이다. 연구자의 특정 관심 영역은 대체적으로 이론적 틀(theoretical framework)이나 기존 문헌들을 분석·종합하여 얻은 주제들이 된다. 이 경우, 앞의 초상화법이나 일대기의 기술에 비해 특정 분야에 대해 초점을 맞추어 좀 더 효율적·경제적으로 연구자의 의도 및 발견한 점을 전달할 수 있는 장점이 있다. 반면, 개인에 대한 전체적인 제시 없이 특정 부분(응답)이 강조되어 제시됨으로써, 특히 초보자의 경우 의도하지 않게 독자에게 왜곡된 정보를 줄 여지가 있다. 따라서, 연구자는 관심 영역에 해당하는 내용만을 제시한다 하더라도 개개인의 사례에 대한 전체적 이해가 우선되어야 한다.

예를 들어, 자아개념(identity)에 관한 연구를 하고자 한다. 위의 초상화법이나 일대기 기술 방법을 활용하고자 한다면, 심층 면접을 통해 개인의 일대기를 살펴봄으로써 한 개인이 자신에 대한 자아개념을 어떻게 형성해 왔는지를 살펴보게 된다. 초상화법의 경우는 최교사나 Jenna의 예와 같이 자아개념의 형성과 관련되어 주요 측면을 찾아내고, 그것을 통해 개인의 전체적 이미지를 부각시키는 형식으로 전개될 것이다. 일대기 기술 방법에서는 개인의 생애사를 뒤돌아보며 객관적인 중요 사건이나 계기 등을 살펴봄으로써 인과관계를 설명하려 할 것이다. 그러나 관심 영역에 초점을 맞추어 기술하는 방법에서는 자아개념에 대한 기존 문헌 등을 조사하여 자아개념에 영향을 미치는 몇몇 요소 등을 파악하고 이를 중심으로 각 사례를 제시한다. 예를 들어, Sarup(1996)은 자아개념이란 인간(people), 사회 및 기관(institutions)과 행위(practices)간의 상호작용에 의한 결과물이라고 정의하였다. Egan-Robertson(1998)은 이를 좀더 확장하여 수많은 복잡한 사회적 요소들(예를 들어, 인종, 사회적 지위, 성별 등)의 상호작용으로 형성된다고 하였다. 이러한 기존 문헌을 살펴보면, 자아개념이란 사회적 활동의 산물이라고 할 수 있다. 따라서, 연구자는 자아개념을 형성하는 주요 요인을 동료나 주위 사람들의 시선, 개인의 사회・경제적 지위, 성별 등의 요소로 관심 영역을 제한하여, 각 요소들이 어떠한 방식으로 개개인이 자아개념을 형성하는데 영향을 미치는지에 대해 살펴볼 수 있다.

❶ 구성 방법

• 관심 영역의 선정

연구하고자 하는 관심 영역을 선정하기 위해서는 왜 이 특정 요소들을 선택했는가에 대한 충분한 이론적 뒷받침이 있어야 한다. 일반적으로는 문헌 연구를 통해 이루어진다. 예를 들어, 4명(A, B, C, D)의 예비교사를 대상으로 이들이 사범대학에서 어떻게 교사로서의 자아개념을 형성해나가는가에 관한 연구를 했다고 하자. 그 동안의 연구 결과들을 살펴 본 결과 사범대학에 입학한 동기, 사범대학의 교육과정, 교생실습에서의 경험 등이 자아개념을 형성하는데 주는 요인들로 파악되었다면, 이것이 관심 영역이 되는 것이다. 이러한 과정은 독자로 하여금, 왜 이 연구가 중요하고 의미가 있는지에 대한 설명을 제공하여 연구에 대한 신뢰감을 줄 수 있다.

• 각 사례를 선정한 관심 영역 별로 구성함

각각의 사례를 선정된 관심영역을 중심으로 전개하는 방식은 앞에서 언급한 바와 같이 자칫 연구 대상에 대한 전체적인 이해를 독자에게 전달하지 못한다. 따라서 연구 대상의 응답을 인용구 형식으로 많이 제시해 주는 것이 연구자가 자신의 언어로만 표현하는 것 보다 독자의 이해를 돕는데 더 효과적이다. 즉, 연구자는 자신의 언어와 방식대로 독자에게 제시해 주는 것이 아니라, 있는 그대로의 인용구를 제시해주고, 그 안에 숨겨진 의미를 부각시켜주는 형식의 설명을 해줌으로써 독자들이 그 의미를 자연스럽게 파악할 수 있도록 해야 된다.

사례 1 : 김○ ○

1) 사범대학에 입학한 동기
2) 사범대학의 교육과정
3) 교생실습에서의 실제 경험
4) 김○○의 예비교사로서의 자아개념

사례 2 : 박□ □

1) 사범대학에 입학한 동기
2) 사범대학의 교육과정
3) 교생실습에서의 실제 경험
4) 박□□의 예비교사로서의 자아개념

사례 3 : 이△ △

1) 사범대학에 입학한 동기
2) 사범대학의 교육과정
3) 교생실습에서의 실제 경험
4) 이△△의 예비교사로서의 자아개념

[그림 4-14] 관심 영역에 초점을 두어 전개하는 방식의 예

• 글의 전개

예를 들어, 김재일 외(2004)는 Fournier(1998)가 제시한 15개의 소비자-브랜드 관계 유형을 기반으로 한국의 소비자들이 맥주 브랜드와 맺고 있는 다양한 관계의 유형들을 알아보기 위한 현상학적 연구이다. 이를 위해, 김재일 외는 특정 맥주 브랜드에 대해 충성도를 갖고 있다고 판단되는 성인 8명을 선택하여 심층 인터뷰를 실시하였고, 8명의 개별 사례를 1) 라이프 스토리와 2) 맥주의 의미(category meaning)와 브랜드 스토리, 3) 소비자-브랜드 관계와 브랜드 충성도라는 관심 영역에 초점을 맞추어 제시하였다. 단, 첫 번째 라이프 스토리는 앞의 일대기적 연구처럼 자세히 그 사람의 생애에 대한 진술을 하기 위함이 아니라, 맥주 선호도와 관련될 수 있는 전반적인 특징, 개성, 삶의 방식들을 간단히 서술한 것이다. 각 영역에는 심층 인터

뷰한 내용을 인용구를 활용하여 제시하였다. 다음은 8명 중 첫 번째로 소개한 사례 A의 일부이다.

사례 A 이보해

1) 라이프 스토리

이보해는 34세의 직장여성으로 내성적이고 수줍음을 타는 편이며, 자신이 갖고 있는 일정 기준에 부합하는 사람이 아니면 쉽게 친해지기 힘들다고 한다. 그러나 자신과 어떤 공통점이 있어서 일단 한 번 친해지면 자신의 모든 것을 주어도 아깝지 않을 정도로 그 친구를 아끼게 된다고 하였다. 그녀는 자신의 삶이 융통성이 없거나 바람직하지 못한 기존의 규범체계에 어쩔 수 없이 맞춰져 가는 것에 대해 거부감을 갖고 있다. 나이가 들어서도 자유롭고 유연한 사고를 유지하기 위해 보헤미안적인 사고방식과 삶의 태도를 선호하고 있다.

> 나이 들어서 딱딱하게 사는 건 싫구… 뭐, 가령 내가 찢어진 청바지를 입고 다리를 의자 위에 올리고 앉아있고, 그리고 이제 내 나이 정도 되면 술을 마실 때는 우아하게 컵에 따라 마셔야 된다고 하는데, 난 그런 거는 싫거든요. 약간 생각을 보다 융통성 있게 갖고 싶고, 그리고 좀.. 이렇게 감성을 유지하는 거. 그리구 그 다음엔 포용력을 좀 더 키우는 거..

2) 맥주의 의미(category meaning)와 브랜드 스토리

이보해는 주로 친구들이나 회사 사람들과의 자리에서 맥주를 마신다. 술을 통해 대인관계가 돈독해지고 친밀해진다고 믿기 때문에 회사 생활에서 술이 정말 중요한 것으로 생각하고 있었지만, 개인적으로는 맥주 자체에 대해서 큰 의미를 부여하지 않는 것으로 보였다. 그녀에게 가장 먼저 생각나는 맥주 브랜드는 버드와이저(Budweiser)이다. 그녀가 맥주를 즐기게 해 준 계기가 된 맥주이고, 현재까지도 계속해서 즐겨 마시는 유일한 맥주이기 때문이다. 그녀는 버드 와이저를 한 마디로 '보헤미안 스타일을 느낄 수 있어 좋다'라고 표현했다.

> 뭐라 그래야 되죠? 정제되지 않고 약간 거친 듯 하면서 좀 젊고, 음.. 그리고 약간 자유스럽고, 뭐 그런 느낌. 그러니까.. 보헤미안적인 느낌이 강하다고 해야 할까요? (중략)

3) 소비자-브랜드 관계와 브랜드 충성도

이보해는 회식자리에서 1차가 끝나면 2차에서는 대부분의 경우 버드와이저를 주문하는데, 모두가 생맥주를 마시는 분위기에서도 자신만은 병맥주인 버드와이저를 고집한다.

> 1차로 소주를 먹고 그 다음 이제 2차로 맥주 집에 가는데, 생맥주 집에 가도 요즘은 그런 브랜드 맥주들이 많으니까 거기서 눈총을 받아가면서 '저는 버드와이저 주세요'그러죠. (중략)

김재일 외(2004)의 일부

(4) 교차 사례분석(Cross-Case Analysis)

위의 김재일 외(2004)의 맥주 소비자에 대한 연구에서는 8개의 사례를 제시한 후, 국내외의 소비자-브랜드 관계와 브랜드 충성도에 관한 기존 연구들에서 밝혀지지 않은 몇 가지 중요한 발견점을 [그림 4-15]와 같은 형식으로 제시하였다.

교차분석 결과

첫째, 한국 소비자들이 소비자-브랜드 관계에서는 사랑/열정 차원의 수준이 미국 소비자들에 비해 두드러지게 나타나지 않았다.

위의 주제에 대한 부가적 설명

둘째, Fournier(1998) 및 Fournier와 Yao(1997)의 연구에서는 크게 부각되지 않았던 향수적 애착이 한국 소비자들의 브랜드 충성도에 있어서는 중요한 질적 차원을 구성하고 있다.

위의 주제에 대한 부가적 설명

셋째, 한국 소비자들의 브랜드 충성도는 여러 가지의 질적 차원에 근거하고 있음을 확인할 수 있다.

위의 주제에 대한 부가적 설명

[그림 4-15] 김재일 외(2004)에서 제시한 교차 사례 분석 의 예시

2 상황을 중심으로 제시하는 방법

Stake(1995)는 경계(boundary)가 있는 상황이나 사건들을 사례(case)라고 정의하였다. 연구를 위한 사례에는 인물뿐만 아니라 특정 기관 및 단체(학교, 기업, 사회단체 등), 소그룹(교실, 학생 소집단, 기업의 부서원 들의 모임 등), 프로그램(교육 프로그램, 워크샵 등) 등도 포함된다. 이러한 상황이나 사건들에 대한 사례 연구는 주로 상황이나 사건 내에서 벌어지고 있는 현상을 찾아내는 데 관심이 있으며, 관련된 사람들과의 인터뷰, 직접적인 관찰, 그리고 관련 서류의 조사 등을 통해 이루어진다.

특정 기관 및 단체, 소그룹, 프로그램 등에 대한 사례연구는 인물 개개인에 대한 연구와 다소 차이점이 있다. 우선, 인물을 묘사하는 사례연구는 연구자와 연구 대상의 계속적인 상호작용을 통해 이루어지며, 그 과정 내에서 연구자는 자신이 이해한 바를 연구 대상으로부터 확인받을 수 있다. 하지만, 대부분의 사건이나 상황은 그러한 존재가 아니다. 또한 사건이나 상황에 대한 사례연구는 인간 개개인이 아닌 집단적 성격을 띤다. 서로 다른 관점과 특성을 지닌 다양한 사람들이 상황이나 사건이라는 경계 내에 모여 있다.

그렇다면, 연구자는 어떻게 이러한 특성들을 효과적으로 제시할 수 있을까? 가능하다면 그 상황에 관련되어 있는 다양한 영역의 사람들의 관점을 있는 그대로 제시해주는 것이다. 예를 들어, 기업체에서 신입사원 연수 프로그램이 사원들의 회사에 대한 자부심과 능력 향상에 영향을 주는지를 알아보고자 한다면, 연구자는 실제 프로그램에 참여한 신입사원, 연수 프로그램을 제작한 직원, 연수 프로그램 교육을 담당한 강사들을 인터뷰함으로써 프로그램의 효과에 대한 다양한 시각을 보여줄 수 있다. 여기서, 기억해야 할 점은 다양한 시각을 보여주는 이유가 다양한 관점들 사이에 존재하는 공통된 점을 찾고자 하는 것이 아니라는 점이다. 상황이나 사건 자체가 가지고 있는 본질적 특성, 즉 다양한 구성원들이 포함되어 있기 때문에 지니게 되는 다양성, 복잡성 등을 그대로 표출시키기 위함이다.

상황이나 사건 등의 사례연구를 제시하는 방법도 다양하다. Stake(1995)의 경우에는 먼저 자연스러운 관찰을 통해서 그 상황 속에서 드러나는 이슈들(issue questions)을 찾아내는 것으로부터 시작한다. 관찰이나 인터뷰 등을 통해 연구자가 알아낸 내용을 연구자의 말로 이슈에 대한 답을 하기 보다는, 있는 그대로의 상황을 자세히 묘사함으로써 이슈들을 자연스럽고 함축적(implicit)으로 보여주는 형식을 취한다. 다시 말해서, 연구자는 독자를 위해 일종의 일화(vignettes)를 소개하게 되는데, 자세한 묘사(thick description)를 통해서 독자들이 생생한 간접경험(vicarious experience)을 할 수 있게 한다. 또한, 일화를 제시해준 후 그 상황에서 벌어진 것에 대한 주장(assertion)을 몇 개 제시한다. 이 주장은 다른 상황에까지 일반화시키기 위한 것이 아니라, 그 특정 상황 및 사건에만 제한되는 것이다.

(1) 일화(Vignettes) 제시와 주장(Assertions)

일화는 마치 독자가 그 상황 내에 있는 것처럼 자세하고 생생하게 상황을 제시하여, 독자가 그 묘사를 읽으면서 이슈를 파악할 수 있게 구성하여야 한다. 마치 인물의 사례연구에서 각 사례들에 대해서 자세히 묘사하는 것이 독자로 하여금 전체적인 연구를 이해하는데 도움을 줄 수 있는 것처럼, 각 사례를 좀더 자세히 제시하는 일화를 통해 독자들의 사건이나 상황에 대한 이해를 도울 수 있다. 일화 내에는 연구자의 의도가 녹아들어가 있지만, 독자들은 간접 경험을 통하여 연구자의 해석이 올바른지, 너무 확대 해석된 것은 아닌 지, 다른 숨겨진 의미는 없는지 생각해 볼 수 있다.

Stake(1995)는 이슈들은 보통 갈등상황(tensions)을 지님을 강조하였다. 예를 들어, 문제중심학습(problem-based learning)을 하는 과학교사의 수업을 사례로 정하였다고 하자. 보통 문제중심학습은 전통적 교수방법에 비해 같은 양의 과학개념을 가르치는데 교사로 하여금 훨씬 많은 시간과 노력을 들이게 한다. 문제상황을 설정하고 관련 자료를 준비하고, 학생들이 계속적으로 상호작용하면서 수업을 진행해나갈 수 있도록 지도해야 한다. 또한 1-2 차시 정도에 끝날 수 있는 수업 내용을 가르치는데 그 이상의 수업 시간이 필요한 것도 사실이다. 그렇다면,

이렇게 많은 시간과 노력을 들일 만큼 문제중심학습은 전통적 수업에 비해 효과가 있다고 할 수 있을까? 이와 같은 이슈 내에는 전통적 수업과 문제중심학습 간의 갈등상황이 제기된다. 연구자는 문제중심학습이 전통적 수업과 다르게 가져올 수 있는 효과에 대해 묘사해내야 한다. 이때, 연구자는 상황묘사 내에 "○○한 점이 효과적이다"라고 직접적으로 언급하는 것이 아니라, 독자들이 일화를 읽으면서 자연스럽게 "○○한 장점과 단점이 있을 수 있겠구나" 하는 생각을 할 수 있도록 해야 한다. 대부분의 경우, 상황묘사를 제시한 후에 연구자가 느낀 것을 부가적으로 기술한다.

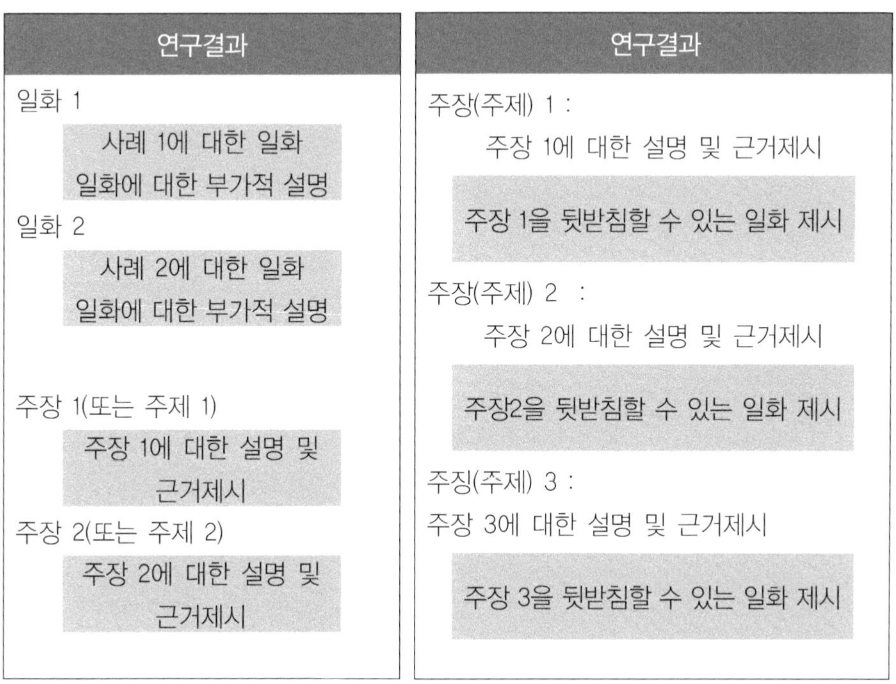

[그림 4-16] 상황을 중심으로 제시하는 방법의 예시

[그림 4-16]와 같이 주장을 제시하는 방법은 두 가지가 있다. 첫째, 한 개 이상의 일화를 먼저 제시해 주어 상황에 대해 전체적으로 이해하게 한 후, 주장들을 부가 설명과 함께 제시하는 것이다. 둘째, 연구 결과를 주장을 중심으로 전개하고 각각의 주장 내에 일화를 포함시켜 이를 뒷받침하게 하는 방식이 있다. 어떤 방식

을 선택하느냐 하는 것은 항상 '어떠한 방식이 가장 효율적으로 연구자의 의도를 나타낼 수 있을까'에 대한 생각으로부터 정해진다.

❶ 일화의 구성방법

- 상황 및 사건에 대한 전체적인 이해

가장 우선시 되는 단계는 상황 및 사건에 대해 전체적인 이해를 하는 것이다. 수집한 자료(인터뷰나 관찰 일지 등)를 반복해서 살펴봄으로써, 상황 및 사건에서 전체적으로 드러나는 특징이나 주제, 패턴 등을 찾는 과정을 의미한다. 주제나 패턴 등을 찾기 위해서는 처음부터 상황의 세부 내용을 하나하나 살펴보기 보다는 한 발짝 물러서서 상황을 전체적으로 살펴봐야 한다. 다시 말해서, 신입사원 연수 프로그램의 진행 및 효과를 연구할 때, 신입사원 하나하나의 응답내용, 프로그램에 포함되어있는 강의내용 하나하나에 대한 특징 등을 살펴보기 보다는, 전체적으로 어떠한 종류의 강의가 연수 프로그램에 포함되어 있는지, 그 특징은 무엇이며, 무엇을 달성하고자 하는지, 프로그램에 대한 전체적인 신입사원들의 반응은 어떠한지 등 큰 그림을 우선 그려보는 것이 좋다. 그리고 연구자가 직접 관찰을 하면서 느꼈던 점 등을 스스로 되살려 보는 것도 한 방법이다. 예를 들어, 연구자는 이 신입사원 연수 프로그램이 부장 이상의 상사들이 직접 강사진으로 참여하여 자신의 생생한 경험을 전해줌으로써 마치 멘토링의 효과를 가져왔다든가, 이러한 상사들과의 상호작용이 연수를 받는 신입사원들에게 '나도 잘 할 수 있다'는 성취 의욕을 불어넣어주었다는 느낌을 받을 수 있다.

초보자로서 처음 관찰을 하게 될 경우, 특히 상황 자체가 연구 대상에게 매우 낯선 경우에는 모든 것들이 새롭게 느껴져 올바른 판단을 하지 못할 수 있다. 앞에서 예로 든 것처럼, 한국의 교실 상황만 보아온 연구자가 미국의 중고등학교 교실을 참관할 때 이 연구자에게 미국 교실 환경, 학생들의 수업태도, 교과서, 교사의 수업방식 등 모든 것이 너무 낯설 수 밖에 없다. 다시 말해서, 연구자가 관찰한 것들은 미국 교실 상황에서 전형적인 것일 수 있음에도 불구하고, 그 상황을 처음 접해본 연구자의 입장에서는 모든 것을 새롭게 느낀다. 이런 상태에서 연구를 진행하게 되면, 사례의 전체적인 특성을 파악하기 보다는 사례를 구성하는 하나하나의 차이점에만 지나치게 초점을 맞추게 된다. 이 경우에는 우선적으로 관찰의 횟수를 좀 더 늘리는 것이 좋다. 처음부터 너무 자료를 얻어야 한다는 강박관념을 갖지 말고, 전체적으로 바라볼 수 있게 상황 내에 적응해 나가는 것이 중요하다.

- 일화의 구성을 위한 적절한 상황의 선택

전체적으로 드러나는 특징이나 주제(Stake(1995)는 이를 이슈라고 칭함)가 파악되었다면, 연구자는 "내가 왜 또는 무엇으로부터 이러한 느낌을 받았을까" 에 대해 구체적으로 생각해 본다. 그 동안의 관찰 일지나 인터뷰 내용을 다시 한 번 살펴보는 것이 도움이 된다. 그런 다음, 연구자가 말하고자 하는 주제를 가장 잘 표현하여 예시 또는 자신의 주장을 뒷받침할 수 있는 자료로 쓰일 수 있다고 판단되는 부분을 선정한다. 선정의 단위는 연구자가 결정한다. 예를 들어, 짧게는 연수 프로그램의 강사와 신입사원과의 상호작용을 보여주는 1분 정도의 순간이 될 수 있고, 길게는 하루 또는 이틀 동안 강의를 들으면서 나타나는 신입사원의 반응 등이 될 수도 있다. 한 개 이상의 상황을 선택하여 비교·대조시키는 것도 효과적인 방법이다.

- 이슈를 드러내기에 효과적인 방법의 구상

적절한 상황을 선택하였다면 "어떻게 주제가 함축적으로 표현된 일화를 구성할 것이냐" 하는 문제가 남는다. 첫 단계는 자신이 선택한 상황을 나름대로 자세히 묘사해본다. 다시 말해서 관찰 일지를 스토리 형식으로 표현해보는 것이다. 시간의 흐름을 따라가면 좀 더 쉽다. 예를 들어, 연수 프로그램 중 한 강의가 시작되었을 때 전체적인 느낌, 강사의 모습은 어떠하였는지, 어떻게 강의를 시작하였는지, 학생들은 어떤 질문을 했었는지, 강사는 자신의 경험을 어떠한 방식으로 전달하는지, 신입사원들은 강의가 끝난 후 어떠한 질문을 했었는지, 전체적인 반응은 어떠했는지 등에 대한 스토리를 만들어 나간다. 두 번째 단계는 전사한 인용구를 포함시키는 것이다. 이는 일화의 사실성, 생생함을 좀 더 증가시킬 뿐만 아니라 독자들의 이해를 도울 수 있다. 예를 들어, 실제 오고 갔던 대화 내용이나, 강사의 말, 신입사원의 질문, 또는 인터뷰 내용 등을 전사해서 포함시키는 것이다. 세 번째 단계는 자신이 작성한 글을 수정·보완해나가는 단계이다. "내가 표현하고자 하는 내용, 이슈들은 함축적으로 잘 드러나는가", "일화가 너무 길거나 짧지는 않은가", "불필요한 내용 없이 효율적으로 잘 조직되었는가" 등의 질문을 스스로 던지면서 계속적인 수정·보완이 필요하다.

Lee와 Bae(2008)의 연구를 예로 들어보자. 두 저자는 문제중심학습법(PBL)의 효과를 살펴보기 위해서 미국 중부의 한 중학교 8학년 과학수업을 참관하였다. 참관한 수업의 교사(Mr. Brown)는 4-5년 전 교사 연수를 통해 PBL에 대해 알게 되었고, 그로부터 매년 화산과 지진 단원을 PBL을 활용하여 수업을 하고 있다. 올해에는 교생(Ms. Jones)과 함께 10차시 분량의 PBL 수업을 단계적으로 계획하였다. PBL을 위해 2가지 문제 상황을 제시하였으며, 학생들은 이 중 한 문제를 선택하여 그룹으로 문제를 해결해나갔다. Lee와 Bae(2008)는 이 교사들의 수업 방식과 학생들의 반응을 일화를 통해 제시하였으며, 아래의 일화는 그 중 학생들이 문제 상황에 대해 해결책을 마련하고 그에 대한 근거를 형성해나가는 단계를 설명해 준다.

Karen, Cathy, Michael과 Jack 조는 두 번째 문제 상황(하와이의 Kilauea 화산의 예측하지 못하는 폭발 위험 때문에 공원을 닫을 것이냐? 아니면, 공원에는 식당, 유흥 시설 등을 통해 생계를 유지하고 있는 사람들이 매우 많고, 관광수익을 올릴 수 있기 때문에, 오랫동안 폭발하지 않은 화산을 이유로 무작정 공원을 닫을 수 없는가?)을 선택하였다. Karen이 조별토의를 이끌기 시작했고, Michael에게 준비한 지도를 꺼내라고 말했다. Michael은 가방에서 지도를 꺼내어 책상 위에 펼친 뒤 연필로 동그라미와 화살표 등을 그리면서 조원들에게 지도의 내용(화산의 위치, 해당 지역 등)을 설명하기 시작했고, Cathy와 Karen은 중간 중간 궁금한 것을 Michael에게 물어보았다. Michael은 나름대로 최선을 다하는 것 같아 보였지만, 아쉽게도 Cathy와 Karen은 그 설명을 잘 이해하지 못하는 것 같았다. 몇 분 후에 조원들은 다시 저번 시간에 인터넷에서 찾아 출력했던 정보들을 다시 읽기 시작했다. Karen은 중요한 내용에 밑줄을 치며 읽고 있는 반면, Jack은 남들이 하고 있는 것은 가만히 지켜보았다. Cathy는 인터넷에서 찾은 사진들을 중심으로 보고 있고, Michael은 머리를 긁적이며 다시 지도를 살펴보고 있다. 긴 침묵이 흐른 뒤, Cathy는 조원들에게 이제 해결책을 강구해보자고 말을 건냈다.

Cathy　그래, 그럼 우리 어떻게 결정할까 얘기해 보자. 공원을 닫는 게 나을까? 아니면, 사람들에게 화산 위험 경고만 주는 것도 충분하지 않을까?

Karen　난 공원을 닫아야 된다고 생각해.

Michael　난 경고만 주는 것도 충분하다고 생각해. 화산이 폭발할지 안 할지 확실하지도 않은데 무작정…

Cathy　하지만, 만약 폭발하면 어떻게 해?

Michael　(지도 위에 화살표를 그리면서) 내 생각에는 화산이 폭발한다고 하더라도 용암이 이쪽 방향으로 흐를거 같애.

Cathy　확실해? 어떻게 알아? 용암은 이 방향 저방향 모두 흐를 수 있잖아, 안 그래? 어떻게 이방향으로 흐른다고 생각해?

Michael　(지도를 가르키며) 여기가 Kilauea가 있는 데야. 여기는 길이고, 용암은 아마도 이쪽으로 흐르겠지 (계속 설명한다.)

Jack　(갑자기) 용암이 뭔데? (Michael이 설명해준다).

Karen　아직 잘 모르겠어(지도를 가리키며) 지도에서 공원이 어디야?

(중략)

(2) 주장(assertion)의 제시

주장은 처음에 제기했던 연구 문제나 이슈들에 대한 답이 되는 경우가 많다. 이 주장은 해당되는 상황에만 적용되는 것이므로 다른 상황에 일반화시키는 것과 같은 어투는 피해야 한다. 보통 주어진 상황에서 이러이러한 현상이 보였다는 식으로 제시하는 것이 일반적이다. 그렇다고 해서 주장들이 단순한 특징을 제시하는데 머물르거나 지나치게 그 상황에만 제한되도록 제시되어서도 좋지 않다. 이 주장들은 좀 확장된 다른 상황에 교육적 함의나 제언을 줄 수 있는 여지를 충분히 가지고 있어야 한다.

예를 들어, 위의 신입사원 연수 프로그램의 경우, "이 연수 프로그램은 부장이상의 상사들이 강사진으로 참여하여 실제 경험을 전해줌으로써 마치 멘토링의 효과를 가져왔다"라고 주장을 진술할 수 있다. 이 주장은 이 신입사원 연수 프로그램에 해당되는 잠정적 결론에 해당하지만, 이를 통해 앞으로 신입사원 연수 프로그램을 계획하는데 있어 교육적 함의를 제공해 줄 수 있다. 또한 Lee와 Bae(2008)의 연구에서도 "PBL이 진행되는 동안 사용된 교사의 발문법은 학습의 진행을 활성화시켰다"와 "교사의 구체적인 가이드라인이 제시된 형식의 PBL은 학생들이 자신의 해결책에 대한 근거를 제시할 때, 단순한 사실을 제시하는 것 이상으로 발전된 형식의 근거들을 형성할 수 있도록 도왔다" 등의 주장을 제시하였다. 이 역시 PBL을 도입하고자 하는 교사들에게 도움을 줄 수 있다. 일반적으로, 한 연구에는 2-4개의 주장이 포함된다.

3 주제(themes or patterns)를 중심으로 전개하는 방법

사례수가 많거나, 개개인의 사례를 깊이 살펴보기 보다는 다수의 사례로부터 드러나는 현상이나 패턴에 더 관심이 있는 경우에는 [그림 4-17]과 같이 주제를 중심으로 결과를 서술한다. 또한 학회지와 같이 지면의 제한을 받는 경우, 주제를 중심으로 서술하면 전달하고자 하는 내용을 효율적으로 제시할 수 있다. 그러나, 주제 중심으로 전개하게 되면, 각 개인이 가지고 있는 고유한 특성들은 대부분 사라지게 된다. 다시 말해서, 연구자는 주제를 뒷받침하기 위해서 인터뷰 응답이나 사례들을 예로 제시하기는 하나, 사례를 중심으로 전개하는 방식과 달리 특정 개인(사례)이 강조되어 제시되는 것이 아니다.

연구결과
주제(패턴 또는 현상) 1
1에 대한 근거
주제(패턴 또는 현상) 2
2에 대한 근거
주제(패턴 또는 현상) 3
3에 대한 근거

[그림 4-17] 주제 중심 전개방법의 예시

주제 중심으로 결과를 제시할 경우에는 우선 사례수가 많기 때문에 인간의 깊은 내면의 가치관이나 철학을 알아보는데 적절한 심층 인터뷰보다는 연구 대상들의 인식, 성향, 의견 등 전체적인 현상을 파악하기 위한 1-2회 정도의 비교적 간단한, 그리고 구조화(또는 반구조화) 형식의 인터뷰를 하는 경우가 많다. 물론 심층 인터뷰를 통해 자세히 알아볼 수 있다면 더욱 좋겠지만, 사례수가 많기 때문에 여러 명의 연구자가 함께 공동 연구를 하지 않는 한 인터뷰 횟수를 늘리는 데는 현실적 어려움이 따를 수 있다.

권해수와 김소라(2006)의 연구를 예로 들어보자. 두 저자는 국내 성폭력 상담자들의 외상 경험의 실체를 파악하고 그에 따른 개입 전략을 개발하기 위한 기초 자료로서 본 연구를 실시하였다. 이를 위하여, 이들은 성폭력 관련 기관에서 상담자로 근무하고 있는 11명의 상담자를 선정하여 포커스 그룹 인터뷰를 실시하였다. 이를 바탕으로 저자는 성폭력 피해자 상담과정에서 자주 겪는 경험의 내용, 이러한 경험에 지속적으로 노출된 결과 나타나는 관계 영역 및 인지 구조적 측면에서의 변화, 이러한 변화에 대처하기 위한 상담자의 대처 전략들을 구체적으로 확인하였다. 연구 결과는 그 내용들을 중심으로 조직하였다.

결 과

1. 상담과정에서 경험하는 내용의 실체

1) 피해자와 유사한 신체적 증상 경험

성폭력 상담자들은 성폭력 피해자가 겪는 외상 후 스트레스 장애(PTSD)와 유사한 증상을 경험하는 것으로 나타났다. 참가자들 모두가 하나, 혹은 그 이상의 신체적 증상을 경험한 적이 있다고 응답하였으며, 상담이 끝난 후 두통이 심해지거나 몸살이 나는 것, 알레르기 반응 등이 일어난다고 하였다. 이외에도 대표적인 증상으로 악몽(혼란스러운 꿈), 목이 뻐근하고 긴장되는 것, 여성 질환, 그리고 상담이 끝난 후 아무 것도 할 수 없는(멍해지면서 온 몸을 꼼짝달싹할 수 없는) 상태가 일정 시간 지속되는 것 등을 호소하였다. 특히 아무 것도 할 수 없는 상태의 경우 이 상태가 지속되는 동안 정서적으로 둔해지고, 무미건조해지며, 일상적인 일들을 귀찮게 느끼는 자신의 모습 등을 발견할 수 있다고 보고하였다.

그런 날은 잠도 이상하게 설쳐요. 숙면을 취할 수가 없으니까 꿈인지 현실인지 분간이 안 가는거… 꿈도 막 이랬다 저랬다 혼란스럽게 왔다갔다하고 (참여자 10, 35세, 상담경력 3년)

전화로 피해상황을 전해듣다보면 나도 모르게 긴장을 하나 봐요. 귀 밑으로 해서 턱까지 여기가 너무 아프면서 말하는 것도 너무 힘든거 있죠. 여기(턱의 움직임)가 자연스럽게 안 되면서… 여기도 아마 힘을 주나보죠. 그래서 여기가 막 아프면서 힘이 드는… 이야기를 듣는다는 것 자체만으로도 굉장히 긴장하고 고통스럽기 때문에 우리도 모르는 사리에 신체 일부분이 긴장을 받고 있는 것 같아요(참여자2, 53세, 상담경력 13년) (중략)

2) 분노경험(이하 같은 방식으로 전개, 내용 생략)
3) 무력감(회의감, 자괴감(자신에 대한 분노))(내용 생략)

2. 외상 경험에 지속적으로 노출된 결과 나타난 대인관계 영역의 변화
1) 대인관계 영역의 축소 및 단절(내용 생략)
2) 부부 성생활의 어려움(내용 생략)

3. 외상 경험에 지속적으로 노출된 결과 나타난 인지구조의 변화
1) 인간 존재의 파괴성 및 공격성에 대한 회의(내용 생략)
2) 남성에 대한 분노감, 적대감(내용 생략)

위의 예시에서와 같이 자료로부터 주제를 뽑아낸 후, 주제를 나열하는 형식으로 결과를 전개할 수 있다. 각 주제 내에는 하부 요소들이 있을 수 있으며, 각각의 요소에 대해 효과적으로 설명하기 위하여 인용구를 사용하여 뒷받침한다.

질적 연구 보고서 틀

1) 서론

- 연구 계획서보다 더 광범위하고 심도 있게 논의된 연구 목적과 중요성
- 연구를 통해 탐구될 범위와 초점
- 연구를 안내할 모델이나 이론
- 문제의 진술
- 앞으로 전개될 보고서의 방향과 구성 요소를 요약

2) 연구의 배경

- 문헌 고찰 : 연구의 근거, 탐구 현상에 대한 연구의 역사적 맥락
- 연구자의 경험적 맥락

3) 연구 방법론

- 선택한 연구 방법에 대한 개요
- 연구 방법을 선택한 철학적, 이론적 근거
- 방법론의 배경
- 방법이 궁극적으로 목표하는 바의 결과
- 특정 모델이나 연구자의 방법
- 선택한 연구 방법의 일반적 절차
- 개념과 용어의 정의

4) 연구 방법과 절차

- 지금까지 진행한 연구 절차와 현장에서 실질적으로 적용한 방법
- 각종표집방법 : 참여자, 사건, 상황, 활동 등
- 자료 수집 방법
- 자료 관리와 분석 방법
- 윤리적 기술

5) 연구 결과

* 근거이론

- 연구 절차에 대한 기술 메모하기, 이론적 표본 추출, 분류, 문헌 고찰
- 발견된 이론적 구조

* 문화 기술지
- 맥락
- 실제나 경험 발견 과정
- 문헌, 예술 작품, 필름 등의 비교, 검토
- 발견한 결과에 대한 기술

* 현상학적 방법
- 경험과 주제
- 경험의 본질
- 본질간의 관계
- 다른 문헌, 예술 작품, 필름 등과 비교, 검토

6) 발견한 결과에 관한 논의

* 논의할 도구
- 사전 아이디어나 선(先) 가정, 개념
- 연구 영역에 대한 실무와 기존문헌
- 방법의 이용

* 논의할 내용
- 연구 결과의 의미와 이해
- 연구의 의의
- 연구의 적용

* 통합할 항목
- 연구의 중요성
- 학문 분야의 이론과 실무에의 중요성
- 향후 연구의 방향에 관한 제언

7) 부록

* 동의서, 연구 계획서, 표나 분석틀의 예시 등

8) 참고문헌

출처: 신경림 외 (2004), 「질적연구방법론」 pp.187~188, 박스 7-1 인용.

제 5 장

질적 연구의 평가

01 질적 연구의 평가

1 질적 연구의 질과 평가 기준

연구보고서를 작성하여 연구를 통해 발견한 바를 전달하고자 할 때, 연구의 전 과정이 연구의 기본 틀에 적합한가를 평가하는 것이 연구의 질을 결정하는 마지막 과정이라 할 것이다.

객관적이고 통계적인 측면이나 가설 검증적인 면을 강조하는 양적 연구와는 달리 주관적이고 의미의 발견과 해석에 중점을 두는 질적 연구의 접근방법은 양적 접근방법과는 다른 평가기준으로 연구의 질을 가늠하여야 할 것이다.

또한 질적 연구가 다양한 학문분야에서 더욱 널리 보편적으로 사용되려면 질적 연구의 평가기준이 더욱 명확하고 확실하게 설명되어져야 할 것이다. 그러나 양적 연구에 비해 질적 연구는 상대적으로 그 평가 기준이 부족한 실정이다.

질적 연구의 질을 평가하기 위해서 연구자들이 연구를 수행하면서 알게 되는 중요한 사실 중 하나는 각기 다른 독자들이 제각기 매우 다른 평가 기준에 의해 연구가 인상적이고 좋다고 생각한다는 것이다. 그러므로 좋은 연구라고 평가하는 기준은 연구를 어떤 상황에 있는 누가 읽고 판단하느냐에 따라 매우 다양하다는 것이다(Seale, 2004: 409).

오늘날 많은 연구자들은 매우 정확하고 엄밀한 연구를 수행하여야 한다는 이상적인 목표와 어떻게 다른 독자들의 다른 취향을 만족시키면서 보고서를 쓸 수 있을 것인가라는 긴장관계에 직면하게 되는 경우가 점차 늘어나고 있다. 이것은 그 동안의 사회과학이 발전해 오면서 진실을 찾아가는 방법은 매우 고상하고 중립적이어야 한다는 기존의 도덕적인 가치나 인식론적으로 보증되어 왔던 방법을 고수하여야 한다는 정치적 입장에서 벗어나지 못하였던 분위기가 압도해 왔기 때문이기도 하다. 이러한 도덕적 가치와 정치적인 입장을 벗어나고자 하는 새로운 대안으로 Guba & Lincoln (1989, 1994), Lincoln & Denzin (1994), Smith & Deemer (2000) 같은 연구자들은 대화를 중시하고, 억압된 사람들을 해방시키거나 약자에게 힘을 불어넣는 것이 연구의 목적이어야 한다는 점을 내세웠다. 그러나 "정치적 절대주의(political absolutism)"에 대한 뚜렷한 대비가 되는 이러한 "인식론적 상대주의 (epistemological relativism)" 역시 정치적 가치에 의지하여 호소하고 있다는 측면에서 이 점을 비판하면서 Seale(2004)은 어떤 사람의 입장에서는 "자유"가 다른 사람에게는 또 다른 억압일 수도 있고, 미리 기대하면서 "예기적 입장(anticipatory position)"을 취하는 것 자체가 폐쇄된 시각을 표현하게 됨을 지적하고 있다 (p.409).

Seale (2004)은 "질적 연구의 질 (Quality of Qualitative Research)"이라는 논문에서 사회 연구를 정당화하기 위해서는 특정 정치적인 이념에 얽매이는데서 벗어나 그보다 더 큰 무엇을 추구하여야 하는데, 그것은 "진실을 밝혀내는 것에 몰입하는 것이 항상 최고의 질(Commitment to the revelation of truth always had that 'big' quality)"을 의미한다는 것이다 (p.409).

구체적으로 좋은 질적 연구라고 판단할 수 있는 평가 기준에 대한 논쟁은 계속되어왔다. 이러한 논쟁은 자연과학과 인문사회과학의 연구 방법론 간의 관계에 대한 것에서부터 시작하여 질적 연구방법의 본질과 목적, 그 배경적 사상과 연구모델 및 연구자의 관점 등과도 맞물리게 되었다. 이 요인들을 감안한다면 모든 질적 연구 방법에 일률적으로 적용할 수 있는 절대적인 평가 기준은 없다고 할 수 있지만 대체로 질적 연구의 평가에 어떤 기준을 적용할 것인가에 대한 입장은 크게 ① 양적 연구기준을 질적 연구에도 적용해야 한다는 입장, ②질적 연구 고유의 기준을 가져야 한다는 입장, 그리고 ③절충적 입장으로 나누어 볼 수 있다 (신경림 외, 2004:200-202).

1 양적 연구 기준의 적용

양적 연구에 적용되는 기준을 질적 연구에도 그대로 적용해야 과학적이라는 입장에서는 질적 연구도 주로 양적 연구의 전통적 기준에 맞추어 평가하게 되므로 질적 연구는 신뢰성이 없고 믿을 만하지 못하다는 비평적인 평가를 가하는 경우가 있다. 이 입장에서는 대부분 질적 연구의 평가를 '내적, 외적 타당도', 즉 '신뢰도와 타당도'의 개념을 중점적으로 다루고 있다.

그러나 신뢰도나 타당도, 혹은 내적타당도와 외적타당도의 개념이 양적 연구에서는 정의가 분명하여 명확하나, 질적 연구에서의 적용에서는 그 구분이 모호하여 명확하게 나누어질 수 없는 경우가 많아 이것을 질적 연구에 적용한다는 것에는 무리가 있다는 점이 지적된다. 뿐만 아니라 타당도와 신뢰도의 문제는 양적 연구에서조차도 적합하지 않을 수 있기 때문에 이 기준은 질적 연구의 평가에는 충분치 못할 수도 있고 항상 필요한 것이 아니라는 점이 지적된다(신경림 외, 2004;202).

2 질적 연구 고유의 기준

한편, 질적 연구는 자연과학에 적합한 양적 연구와는 다른 목적과 패러다임에 근거하므로 질적 연구의 평가에 적합한 고유의 기준이 있어야 하며 질적 연구의 방법론에 따라 다른 기준을 적용해야한다는 주장이다. 따라서 양적 연구에서 중점을 두는 실증적 패러다임의 적용은 물리적 탐구를 목적으로 한 자연과학적 접근에는 적합하지만 인간행위나 인간의 생활세계의 제 측면을 탐구하는 경우는 인간사의 연구에 적합한 문학이나 예술적인 측면에 더 가깝고 평가기준도 심미적이고 주관적인 점에 초점을 두어야 한다는 것이다 (신경림, 2004:202).

이 입장을 주장한 Guba와 Lincoln(1994)은 질적 연구를 하는 평가기준으로 '진실성(truth value)', '적용가능성', '일관성', 그리고 '중립성'을 제시하였다. 그러나 이 기준에 대해서도 비판적인 의문이 제기될 수 있다. 예컨대, '진실성'은 '신용도' (credibility)의 문제와 관련되는 것으로 참여자들이 연구자의 연구결과가 진실임을 증거해 주는 정도를 말한다는 것이다. 그러나 신용도에 대한 정의가 모호하거나 충분하지도 않기 때문에 독자나 참여자들의 응답을 곧 진실의 척도로 받아들일 수 있는가 하는 의문이 제기된다. 즉, 응답자가 확실한 방식으로 진실을 검증 또는 반증해 주리라는 가정 자체가 연구자와 참여자의 관계라든가 사회적 특성을 고려하지 못한 점이라는 것이다. 뿐만 아니라 '적용가능성'은 '전용가능성'을 의미하는데 이 주장은 일반화에 대한 가정을 원칙적으로는 거부하면서도 특정 상황에서는 전용이 가능하다고 본다는 점을 비판하고 있다. 또한 이들은 질적 연구에서도 경험적 관찰과 이론적 주장의 일치도를 강조하고 일반적인 이론도출과 개발도 검토하여야 함을 제안하고 있는데 과연 모든 질적 연구가 이론개발에 관심을 두어야 하는가 하는 점에서 이 또한 의문이 제기될 수 있는 점이다. 우리는 연구자의 경험을 단순히 서술적으로 기술하는데 목표를 둔 질적 연구도 많이 보고 있기 때문이다 (신경림 외, 2004:202-203).

3 절충적 입장

절충적 입장의 학자들 (Hammersley,1990; Wemer,1987 등)에 의하면 자료의 주관성과 객관성 문제, 반복가능성과 진실성, 확률표본과 임의표본, 결과의 일반화와 특수성 등으로 양적 연구 전통과 질적 연구 전통을 이분법적으로 엄격히 구분하는 태도를 반대하고 있다. 이러한 이분법적인 개념화는 연구의 특성을 한마디로 단순화 시키며 초보적인 교육에는 유용할지 모르나 연구 설계나 연구 평가에 적용할 때는 오해와 왜곡을 불러일으킬 수 있다는 주장이다. 특히 응용학문에서는 연구의 결과를 실용적으로 현장에 적용할 수 있을 것인지에 더 관심을 갖기 때문에 현상을 왜곡시키지 않으면서도 인과성을 밝힐 수 있는 연구 설계를 찾아야 하고, 실제 많은 연구들이 주관적 자료와 객관적 자료를 모두 수집하고 객관적 분석전략과 주관적 분석전략을 병행하는 경우가 많다. 그러므로 양적 연구를 평가하는 타당도, 일반화 가능성, 신뢰도 등의 기준을 질적 연구에도 적용하되 그 의미는 달리 사용하여야 함을 주장한다 (신경림외, 2004:204-205). 그리하여 이 절충적 입장에서는 다른 입장의 가정들을 일부 수용하고 종합하여 평가 기준을 재구성하여 제시하는 경우가 많다.

그러므로 이 절충적 입장을 취하면서 연구의 개연성과 신용도, 증거의 집중정도, 주장의 유형 등과 관련된 타당도의 기준과 연구결과가 무엇에 또 누구에게 기여할 것인가 등의 관련성에 따라 질적 연구의 평가 기준 또한 다양하게 제시하고 있다. 특히 연구가 연구자의 학문 공동체에의 기여도와 실제 현장에의 기여도 역시 평가 기준으로서 중요하게 고려되어야 한다는 점을 강조하고 있다.

이처럼 연구의 평가 기준에 대한 입장이 다양하기 때문에 연구 문제의 설정에서 자료 수집과 분석 및 결과보고서까지 연구자들에 의해 제시된 질적 연구의 평가기준과 평가 도구 역시 다양하고 각 단계별로 달리 나타나고 있다.

김귀분외(2005)에서는 학자에 따라서 다양하게 나타나고 있는 질적 연구에 대한 평가기준 몇 가지에 대하여 이래 표〈5-1〉와 같이 요약하고 있다(p.451 참조).

〈표 5-1〉 학자별 질적 연구방법의 일반적인 평가기준

근거이론의 평가기준	Strauss & Corbin (1990)	사실성/ 신뢰도/ 적합성/ 타당도/ 이론의 생성/ 정교화/ 연구결과의 경험적 근거
현상학적 연구방법의 평가기준	Munhall (1994)	현상학적 동의/ 공명성/ 합리성/ 대표성/인지성/ 읽기 쉬움/ 연관성/ 의식을 일깨워 줌/ 잠재성의 드러남/ 책임감/ 풍부성/ 감동성

	Guba & Lincoln (1981)	사실적 가치(신빙성)/ 적용성(적합성)/ 일관성(감사성)/ 중립성(확증성)
	Aamodt (1983)	발견/ 가정/ 내용/ 공헌성
	Parse, Coyne & Smith(1985)	실체성/ 명료성/ 통합성/ 4가지 차원성: 개념적 차원/ 윤리적 차원/ 방법론적 차원/ 해석적 차원
	Cobb & Pagemaster (1987)	내용/ 중요성/ 문제/ 문헌/ 표본추출/ 자료 수집/ 자료 분석/ 윤리적 측면/ 인간 대상자/ 전문가
	Burns(1989)	생동감 있는 묘사/ 해석적 연관성/ 분석의 정확도 / 방법론의 일치성/ 이론의 연결성/ 연구자의 능력: (내용의 유용성/ 귀납적 사고/ 개념적 사고 능력/ 이론적인 모델 창조와 이론분석능력/ 아이디어 추상화 단계 변화 능력)
	Leininger (1990)	신뢰도/ 내용의 의미 전이성/ 확증성/ 재현되는 유형 포화도
	Morse(1991)	나타난 연구 설계, 연구자의 능력 : 창조성, 질적 근거성, 명료성
	Beck(1993)	신빙성/적합성/감사성

출처: 김귀분 외 (2005), 「질적연구방법론」, 현문사: p.451 인용 재정리.

2 질적 연구의 목적과 평가 기준

질적 연구는 본질적으로 양적연구로는 얻기 힘든 보다 심층적이고 강도 높은 탐구과정 없이는 답할 수 없는 많은 문제에 대한 해답을 추구하고 있는 연구방법이다. 뿐만 아니라 질적 연구는 심층적인 연구결과를 얻는 것만이 아니라 연구자로 하여금 관념적, 비판적, 창의적으로 사고할 수 있는 기회를 제공해 준다는 점이 강조된다. 그러므로 질적 연구는 "심층적이고 강도 높은 탐구과정을 통하여 양적인 연구로는 얻을 수 없는 많은 문제에 대한 해답을 얻었는가"에 대한 평가와 함께 "관념적, 비판적, 창의적 사고를 할 수 있는 기회가 제공되었는지"에 대한 본질적인 평가가 필요하다(김귀분외, 2005:441)는 것을 전제한다.

뿐만 아니라 질적 연구는 그 목적부터가 양적 연구와는 상이하기 때문에 평가기준도 당연히 달라져야 한다. 하지만 질적 연구는 연구자의 주관적인 부분이 많이 관련되어 있기 때문에 명확한 기준을 정한다는 것은 쉬운 일이 아니다. 즉 질적 연구는 양적 연구에서 흔히 사용하고 있는 숫자나 양적인 자료가 아니라 면담이나 참여관찰 등의 방법을 통해 수집된 자료를 근거로 하기 때문에 질적 연구의 실제 자료는 면담한 내용을 한마디 한마디 그대로 기술한 것이거나 현장 기록 그대로인 것이 보통이다.

이러한 점에서 질적 연구의 평가를 위해서 특히 고려해야 하는 점은 연구를 진행하는 과정과 자료 수집, 기술 등에 대한 평가뿐만 아니라 질적 연구의 목적 또한 다양하게 결정된다는 점을 인식하여야 한다. 예컨대, 문화기술지, 사례연구, 심층면접과 참여관찰 등은 각기 다른 다양한 연구목적에 따라 활용된다. 그러므로 질적 방법은 도구개발(instrumentation), 설명(illustration), 민감성(sensitization) 혹은 개념화(conceptualization)와 이론정립(theory building) 등, 연구자의 목적에 따라 다양하게 사용될 수 있다는 점을 염두에 두어야 한다 (김귀분외, 2005:442).

좀 더 구체적으로 설명하면, 질적 연구는 ① 독자들로 하여금 참여자의 세계를 이해할 수 있는 풍부하고 자세한 질적 자료들을 사용하므로 양적 연구에 활용되는 도구를 개발하거나 정련화 시키는데 사용될 수도 있고(도구화 목적), ② 양적연구의 결과가 주로 넓고 큰 의미의 일반적 유형을 파악하는데 치중하기 때문에 상대적으로 간과하기 쉬운 세세한 부분을 설명하는데 사용되거나 이에 필요한 자료의 수집을 위해 사용될 수 있다(설명 목적). ③ 또한 질적 연구의 자료는 대상자의 경험과 주관적 의미를 직·간접적으로 알 수 있는 원자료(raw data) 그대로이기 때문에 질적 연구의 원자료를 검토하면서 대상자를 보다 심도있게 잘 이해할 수 있다 (민감성 목적). ④ 뿐만 아니라 가공되지 않은 원자료에서 새로운 개념을 창출해 내기도 하고, 반대로 개념을 더욱 구체적으로 설명하는데도 사용할 수 있다(개념화 목적).

이와 같이 도구화, 설명, 민감성 및 개념화의 네가지 질적 연구목적의 차원을 구분하며 김귀분외(2005)는 미국심리학회(American psychological Association ; APA)에서 선정한 양식에 의하여 질적 연구 결과를 평가하거나 보고할 때의 지침조항들을 활용하여 연구자들이 그들의 연구목적에 따라 질적 연구의 보고서를 명확하게 하고 그 연구를 평가하는데 사용할 수 있는 지침을 〈표 5-2〉와 같이 제시하고 있다 (pp.443-444).

〈표 5-2〉 연구목적에 근거한 질적 연구 보고를 위한 지침

연구 목적	도입	표본	측정	과정	결과	논의
도구화	마지막 결과와 질적 연구가 어떻게 도구 개발에 기여하는 가를 강조	최종 연구의 대상자	본질, 면담지침 개발, 관찰자의 역할 설명, 질적 자료를 어떻게 수집하고 범주화하여 도구개발에 이용할 것인지에 대한 토론	연구의 질적인 측면은 언급되지 않음	질적인 측면은 언급되지 않음	질적 자료가 특별한 방법론이나 연구 적용과 관계되지 않으면 언급
설명	연구 문제가 커다란 결과를 이끌어 내는 것을 강조	대단위 연구의 대상자나 혹은 대단위 연구의 소그룹	본질, 면담지침 개발, 관찰자의 역할 설명	연구의 질적인 측면이 어떻게 완성되는지에 대한 간단한 설명	질적 결과를 강조하는 질적 자료를 부분적으로 설명	질적 자료가 특별한 방법론이나 연구 적용과 관계되지 않으면 언급
민감성	연구부족과 주제와 견련된 심층적인 이해가 요구됨을 강조	대표적인 표적 집단 혹은 조직화	본질, 면담지침 개발, 관찰자의 역할 설명	어떻게, 왜 자료 수집 기술이 집단이나 조직화의 심층 기술을 유도하는 가를 설명	대상자의 관점을 반영하는 범주나 유형으로 자료 분류	중요 주제의 요약과 확인 혹은 실무와 연구의 적용
개념화 (이론 정립)	주어진 실제 영역의 이론부족 강조	이론적	본질, 면담지침 개발, 관찰자의 역할 설명	어떻게 새로운 이론이 자료 수집을 유도했는가를 보여줌	자료에 의해 설명되는 이론적인 틀에 맞추어 일차 자료를 명명	이론 혹은 중요 개념의 요약과 실무와 연구 적용의 확인

(출처: 김귀분외, 「질적연구방법론」, 2005: 443-444)

질적 연구의 평가 기준

1) 연구 현상 묘사에 대한 평가

- 연구 현상은 해당 분야의 관심 영역과 관련이 있나?
- 연구 현상은 학문적 지식에 어떠한 기초를 두고 있나?
- 연구 현상은 명확하게 진술되었나?

2) 연구 주제의 유의성에 관한 평가

- 해당 분야를 위한 유의성이 명확히 진술되었나?
- 연구가 이론적으로 혹은 실질적으로 현장에 활용될 수 있나?

3) 연구 목적에 관한 평가

- 연구 목적이 구체적으로 서술되었는가?

4) 연구 질문에 관한 평가

- 연구 질문은 명확하게 진술되었나?
- 연구 질문은 의문형으로 진술되었나?
- 관련 사실로부터 도출된 연구 질문과 현상은 어떠한가?
- 연구 질문이 자연적 상황에서 연구와 관련된 현상을 광범위하게 진술하였나?
- 연구 질문이 관련 학문 분야와 연관이 있는 인간 경험의 측면을 고려하고 있나?
- 연구가 인간 실체의 주관적인 본질에 초점을 두었나?

5) 연구 가정에 관한 평가

- 선입견이나 편견, 가정들을 연구를 시작할 때부터 구체적으로 확인하였나?

6) 연구자의 자격에 관한 평가

- 연구자의 질적 연구 준비 정도에 대하여 구체적으로 설명하고 있나?

7) 연구 참여자의 전후 관계 및 선정에 관한 평가

- 연구 표본은 어떻게 선정하였나?
- 선택한 연구 방법과 참여자 선정은 일관성이 있나?
- 표본 추출 과정이 명확히 서술되었나?
- 선정된 표본들의 잠재적 특성은 전체적으로 윤곽이 잘 드러나도록 서술하였나?

8) 자료 수집 방법에 관한 평가

- 선택한 연구 방법을 위해 자료 수집 과정은 구체적으로 어떠했나?

- 자료 수집 방법에 관해 명확히 서술 되었는가?
- 자료 수집이 얼마동안 이루어졌는가?
- 자료 수집이 이루어진 환경은 연구자에 의해 토의 되었나?
- 인터뷰 내용은 녹음이나 또 다른 방법으로 기록되었는가?
- 만약 녹음테이프를 사용하지 않았다면 인터뷰나 관찰 후 정확한 기억을 되살리기 위하여 현장 일지를 즉시 기록 하였나?
- 자료 수집자들의 훈련은 충분하였나?

9) 자료 분석에 관한 평가

- 연구 참여자는 자료 수집 시기부터 기술하기까지 참여하였나?
- 연구 자료 해석은 여러 연구자들로부터 논평을 받았나?
- 자료와 해석을 연구 대상자에게 돌려주고 재확인하였나?
- 원자료로 부터 추상적 진술의 전개가 일관성 있게 이루어졌나?
- 자료 분석 과정이 명확히 진술 되었는가?
- 자료 분석 과정이 선택한 연구 방법을 위해 적절한가?
- 자료 분석이 연구 목적과 일치하는가?
- 자료 분석 과정에 1인 이상의 연구자가 참여했나?

10) 연구 대상자의 윤리적인 측면에 관한 평가

- 연구 참여자의 권리는 어떠한 방식으로 보호가 되었나?
- 연구 동의서를 획득한 방법과 경로를 명확하게 서술하였나?

11) 연구 결과에 관한 평가

- 연구 결과는 독자로 하여금 그 현상을 이해할 수 있노록 설명이 되었나?
- 자료에 의해 개념화가 지지되었나?
- 개념들과 묘사된 자료들이 균형을 이루고 있나?
- 연구의 결과가 명확하게 진술되었나?
- 해석적 진술이 연구 결과와 어떻게 관련이 되었나?
- 연구 결과가 관련 학문의 이론, 연구, 실무, 교육에 비추어서 적용 가능한가?
- 다른 연구자들이 연구 진행 과정과 단계를 밟아서 반복 연구를 할 수 있을 정도로 상세히 서술 되었나?

12) 문헌 고찰에 관한 평가

- 기존 지식과의 관련성을 서술 하였나?
- 심층적인 문헌 고찰 시기가 귀납적 접근법에 맞게 이루어졌나?

출처: 신경림 외 (2004), 「질적연구방법론」, pp.218~219 박스 8-1 인용.

3 질적 연구의 주요 평가 지표

위에서 학자들이 제시하고 있는 다양한 질적 연구의 평가기준과 함께 질적 연구의 주요 평가지표로 ① 신뢰성(credibility), ② 적합성(fitness), ③ 감사 가능성(auditability) 그리고 ④ 객관성 (objectivity)이 제시되고 있는데 (김귀분외, 2005), 그 중요성과 내용을 요약정리하면 아래와 같다 (pp.452-453).

1 신뢰성 (credibility)

질적 연구에서 가장 논란이 되고 있는 문제 중의 하나는 과연 '엄밀함(rigor)'이란 무엇인가에 관한 것이다. 질적 연구의 엄밀성이란 질적 연구를 통해 얻은 결과와 그 결과의 해석을 과연 얼마만큼 신뢰할 수 있는가 하는 정도를 의미한다. 어떤 연구자들은 엄밀성을 "질적 연구의 아킬레스건", 즉 가장 큰 약점이라고 보기도 한다. 이러한 엄밀성을 확인할 수 있는 한 방법이 신뢰성이다.

'신뢰성(신빙성)'은 양적 연구에서는 '내적 타당도'에 해당되는 개념으로 연구의 결과를 통해 나타난 새로운 발견이 실제를 정확히 측정한 것인가? 연구를 통해 발견된 것은 정말 실제로 거기에 있는 것을 포착하였는가? 의 질문을 의미한다. Guba와 Lincoln (1981, 1989)에 의하면, 신뢰성이란 현상을 얼마나 생생하고 충실하게 서술하였고 해석하였는가? 즉 실제 경험을 한 연구 참여자 또는 독자들로 하여금 결과물에 나타난 경험에 대한 서술과 해석이 얼마나 자신의 경험과 일치하는 것이라고 믿을 수 있는가를 측정하는 것이라고 하였다. 결국 신뢰할 수 있는 연구는 "공정하게 그리고 윤리적으로 이루어진 연구이면서 동시에 연구대상의 경험을 가능한 한 정확하게 그려 낼 수 있는 연구" (김귀분외, 2005:452)를 말한다.

2 적용 가능성(fitness)

질적 연구의 결과가 일반화 될 수 있는가를 측정하기 위한 지표로 Guba와 Lincoln(1981, 1989)은 '적용 가능성', 혹은 '적합성(fitness)'이라는 개념을 제안하였는데, 이들에 의하면, 적합성이란 연구결과가 연구가 이루어진 상황 밖에서도 적합한지, 그리고 독자들이 연구결과를 읽고 자신들의 고유한 경험에 비추어 보았을 때 의미 있고 적용성이 있는 것으로 본다면 적합성, 즉 적용가능성이 있다고 간주할 수 있다. 이것은 양적 연구에서의 '외적 타당도'에 해당하는 개념으로 연구 결과가 일반화 될 수 있고 재연 가능성 또는 적용성이 있음을 측정하는 지표라고 할 수 있다. 또한 적합성은 가정이나 전제가 연구 상황에서 얼마나 잘 이루어졌는가를 측정하는 지표를 의미하는 것이라고 하였다. (김귀분외, 2005:453).

3 감사 가능성 (auditability)

질적 연구의 일관성과 관련된 엄밀성을 판단하기 위하여 Guba와 Lincoln (1981, 1989)이 제안한 또 하나의 기준이 감사 가능성(auditability)(감사성)이다. 감사가능성(감사성)이란 연구자가 사용한 연구절차상의 분명한 흔적과 자취를 다른 연구자도 그대로 따라할 수 있을 때 그 연구와 연구결과는 감사 가능성 (auditability), 즉 감사성이 있다고 볼 수 있다

질적 연구 방법을 보다 더 잘 이해하기 위한 노력의 하나로 연구자는 다른 사람들이 자신의 연구결과를 살펴 볼 수 있도록 감사(audit) 자료 또는 감사 흔적을 남겨줄 필요가 있다는 것이다. 감사(audit) 자료를 남긴다는 것은 자료 수집 및 분석의 모든 과정을 기록으로 남기고 이를 공개하는 것을 의미한다. 우리가 생각할 수 있는 감사 자료는 원자료 (raw data), 즉 현장기록, 면접 기록, 연구자가 자료 수집, 자료 분석 또는 코딩 과정에서 어떤 결정을 내렸는지를 보여주는 일지나 메모 등이 있다. 감사 자료를 남기는 것은 또 다른 지표인 연구의 재연 가능성을 높여 줄 뿐만 아니라 연구의 엄밀(격)성도 높여 줄 수 있다고 지적된다 (김귀분외, 2005:453).

4 객관성 (objectivity)

또 다른 평가지표로 제시되는 객관성(objectivity)은 신뢰성(credibility), 적합성(fitness), 감사성(auditability)이 확립될 때 얻게 될 수 있는 것으로 연구과정과 결과에 있어서 모든 편견으로부터 해방되는 것 즉 중립성 및 확인 가능성을 의미하는 것이다 (김귀분외, 2005:453).

이상의 질적 연구의 평가 지표 중에서도 가장 중요한 것은 질적 연구의 신뢰성, 즉 신뢰 가능한 연구인지의 여부이다. 즉 연구의 신뢰성(credibility)이 보장되어야만 재연 가능성 (transferability), 감사 가능성(auditability), 확인 가능성(confirmability) 또한 높아지게 될 것이다.

이상에서 살펴본 바와 같이 질적 연구에 대한 평가 기준은 연구 문제의 설정에서 자료 수집과 분석 및 결과보고서까지의 각 단계별로 다르다. 특히 질적 연구에 대한 평가기준은 학자에 따라서 다양하게 나타나고 있음을 살펴보았다. 여러 학자들이 제시하고 있는 다양한 평가 기준과 지표 가운데서 공통적으로 제시하고 있는 기준을 바탕으로 질적 연구의 각 단계별 평가 내용과 기준을 김귀분외(2005:436-438)에서는 다음과 같이 정리하고 있다.

1) 연구 질문에 대한 평가

- 연구 문제의 출처나 연구 질문사항이 명확하게 나타났는가?
- 연구주제는 무엇이고 이것이 정당하다는 사항이 연구 안에 주장되어 있는가?
- 연구목적은 적절하고 달성하기가 가능한가?
- 연구 문제가 질적 연구에 적절한가?
- 연구 제목은 연구 내용과 비교해서 적합한가?

2) 자료 수집에 대한 평가

- 자료 수집의 유형은 무엇이고, 연구에 적합한 자료 수집방법은 무엇인가?

- 자료를 수집하는데 얼마의 시간이 필요했는가?
- 자료를 수집하는 과정이 구체적으로 설명이 되었는가?
- 수집된 자료는 녹취되고 제대로 저장되었는가? 아니면 다른 방법으로 수집을 하였는가?

3) 연구 참여자 수

- 연구자는 이론적인 표본 추출을 포함한 목적 지향적인 표본 추출을 하였는가?
- 표본 추출을 하는데 있어 기준이 분명한가?
- 표본추출 과정이 적절히 설명되어 있는가?
- 표본의 형태나 크기가 타당한가?

4) 자료 분석

- 자료 분석 방법이 확인되었는가?
- 자료 분석을 하는데 적절한 예를 들어가면서 기술이 되었나?
- 자료 분석이 체계적이고 자세하게 이루어져 있나?
- 자료 수집과 분석이 적절히 연관되어 있나?
- 연구 대상자를 통한 재확인이 있었나?

5) 문헌고찰에 대한 평가

- 연구에 타당성을 부여하는 일차적인 문헌인가?
- 기존에 있던 지식과의 연관성이나 차이점을 확인하고 서술하였나?
- 참고문헌은 포괄적이며 연구주제에 맞게 적절하고 최근의 문헌인가?

6) 초록에 대한 평가

- 연구 목적을 정확히 진술하고 연구방법론을 제대로 기술하였나?
- 결과를 요약하고 결론은 적절하게 진술하였나?

7) 연구의 시작과 윤리적인 문제

- 연구자는 어떠한 방법을 통해 정보 제공자에게 접근을 하였는지에 관한 설명이 되어 있는가?
- 면접 대상자에게 면접에 관련된 승낙을 적법하게 받았는가?
- 연구 참여의 철회를 포함한 참여자의 안전이 보장되었나?
- 연구자는 참여자의 익명성을 보장 하였나?
- 권력의 문제가 설명 되었는가?
- 연구자는 특별한 취약성을 지닌 대상자를 배제하지는 않았나?
- 만약 이런 대상자가 연구에 참여했다면 이에 대한 정당성을 입증하였나?
- 중요한 윤리적인 문제가 언급되었나?

8) 결과

- 연구자가 연구의 타당성을 설명하고 있는가?
- '대상자 확인'을 위하여 연구한 내용을 참여자에게 되돌려 자신이 진술한 내용의 진위를 확인시켰는가?
- 질적 연구 접근에 대한 적절한 설명이 되었나?
- 연구자는 연구를 통해 무엇을 배웠는가?
- 이야기를 풀어나가는 데 있어 문맥이나 핵심범주가 있는가?
- 연구의 목적이 제대로 이루어졌나?
- 연구에서 무엇을 배웠는지에 대하여 자세하게 기술하였나?
- 결론은 연구 자료를 통해 이끌어냈는가?

참고문헌

INDEX

[국내 참고문헌]

1. 권순달. (2000). 『교육연구의 이해』. 서울: 양서원.
2. 권해수, 김소라. (2006). "성폭력 상담자의 대리 외상 경험에 대한 질적 연구". 『한국심리학회지』. 18(3). 495-518.
3. 김귀분, 신경림, 김소선, 유은광, 김남초, 박은숙, 김혜숙, 이경순, 김숙영, 서연옥 외 공저. (2005). 『질적연구방방법론』. 서울: 현문사.
4. 김대현, 박경미. (2006). "교육과정 연구 방법: 내러티브 탐구". 2006년도 춘계 학술대회 및 국제 심포지엄 발표 논문. 『한국교육학회』.
5. 김병하(역). (1992). 『질적연구의 이해와 실천』. 도서출판 특수교육.
6. 김분한, 김금자, 박인숙, 이금재, 김진경, 홍정주, 이미향, 김영희, 유인영, 이희영. (1999). "현상학적 연구방법의 비교고찰 - Giorgi, Colaizzi, Van Kaam 방법을 중심으로". 『대한간호학회지』. 29(6). 1028-1040.
7. 김성태. (2005). "국내 내용분석 연구의 방법론에 대한 고찰 및 제언". 『커뮤니케이션이론』. 1(2). 39-67.
8. 김소선. (2003). "근거이론 연구방법의 이론과 실제". 『간호학 탐구』. 12(1). 69-81.
9. 김영석. (2003). 『사회조사방법론』. 서울: 나남출판사.
10. 김영천. (1997). "질적연구의 지적 전통과 그 예: 문화기술지에서 포스트모더니즘까지". 『교육학연구』. 35(1). 225-251.
11. 김재일, 권영서, 서준용. (2004). "소비자-브랜드 관계와 브랜드 충성도에 관한 정성적 연구". 『한국마케팅저널』. 6(3). 27-57.
12. 김정권. (1994). "기조강연 : 한국 특수교육 100년의 역사적 의미". 『특수교육학회지』. 15(1). 111-128.
13. 김정권. (1995). "기조강연 : 통합교육 패러다임 이동과 효율성 제고를 위한 대안적 전략". 『특수교육학회지』. 16(2) 5-32.
14. 메이슨, 제니퍼, 김두섭 역. (1999). 『질적 연구방법론』. 나남 출판사.
15. 문수백. (2005). "소표본 자료를 이용한 인지능력검사의 표준화를 위한 절차적 처치의 실제". 『미래유아교육학회지』. 12(1). 77-98.

16. 박성희. (2004). 『질적연구방법의 이해』. 서울: 원미사.
17. 박승억(2006). "현상학: 체험의 기하학". 『철학과 현상학 연구』. 31. 35-55.
18. 사회문화연구소(편). (1996). 『사회조사의 연구방법』.
19. 설동훈. (2003). "표본조사와 심층면접・참여관찰의 병행 실시: 이론과 실제". 질적 조사방법론 워크샵. 『한국조사연구학회』. 1-24.
20. 성태제, 시기자. (2006). 『연구방법론』. 서울: 학지사.
21. 신경림. (2003) "현상학적 연구의 이론과 실제". 『간호학탐구』. 12(1), 49-69.
22. 신경림, 조명옥, 양진향. (2004). 『질적 연구방법론』. 서울: 이화여자대학교 출판부.
23. 신경림, 장연집, 조영달, 김남선(2003). 질적연구 용어사전. 서울: 현문사.
24. 신진숙. (1997). "완전통합교육의 실행을 위한 학교조직의 재구조화에 따른 우리나라 통합교육의 과제". 『특수교육학회지』. 18(3). 39-56.
25. 염지숙. (2003). "교육 연구에서 내러티브 탐구(narrative inquiry)의 개념, 절차, 그리고 딜레마". 『교육인류학연구』. 6(1). 119-140.
26. 원두리, 김교헌 (2010). "5요인 마음챙김, 의미부여 및 자율적 행동조절이 정서적 웰빙에 미치는 영향에 대한 관계모형: 일상재구성법으로 알아본 주부의 일상경험에 대한 분석". 『한국심리학회』. 15(1). 107-122.
27. 유영만, 한재훈, 이윤경, 조현경, 황선옥, 손소영 공저. (2004). 『교육공학과 질적 연구방법론』. 서울: 원미사.
28. 유철인. (1998). "물질하는 것도 머리싸움: 제주 해녀의 생애이야기". 『한국문화인류학』. 31(1). 97-117.
29. 유철인. (2004). "구술된 경험 읽기: 제주 4·3관련 수형인 여성의 생애사". 『한국문화인류학』. 37(1). 3-39.
30. 윤택림. (2004). 『문화와 역사연구를 위한 질적연구방법론』. 아르케.
31. 이근호. (2007). "질적 연구 방법론으로서의 현상학: 독특성과 보편성 사이의 변증법적 탐구 양식 Phenomenology as a qualitative research methodology: A mode of dialectic study between uniqueness and universality of the phenomenon". 『교육인류학연구』. 10(2). 41-64.
32. 이남인. (2005). "현상학과 질적연구방법". 『철학과 현상학 연구』. 24. 91-121.
33. 이소현. (1996)." 21세기를 향한 특수아동 조기교육의 과제와 전망". 『특수교육논총』. 13(2). 1-31.
34. 이좌용. (1997). "역사와 사회현상의 새로운 인식과 연구방법: 설명이론과 역사연구". 『인문과학』. 27. 355-378.

35. 이창희, 김병, 이승명, 이용환, 이창안, 장찬균 (2010). 『사회복지조사론』. 창지사.
36. 이현송. (1997). "한국인의 삶의 질: 객관적 차원을 중심으로". 『한국사회학』. 31(1). 269-301.
37. 이현정. (2004). "내러티브 탐구를 통해서 본 초등학생 예비 가장의 생활 경험에 나타난 심리적 탐색". 서울여자대학교 석사학위 논문.
38. 장재윤, 유경, 서은국, 최인철. (2007). "일상재구성법(DRM)을 통해 살펴본 남녀 직장인과 주부의 삶의 질". 『한국심리학회지: 사회 및 성격』. 21(2). 123-139.
39. 정용교. (2001). "문화기술지의 의의와 교육적 함의". 『대구교육대학교 초등교육논총』. 17(2). 331-356.
40. 정철희. (1995). "한국근로자들의 일상생활의 삶의 질". 『사회발전연구』. 1. 139-172.
41. 조동일. (1996). 『독서・학문・문화』. 서울대학교 출판부.
42. 조명옥. (2003). "질적간호연구방법". 『간호학탐구』. 12(1). 118.
43. 조명한, 김정오. (1993). "정보화와 삶의 질: 사회활동 및 개인 심리". 『사회과학과 정책연구』. 15(3). 3-31.
44. 조명한, 차경호. (1998). 『삶의 질에 대한 국가간 비교』. 서울: 집문당.
45. 조영달. (2005). 『제도공간의 질적연구방법론』. 서울: 교육과학사.
46. 조용환. (1999). 『질적연구: 방법과 사례』. 서울: 교육과학사.
47. 차배근. (1990). 『사회과학연구방법』. 서울: 세영사.
48. 최귀순. (2005). "Strauss와 Glaser의 근거이론방법론 비교". 『정신간호학회지』. 14(1). 82-90.
49. 최성규. (1996). "청각장애교육 방법론의 패러다임 변화". 『한국재활과학회』. 19(2). 3-16.
50. 최신일(1998). "해석학과 구성주의". 『초등교육연구논총』. 12. 11-28.
51. 최인수, 김순옥, 황선진, 이수진 (2003). "경험표집법을 이용한 고등학생들의 생활 경험에 관한 연구: 주된 활동과 활동공간 및 플로우를 중심으로". 『대한가정학회지』. 41(8). 213-227.
52. 패짓. 데보라 K. (1998). / 유태균 역. (2001). 『사회복지 질적 방법론』. 나남출판사.

[국외 참고문헌]

1. Agar, M. H. (1980). *The professional stranger: An informal introduction to ethnography*. San Diego, CA: Academic Press.
2. Babbie, E. (1986). *The Practice of Social Research*. Bermont. CA: Wadsworth, Inc.
3. Berelson, B. (1952). *Content Analysis in Communications Research*. NY: Free Press.
4. Berg, B. L. (2001). *Qualitative Research Methods for Social Science*. Need ham Heights. MA: Allyn and Bacon.
5. Bogdan, R. C. (1998). *Qualitative research for education*. A Viacom Company.
6. Bogdan, Robert and Taylor, Steven J. (1975). *Introduction to qualitative research methods: A phenomenological approach to the social sciences*. Wiley(New York).
7. Bruce L. Ber. (1998). *Qualitative Research Method for Social Sciences 3rd ed.* Boston: Allyn and Bacon.
8. Carney, T. F. (1990). *Collaborative inquiry methodology*. Windsor, Ontario, Canada: University of Windsor, Division for Instructional Development.
9. Charmaz, K. (2000). "Grounded theory: Objectivist and constructivist methods". In N. Denzin and Y. Lincoln (Eds.), *Handbook of qualitative research (2nd)*. 509-536. Sage Publications, Thousand Oaks, CA.
10. Clandinin, D. J., & Connelly, F. M. (2000). *Narrative inquiry: Experience and story in qualitative research*. San Francisco: Jossey-Bass Publishers.
11. Creswell, J. H. (1998). *Qualitative inquiry and research design: Choosing among traditions*. Sage Publication.
12. Creswell, J. W. (2005). 『질적 연구방법론: 다섯 가지 전통 (조흥식, 정선욱, 김진숙, 권지성 공역)』. 서울: 학지사. (원서 출판 1998).
13. Creswell, J. W. (2007). *Qualitative inquiry and research design: Choosing among five approaches*. Sage Publications. Thousand Oaks. CA.

14. Csikszentmihalyi, M. and Larson, R. (1984). "Validity and reliability of the experience-sampling method". *Journal of Nervous and Mental Disease*. 175. 526-536.

15. Denzin N. K. and Lincoln, Y. S. (1994). *Handbook of Qualitative Research*. Sage Pub.

16. Dey, I. (1995). Reducing fragmentation in qualitative research. In U. Keele (Ed.), *Computer-aided qualitative data analysis* (pp. 69-79). Thousand Oaks, CA: Sage.

53. Egan-Robertson, A. (1998). "Learning about culture, language, and power: Understanding relationships among personhood, literacy practices, and intertextuality". *Journal of Literacy Research*, 30. 449-487.

54. Erickson, F. (1992). "Ethnographic microanalysis of interaction". In M. D. Le Compte, W. L. Millroy, and J. Preissle (Eds.). *The handbook of qualitative research in education*. 201-225. New York: Academic Press.

55. Erikson, F., and Mohatt, G. (1982). "Cultural organization of participants structures in two classrooms of Indian students". In G. Spinder (Ed.), *Doing the ethnography of schooling: Educational anthropology in action*. 132-174. New York: Holt, Rinehart and Winston.

56. Flick, U. (2009). 『질적연구방법 (임은미, 최금진, 최인호, 허문경, 홍경화 공역)』. 서울: 한울아카데미. (원서출판, 2002).

57. Fournier, S. (1998). "Consumers and their brands: Developing relationship theory in consumer research". *Journal of Consumer Research*. 24. 343-373.

58. Fredrickson, B. L. and Kahneman, D. (1993). "Duration neglect in retrospective evaluations of affective episodes". *Journal of Personality and Social Psychology*. 65. 45-55.

59. Gans, H. J. (1982). "The participant observer as a human being: Observations on the personal aspects of fieldwork". In Burgess, R. G. (Ed.), *Field research: a source book and field manual*. *Contemporary Social Research*. London: Allen and Unwin.

60. Glesne, C. & Peshkin, A. (1992). Becoming qualitative researches: An introduction. *White Plains*, NY: Longman.

61. Gold, R. L. (1958). "Roles in sociological field observations". *Social Forces*. 36(3).

62. Goodson, I. (1991). *Biography, identity, and schooling : Episodes in educational research*. London : New York: Falmer Press.

63. Guba, E. G. and Lincoln, Y. S. (1981), *Effective Evaluation*. San Fransisco: Jossey Bass.

64. Guba, E. G. and Lincoln, Y. S. (1989). *Fourth Generation Evaluation*. Newbury Park. CA: Sage.

65. Guba, E. G. and Lincoln, Y. S. (1994), "Competing paradigms in qualitative research". In N. K. Denzin and Y. S. Lincoln(eds.). *Handbook of Qualitative Research*. Thousand Oaks, CA: Sage. 105-17.

66. Gubrijum, J. F. and Holstein, J. A (2002). *Handbook of interview: Context and method*. Thousand. CA: Sage Publication, Inc.

67. Hamilton, Mary Lynn and Stefinee Pinnegar. (2009). *Self-Study of Practice as a Genre of Qualitative Research: Theory. Methodology and Practice*. Springer.

68. Hammersley, M. (1992) *What's Wrong With Ethnography: Methodological Explorations*. London: Routledge.

69. Jax, J. A. (1984). "Ethnography: An approach to using interpretive science in vocational education research". *Journal of Vocational Education Research*. 9. 8-19.

70. Kahnaman, D. and Fredrickson, B. L. and Schreiber, C. A., and Redelmeier, D. A. (1993). "When more pain is preferred to less: Adding a better end". *Psychological Science*, 4. 401-405.

71. Kahneman, D. and Krueger, A. B. and Schkade, D. A. and Schwarz, N. and Stone, A. A. (2004). "A survey method for characterizing daily life experience: The day reconstruction method". *Science*. 306. 1776-1780.

72. Kahneman, D. and Krueger, A. B. (2006). "Developments in the measurement of subject well-being". *Journal of Economic Perspectives*. 20. 3-24.

73. Kahneman, D. and Krueger, A. B. and Schkade, D. A. and Schwarz, N. and Stone, A. A. (2006). "Would you be happier if you were richer". *A focusing illusion. Science*, 312. 1908-1910.

74. Krieger, S. (1983). *The mirror dance: Identity in a women's community*. Philadelphia: Temple University Press.

75. Krippendorff, K. (1980). *Content Analysis: An Introduction to Its Methodology.* CA: Beverly Hills.

76. Lawrence-Lightfoot, S. (1997). "A view of the whole". In S. Lawrence-Lightfoot and H. J. Davis (Eds.). *The art and science of portraiture.* San Francisco. Jossey-Bass.

77. Lee, H., and Bae, S. (2007). "Issues in implementing a structured problem-based learning strategy in a volcano unit: A case study". *International Journal of Science and Mathematics Education.* 655-676.

78. Lee, H. (2008). "Articulating science teachers' values and convictions for teaching socio-scientific issues: Based on essentialist methodology". *Journal of the Korean Association for Research in Science Education,* 28(3), 253-268.

79. Lincoln, Y.S. and Denzin, N.K. (1994) "The fifth moment", In N. K. Denzin and Y. S. Lincoln(eds.) *Handbook of Qualitative Research.* Thousand Oaks, CA: Sage. 575-86.

80. Lofland, John. and Lyn Lofland (1984). *Analyzing Social Settings(2nd Ed.).* Belmont. CA: Wandsworth.

81. Lofland, John, David A Snow, Leon Anderson, and Lyn H. Lofland, (1971). *Analyzing social settings: A guide to qualitative observation and analysis.* Wadsworth Pub. Co.(Belmont, Calif).

82. Mason, J. (1996). *Qualitative researching.* London. U. K: Sage Publications.

83. Marshall, Catherine and Gretchen B. Rossman. (1995). *Designing Qualitative Research* (2nd). Sage Publications, Inc.

84. Matthew B. Miles, A. and Michael Huberman (2009). 『질적자료분석론(박태영 외, 공역)』.학지사.

85. Merrian, S. B. (1988). *Case study research in education.* Jossey-Bass Publishers.

86. Merriam, S. B. (1998). *Qualitative research and case study applications in education.* San Francisco: Jossey-Bass.

87. Meyerhoff, B., and Ruby, J. (1982). "Introduction". In J. Ruby (Ed.), *A Crack in the Mirror.* 1-35. Philadelphia University Press.

88. Miles, M. and Huberman, M. (1994). *Qualitative data analysis: An expanded sourcebook.* Sage Publications. Thousand Oaks. CA.

89. Mishker, E. (1986). *Research interviewing: Context and Narrative*. Cambridge, MA: Harvard University Press.
90. Morse, J. M. and Field, P. A. (1997). 『질적 간호 연구 방법(신경림 역). 서울: 이화여자대학교 출판부. (원서출판 1995).
91. Palmer, R. E. (1988). 『해석학이란 무엇인가(이한우 역)』. 서울: 문예출판사.
92. Paul M. Camic and Jean E. Rhodes and Lucy Yardley. (2003). *Qualitative Research in Psychology: Expanding Perspectives in Methodology and Design*. American Psychological Association (APA).
93. Patton, M. Q. (1990). *Qualitative evaluation and research method*. Thousand Oaks, CA: Sage Publication.
94. Riessman, C. K. (2005). 『내러티브 분석- 질적 연구 방법 총서 1 (김원옥, 강현숙, 조결자, 은영 공역)』. 서울: 군자출판사. (원서출판 1993).
95. Sarup, M. (1996). *Identity, culture and the post-modern world*. Athens. University of Georgia Press.
96. Schwandt, T. A. (1997). *Qualitative inquiry: A dictionary of terms*. Thousand Oaks, CA: Sage Publication.
97. Schwartz, Howard and Jerry Jacobs(ed.). (1979) *Qualitative Sociology: The Method to the Madness*. N.Y.: The Free Press.
98. Seale, Clive. (2004) "Quality in qualitative research". In *Qualitative Research Practice*, ed. by Clive Seale, Giampietro Gobo, Jaber F. Gubrium, and David Silverman, 2004: Sage Publications, 409-419.
99. Single, Ton, R. and Straits, B.(1999). *Approach to Social Research*. NY: Oxford University Press.
100. Smith, J. K. and Deemer, D. K. (2000). "The problem of criteria in the age of relativism". In N. K. Denzin and Y. S. Lincoln (eds.). *Handbook of Qualitative Research*. Thousand Oaks, CA: Sage, 877-96.
101. Spradley, J. P. (1980). *Participant observation*. New York : Holt, Rinehart and Winston.
102. Stake, R. E. (1995). *The art of case study research*. Sage Publications, Thousand Oaks, CA.
103. Stake, R. E. (2000). 『질적 사례 연구(홍용희, 노경주, 심종희 공역)』. 서울: 창지사. (원서출판 1995)

104. Stone, A. A. and Shiffman, S. S. and De Vries, M. W. (1999). "Measurement issues in emotion research, In D. Kahneman, E. Diener, N. Schwarz(Eds.)". *Well-being: The foundations of hedonic psychology*. NY: Russell-Sage. 26-39.

105. Strack, F., Martin, L., and Schwarz, N. (1988). "Priming and communication: Social determinants of infor-mation use in judgments of life satisfaction". *Euro-pean Journal of Social Psychology*. 18. 429-442.

106. Strauss, Anselm. and Juliet. M. Corbin (1990). 『*Basics of Qualitative Research -Grounded Theory Procedures and Techniques*. Sage Publication, Inc.

107. Strauss, A. and Corbin, J. (1998). *Basics of qualitative research: Techniques and procedures for developing grounded theory*. Thousand Oaks. CA: SAGE Publications.

108. Streubert, H. J. and Carpemter. D. R. (1999). *Qualitative Research in Nursing: Advancing the Humanistic Imperative*. Philadelphia, New York. Baltimore: Lippincott.

109. Taylor, S. J., and Bogdan, R. (1984). *Introduction to qualitative research methods: The search for meanings*. New York: John Wiley and Sons.

110. Thomas, D. L., and Diener, E. (1990). "Memory accuracy in the recall of emotions". *Journal of Personality and Social Psychology*. 59. 291-297.

111. Van Mannen, J. (1988). *Tales of the field: On writing ethnography*. University of Chicago Press.

112. Weber, R. P. (1985). *Basic Content Analysis*. Beverly Hills. CA: Sage Pubulication.

113. Wemer, O. and Schoefle, G. M. (1987). *Systemic fieldwork (vol.2)*, Newbury Park, CA: Sage.

114. Wimmer, R. D. & Dominick, J. R.(2009). 매스미디어 연구방법론(유재천, 김동규 공역). 서울 : 센게이지러닝코리아. (원서출판 2006).

115. Witz, K. G. (2006). "The participant as ally and essentialist portraiture". *Qualitative Inquiry*. 12(2). 246-268.

116. Witz, K. G., Goodwin, D. R., Hart, R. S. and Thomas, H. S. (2001). "An essentialist methodology in education-related research using in-depth interviews". *Journal of Curriculum Studies*. 33(2). 195-227.

117. Yin, R. K. (2005). 『사례연구방법(신경식, 서아영 공역)』. 서울: 한경사. (원서 출판 2003).

INDEX

(A)

(B)

(C)

(D)

(E)

(F)

(G)

(H)

(I)

(J)

(L)

(M)

(ㅈ)

(ㅊ)

(ㅋ)

(ㅌ)

(ㅍ)

(ㅎ)

저자 프로필

조성남

- 이화여자대학교 사회학과 교수
- 이화여자대학교 사회과학연구소장, 국제교육원장 역임
- 한국사회학회 부회장 역임
- 현 전국여교수연합회 회장

(주요 저술)

- 『에이지 붐 시대: 고령화 사회의 도전과 미래』(2004) 이대출판부
- 『청소년의 하위문화와 정체성』(2003) 집문당
- "노인부모부양에 관한 기혼자녀세대의 인식: 초점집단토론(FGD) 자료분석을 중심으로" 『한국인구학』(2006)
- "Globalization and women in South Korea: labor participation and women's identity" 『*Korea Confronts Globalization*』(2009)

  외 국내외 저서 및 논문 다수

이현주

- 이화여자대학교 과학교육과 조교수
- 서울 숭인중학교 교사 (1999~2001)

(주요 저술)

- "Science teachers' inspiration for teaching socioscientific issues (SSI): Disconnection with reform efforts" 『*International Journal of Science Education*』(2009)
- "Consciousness in the study of human life and experience: "Higher aspects" and their nature" 『*Qualitative Inquiry*』(2010)
- "과학과 관련된 사회·윤리적 주제 교수에 대한 과학, 사회, 윤리 교사들의 인식" 『교과교육연구』(2011)

  외 국내외 논문 다수

주영주

- 이화여자대학교 교육공학과 교수
- 이화여자대학교 사범대학장, 멀티미디어교육원장 역임
- 현 이화여자대학교 평생교육원장

(주요 저술)

- 『클린 인터넷-정보통신윤리』(2003) 남두도서
- "사이버대학 학생의 중도탈락 경험에 근거한 중도탈락 요인에 관한 질적 연구" 『교육정보미디어연구』(2007)

  외 국내외 저서 및 논문 다수

김나영

- 이화여자대학교 평생교육원 특임교수
- 이화여자대학교 평생교육원 교학실장

(주요 저술)

- 『온라인교육과 평생학습』(2010) 아카데미프레스
- "사이버교육생의 자기효능감, 내적통제소재, 조직의 지원, 몰입, 만족도 및 학습지속의향간의 구조적 관계 규명" 『교육공학연구』
- "기업 사이버교육에서의 중도탈락 원인규명 척도 개발 및 양호도 검증" 『교육정보미디어연구』

  외 국내외 논문 다수

도서출판
그린

질적연구방법과 실제

인쇄일	2011년 9월 1일
발행일	2011년 9월 5일
저 자	소성님 · 이현주 · 주영주 · 김나영
발행처	도서출판 **그린**
발행인	윤 덕 우
출판등록	제8-161호(1995. 5. 3.)
주소	서울시 서대문구 연희동 219-20 (우)120-828
전화	02)333-2574, 2575
Fax	02)333-2561
E-mail	greenpress@greenpress.co.kr
Homepage	http://www.greenpress.co.kr

정가 : 15,000원

ISBN : 978-89-5727-160-5